KB265708

맑스주의 정치 경제학

|자본|노동|이행|

# 맑스주의 정치 경제학

|이갑영 지음|

박종철출판사

# 서문

## 맑스가 아니라 현실이다

'개똥밭에 뒹굴어도 이승이 낫다'는데, 세상살이가 여간 힘든 게 아니다. 세계화를 말하고 인터넷으로 소통하지만 넘치는 실업, 폭력, 빈곤, 타락은 하루 해가 모자랄 지경이다. 우리가 숨쉬는 세계는 어디로 흘러가는 것일까? 곰곰이 생각해도 알 수가 없다. 사회 진보가 믿기지 않는 세월인 것이다. 다만 한 가지 우리가 자본주의에 살고 있는 것은 분명한 사실이다. 수많은 사람들이 남에게 일을 해 주고 임금으로 먹고 산다. 형편이 이러하니 우리는 일용할 양식을 제공하는(?) '자본'이 무엇인지 알아야 세상을 제대로 살 수 있다.

자본을 이야기할 때 칼 맑스를 빼놓을 수는 없다. 그는 자본이 무엇인지 파악한 사람이다. 최초로 자본주의의 운동 법칙을 밝힌 것이다. 물론 맑스의 '맑'자만 들어도 핏대를 세우는 사람들이 있을 것이다. 그렇지만 세상 돌아가는 이치에 관심이 없으면 몰라도 자본주의 사회에서 살고 있는 동안에 맑스의 언저리를 아주 떠나 버리는 것은 곤란하다. 왜냐하면 우리는 자본의 논리로부터 자유롭지 못한 세상에서 숨쉬기 때문이다. 하다 못해 맑스의 논리는 두 번 다시 언급할 가치조차 없다는 교훈이라도 얻어야 한다.

이렇게 사정이 복잡한 만큼 맑스주의는 탈도 많고 말도 많다. 세상에 나올 때부터 엄청난 시비와 도전에 시달린 것이다. 지금이라고 형편이 좋아진 것은 아니다. 맑스주의를 거론하기만 해도 무엇인가 모자라는(?) 사람으로 취급하는 분위기이다. 더구나 현실 사회주의가 붕괴하고 초국적 자본이 지구를 탐하며 수많은 노동자들이 거리로 쫓겨나면서 자본의 논리를 제외한 모든 것은 한 순간에 이단으로 몰렸다. 자본이 가치를 증식하는 데 도움이 되는지의 여부에 따라 선과 악을 구별하는 세상이다.

이러한 현실은 역설적으로 맑스를 '복권'시키는 계기를 마련하고 있다. 세계적 차원에서 경쟁과 효율의 이름으로 저질러지는 착취, 억압, 불평등에 대해서 자본주의는 어떤 관심도 기울이고 있지 않기 때문이다. 맑스의 논리를 통해서 자본주의의 대안까지 구체화할 수 있는 것은 아니지만 적어도 자본의 세계화에서 저항의 세계화를 예감할 수는 있다. 맑스에 따르면 자본주의는 자본과 노동의 이해가 대립하고 자본과 자본이 경쟁하기 때문에 끊임없이 변화하고 있다. 여기서 맑스는 노동자들의 계급 투쟁을 통해서 새로운 사회가 올 것이라고 전망했다. 맑스주의는 자고 일어나면 위기를 겪곤 하지만 자본주의 현실에서 스스로의 논리를 바탕으로 스스로의 존재를 확인시키고 있다.

역사적으로 맑스주의는 노동자와 함께 살아왔다. 자본주의에 대항하는 노동자 계급의 이론적 무기로 태어난 것이다. 그런데 언제부터인지 맑스주의는 노동자들의 곁을 떠나서 지식인들의 노리개로 전락하고 있다. 고작해야 강단을 화려하게 꾸미거나 신명을 돋우는 소품으로 쓰이는 것이 현실이다. 맑스주의를 자본주의의 지양과 결합하기보다는 학문적인 연구 대상으로 삼거나 경제 현상에 대한 단순한 비판 수단으로 한정 짓고 있다. 그러나 '노동자의 것은 노동자에게' 돌려주어야 한다. 맑스주의는 노동자 계급의 창세기이며 발원문이기 때문이다.

맑스에 따르면 자본주의는 자본 관계가 지배하는 사회이다. 따라서 자본과 노동의 물질적인 이해 관계가 이윤과 임금으로 맞서기 때문에 서로 다른 계급적 이해 관계를 반영하는 이론들이 나타나는 것은 당연하다. 부르주아 경제학은 스스로 조화로운 체계라고 위장(?)하지만 결코 자본의 이해를 떠날 수 있는 것은 아니다. 반면에 맑스주의 경제학은 착취당하는 노동자 계급의 입장에서 자본주의를 바라보고 있다. 맑스주의 경제학의 역할은 많은 사람들이 오해하듯이 공산주의를 선전하는 것이 아니라 자본주의의 진정한 한계가 바로 자본에 있다는 것을 밝히는 것이다.

자본주의적 생산에서 억압받는 사람들에게 희망을 주고 분노를 표현하는 방법도 알려주는 맑스주의는 경제학뿐만 아니라 철학과 정치학이 화학적으로 결합된 체계이다. 세 가지가 따로따로 분리된 것이 아니라 맑스주의라는 하나의 틀 속에서 상호 침투하면서 맞물려 있는 것이다. 현실에서는 부르주아적 학문 분화에 따라 철학, 정치학, 경제학이 각각 독립적으로 나뉘어져 있지만 통일적으로 배우고 익혀야 하는 것은 물론이다. 자본주의를 총체적으로 파악하지 못하게(?) 방해하는 부르주아적 접근 방법에 맑스주의가 동참해야 할 이유는 전혀 없다.

맑스는 『자본』을 통해서 자본주의가 어떻게 움직이는지 보여 주었다. 이것을 위해서 그는 일체의 삶을 바쳤다. 노동자 계급의 '성경'인 『자본』은 인간에 대한 철학적 이해와 계급적 대립의 필연성을 바탕

에 깔고 있다. 따라서 맑스의 논리를 제대로 이해하려면 '노동이 인간
의 본질'이라는 철학적 차원에서 출발하여 '노동자 계급의 해방은 노
동자 계급 자신에 의해서 쟁취된다'는 정치 투쟁의 논리를 따라가야
한다. 맑스주의는 자본주의를 하나의 유기체로 이해하고 역사적으로
파악하는 것이다.

　　비가 억수로 쏟아지는 날 맑스주의를 만났다. 만물일체(萬物一體)라
했듯이 세상을 하나의 전체로 파악하는 맑스의 논리가 날이 갈수록
흥미로웠다. '늦게 배운 도둑질에 밤새는 줄 모른다'고 수행자들이 모
두 산을 내려간 것도 모르고 앉아 있었다. 그 무언가가 남고 쌓일 여
유도 없이 맑스주의는 유행처럼 지나갔다. 맑스의 말들이 무슨 신통
력이라도 지닌 듯이 주문처럼 외워 대던 신도들이 떠나간 것이다. 이
제 남은 일은 맑스주의를 현실에서 심판하는 것뿐이다. '기존의 모든
것에 대한 가차 없는 비판'이라는 빼어난 전통을 회복해야 한다. 도발
하라, 도발하라. 도발하는 만큼 자유로워질 것이다!

　　맑스를 하나의 우상으로 떠받들었던 세월이 있었다. 그의 논리를
통해서 우리의 삶을 풍요롭게 만든 것이 아니라 '말씀'의 노예가 되
었던 것이다. 사당을 짓고 향을 사르고 절을 올렸다. 그러나 이것은
우리의 몫이 아니라 맑스의 종친회 사람들이 해야 할 일이었다. 맑스
를 우상으로 섬기는 것처럼 불행한 일은 없는 것이다. 왜냐하면 맑스
주의의 생명은 현실에서 나오기 때문이다. 자본주의 현실이 맑스주의
를 부를 때 과학적으로 인식하고 실천으로 응답하지 않는다면 그것
은 맑스주의가 아니다. 우리를 맑스주의로 인도하는 것은 맑스가 아
니라 현실인 것이다.

　　이러한 생각을 강의실에서 전달하면서 마음에 드는 맑스주의 연구

서를 만나기가 어려웠다. 하나의 유기적 체계로서 맑스주의를 배우고 가르쳐야 한다는 신념 때문에 결국 독자적인 작업에 돌입하게 되었다. 그런데 억지 겸양이 아니라 타고난 재주도 없고 이론적인 능력까지 부족하기 때문에 어려움이 많았다. 맑스주의에 대한 신명이 꺼져 버린 상황에서 부질없는 짓거리가 될 수도 있다는 사탄의 유혹도 만만치 않았다. 그러나 맑스를 배우고 가르치는 사람으로서 '밥값'을 해야 한다는 부담도 있었지만 바다의 참 맛을 느끼는 데에는 오히려 철지난 바닷가가 제격이라는 생각도 들었다.

이 작업을 계획하고 진행하면서 많은 사람들의 도움을 받았다. 무엇보다 시도 때도 없이 맑스와 맑스주의에 대해서 시비(?)를 걸어 오는 동료 교수들이 커다란 자극이 되었다. 틈만 나면 사방에서 쳐들어오는 통에 얼굴이 벌겋게 달아오른 적도 있었지만 따돌리거나 무시하기보다는 '이단을 이단으로' 받아들이는 학문적 아량에 깊이 감사한다. 그리고 인천대학교 경제학과의 최단옥 선생님은 언제나 자본주의의 변화를 과학적으로 읽으라고 독려하신다. 한국 자본주의의 발전에 대한 독자적인 이론 체계를 구축하기 위해서 땀 흘리는 모습을 감탄하는 마음으로 배우고 있다.

프리드리히 엥겔스에게 자본주의를 깨우쳐 준(?) 맨체스터에서 1년 동안 지적인 산책을 즐기면서 노동자 계급의 현실을 공부할 수 있도록 도와준 설포드대학교(University of Salford)의 콜린 사이먼스(Colin Simmons) 교수에게도 감사한 마음을 전하고 싶다. 또한 유학을 준비하느라 바쁜 와중에도 자료를 찾고 정리하며 때로는 인터넷으로 진지한 토론까지 함께 벌인 민희용 군에게 고맙게 생각한다. 좋은 책을 만들기 위해서 초고를 읽고 아낌없는 논평과 조언을 해 주신 박종철

출판사의 김태호 선생님, 안효상 선생님, 그리고 박선미 선생님께 깊이 감사드린다. 끝으로 누가 알아주지도 않는(?) 학문과 함께 살아가는 지은이에게 언제나 용기를 주는 아내 신보현에게 작은 위로가 되었으면 좋겠다. 그녀는 맑스주의가 좀 더 낮은 곳으로 임해야 한다고 믿고 있다.

고등어는 한물이 갔더라도 자반이 되어서 우리들의 입맛을 돋운다. 그런데 스스로 맑스주의의 자반이라고 외칠지도 모르는 사회 민주주의나 제3의 길은 엄청난 성과에도 불구하고 맑스주의와는 관련이 없는 듯이 보인다. 자본 관계를 떠난 맑스주의의 아류들은 이미 생선이나 자반이 아니라 밭에다 뿌려야 할 거름인 것이다. 노동자들의 계급 정치와 사회 운동을 빼고 나면 맑스주의에 남는 것은 아무것도 없다. 진정한 맑스의 복권은 이 지점에서 고민해야 할 것이다. 맑스주의는 우리들의 삶과 떨어져서 존재하는 그 무엇이 아니기 때문이다. 그렇다. 태초에 노동이 있었다!

2002년 2월<br>맨체스터에서 이갑영 씀

# 차 례

## 일러두기

1. 인용문의 출전은 인용문 끝에 주를 달아 간략하게 밝혔고, 대신 상세한 서지 사항은 「문헌 목록」을 참조하도록 했다.

2. 칼 맑스와 프리드리히 엥겔스의 저서를 인용한 경우, 따로 주석 처리하지 않고 인용된 문단의 맨 마지막 문장 끝에 출전을 밝혔다. 그리고 책 제목은, 예를 들면 『공산주의 선언』은 『선언』으로, 『정치 경제학 비판 요강』은 『요강』으로, 『칼 맑스 프리드리히 엥겔스 저작 선집』은 『선집』으로 생략하여 밝혔다.

3. 『칼 맑스 프리드리히 엥겔스 저작 선집』이나 *MEW*, *MECW*를 인용한 경우, 구체적인 글 제목을 함께 밝혔다. 예를 들어 "(「독일 이데올로기」, 『선집』 제1권, 209쪽)." 단, 편지를 인용한 경우에는 책 제목만 밝혔다.

# 제1장

# 구도자의 숨결을 찾아서

"계급과 계급의 대립이 있었던 낡은 부르주아 사회의 자리에 각자의 자유로운 발전이 모두의 자유로운 발전의 조건이 되는 연합체가 들어선다"(『선언』, 37쪽).

## 1.1 사람은 노동이다

## 1.2 시험에 든 맑스

## 1.3 아! 『자본』

# 사람은 노동이다

"철학자들은 세계를 단지 다양하게 해석해 왔을 뿐이다. 그러나 중요한 것은 세계를 변화시키는 것이다"(「포이에르바하에 관한 테제들」, 『선집』 제1권, 189쪽).

맑스를 클릭하자!

세상이 빠르게 변화하고 있다. 자고 나면 새로운 것들이 나타나서 우리를 놀라게 한다. 무인 공장에서 생산하고 인터넷으로 거래하는 세월이다. 당연히 사람이 살아가는 모습도 어제와 다르다. 먹고 자고 입는 것이 세계화된 현실이다. 싫든 좋든 세계를 염두에 두면서 생각하고 행동하게 되었다. 자본가들도 노동자들도 모두 세계를 향해서 달려간다. 자본가들은 초국적 경영을 기획하고 노동자들은 인터내셔널을 예감하는 것이다. 이제 인간은 국민 국가의 울타리를 넘어 세계 단위에서 역사를 설계하게 되었다. 몇 년 후에는 세계가 하나로 소통하는 지구 마을에서 살게 될 것이라는 장미빛 전망이 홍수를 이루고 있다.

그렇지만 유토피아는 우리들의 생각보다 훨씬 멀리 있는 것 같다. 나라마다 일자리를 잃어버린 사람들이 흘러넘치고, 곳곳에서 전쟁과 폭력이 난무하고 있으며, 하루에 1달러 미만으로 살아가는 사람들이 15억 명이나 되는 것이 현실이다. 굶주림에 대한 공포가 세계를 뒤덮고 있다. 더구나 거대한 투기 자본은 먹이를 찾아 지구를 배회하고 자본의 경쟁은 세계를 정글로 바꾸어 버렸다. 자본주의를 지배하는 사람들은 언제나 평화를 말하고 진보를 토론하지만 폭력과 거짓과 타락으로 얼룩지는 세상이다. 한줌밖에 안 되는 사람들이 위기를, 빈곤을, 갈등을 세계화시키고 있는 것이다.

세계가 세계를 상대로 사냥에 나설 무렵 새로운 천년이 다가왔다. 온 세상 사람들은 고단한 삶을 떨치기라도 한 듯이 의미를 부여하고 치장했다. 마치 우리가 안고 있는 수많은 문제들이 한꺼번에 풀리기라도 할 것처럼 호들갑을 떨었다. 그러면서도 우리는 지나간 역사를 되돌아보았다. 그리고 인류에게 가장 커다란 영향을 끼친 사람으로 칼 맑스(1818~1883년)를 기억해 냈다. 사람들이 천 년을 보내면서 선정한 인물이라면 맑스가 예수님이나 부처님에 버금가는 일을 했단 말인가? 맑스를 '성스러운 분'들과 비교한다고 불경스럽게 생각하는 사람도 있겠지만 지난 천 년의 역사에서 첫번째로 기록된 것은 사실이다.[1]

그러면 맑스는 어떤 일을 했는가? 그는 십자가에 못 박히거나 보리수 밑에서 깨달음을 얻은 사람이 아니다. 간단하게 말하면 맑스는 세상이 어떻게 발전하는지 그리고 자본주의가 어떻게 돌아가는지를 밝혀 냈다. 자본주의의 미래는 공산주의가 될 것이라고 예견한 사람도 맑스이다. 이토록 엄청난 천기(?)를 누설했으니 세상의 주목을 받게 된 것은 당연하다. 그런데 이상한 일은 맑스를 좋아하든 싫어하든 상관없이 수많은 사람들이 그의 논리에 관심을 갖는다는 사실이다. 스스로의 교양을 뽐내듯이 맑스의 저서 한 권쯤은 책장에 꽂아 놓던 시절도 있었다. 하여튼 맑스의 논리가 세상을 이해하는 데 도움이 되지 않았다면 그의 논리가 지금까지 이어져 올 수는 없었을 것이다.

맑스가 세상의 이치를 밝혔다지만 그는 수도승이 아니다. 산중에서 용맹 정진하여 세상의 이치를 얻은 것이 아니라 자본주의 현실에서 끊임없이 투쟁하고 고뇌하면서 깨우쳤던 것이다. 그는 독일의 고전 철학, 영국의 고전파 정치 경제학, 프랑스의 사회주의라는 19세기 부르주아 사회의 지적 유산을 바탕으로 독창적인 논리를 세웠다. 이 세 가지를 단순히 모방하고 베낀 것이 아니라 비판적으로 발전시켜서 유물론 철학, 정치 경제학, 과학적 사회주의라는 맑스주의의 주춧돌을 마련했던 것이다. 부르주아 사회의 유산인 철학, 경제학, 정치학을 따로따로 접근한 것이 아니라 서로를 유기적으로 결합하여 지금 우리가 맑스주의 사상이라 부르는 하나의 구성물을 만들었다. 따라서 맑스주의는 세 가지 구성 부분이 독립적인 의미를 갖는 경우도 있지만 부르주아 학문 체계와 달리 하나의 유기적 체계를 이루고 있다.

유물론 철학은 세상에 존재하는 모든 것들이 어떻게 운동하는지 보여 주는 변증법적 유물론과 이것을 바탕으로 역사와 사회가 어떻게 발전하는지를 보여 주는 역사적 유물론으로 구성된다. 그리고 자본주의 사회의 물질적 생산을 파악한 정치 경제학은 변증법적 유물론에 바탕을 두고 자본 관계를 통해서 잉여 가치가 생산되고 실현되는 과정을 보여 주었다. 유물론 철학과 정치 경제학은 하나의 완결된 유물론적 세계관으로 결합되는데 여기서 노동자 계급이 역사적인 사명을 인식하고 의식적으로 실천하게 되는 과학적 사회주의가 확립되었다. 과학적 사회주의는 맑스의 철학 이론과 경제 이론에서 유도된 것이다. 이렇게 맑스주의의 세 가지 구성 부분은 하나로 통일되어 있는데 프리드리히 엥겔스는 무엇보다도 역사적 유물론과 잉여 가치의 발견이 사회주의를 '공상에서 과학으로' 만든 결정적 요인이라고 강조했다(「오이겐 뒤링 씨의 과학 변혁 (반-뒤링)」, 『선집』 제5권, 29쪽).

이러한 맑스주의는 세상에 나온 이후 끊임없이 왜곡과 모함과 협박에 시달려 왔다. 기존의 질서와 가치를 넘어서는 미래 사회가, 그것도 필연적으로 올 것이라고 주장하고 있으니 당연한 일이라고 볼 수도 있다. 맑스의 논리는 자본주의 현실을 통해서 지속적으로 존재 의의를 확인받았지만 언제나 편협한 이론으로 치부되었다. 맑스주의의 역사는 바로 위기의 역사인 것이다. 자본주의의 지배자들은 스스로의 지위에 도전하는 맑스주의를 언제나 마녀 사냥으로 대응했다. 인간의 본성에 어울리는 조화로운 세상을 뒤바꾸려는 '불순 분자'들의 말장난 정도로 간주하는 것이다. 맑스가 말하는 사회는 인간을 획일화시키고 독재 정치를 하며 강제 노동에 허덕이게 하는 세계라고 가르쳤다. 하지만 이러한 비난은 오히려 맑스의 글들을 한 줄도 읽지 않았다는 것을 반증할 뿐이다.

이렇게 무지하고 유치한 비난이 아니더라도 맑스의 논리는 수많은 도전과 음모를 경험해 왔다. 특히 곤란한 것은 스스로 맑스주의를 외치고 다니는 사람들이 맑스의 논리를 자의적으로 해석하고 과학으로 위장시키는 일이다. 이러한 사이비 과학은 이미 맑스가 살아 있던 당시에도 창궐했기 때문에 맑스는 스스로 맑스주의자가 아니라고 외치게 되었다. "내가 아는 모든 것은 내가 맑스주의자가 아니라는 점이다. 신이여 내 친구들로부터 나를 구원하소서!"(*MEW* 35, 388쪽). 이들 가운데는 맑스주의를 기계적으로 해석하거나 속류화하는 사람도 있었고 맑스주의의 깃발을 들고 아예 딴 살림(?)을 차리는 사람조차 있었다. 요즈음에도 사회주의를 말하면서 노동자 계급을 해고하는 좌파 정부까지 존재하는 세상이니 말해서 무엇하랴! 아직도 사람들은 맑스주의를 가난한 사람이 부유한 사람과 싸울 때 필요한 논리 정도로 이해하는 경우가 대부분이다.

그러나 무엇보다도 맑스주의를 다락방 구석으로 몰아넣은 것은 소비예뜨 러시아의 붕괴였다.[2] 국제 사회주의의 이름으로 건설된 '사회주의의 조국'이 처참하게 무너진 것이다. 그것도 어느 날 갑자기 제 풀에(?) 주저앉아 버렸고, 그 영향으로 맑스주의의 위신은 땅에 떨어지게 되었다. '노동자의 나라'가 노동자 계급을 착취하고 억압했다는 사실이 밝혀지면서 이제 맑스주의를 통해서 미래를 설계하는 사람은 찾아보기 어렵게 되었다. 무너진 사회에서 교훈을 얻으려는 사람들에게조차 세상은 '아직도 맑스냐?'라고 측은지심 가득한 눈초리를 보내고 있다. 인간 해방은 고사하고 박물관에나 가야 할 판이다. 이제 맑스의 논리는 더 이상 역사적 의미를 찾을 수 없게 된 것이다. 더구나 스딸린에 의해서 정식화된 '공식 맑스주의'는 맑스의 논리를 회복하기 어려운 궁지로 몰아넣었다. 맑스주의를 우상화하고 박제로 만들어 버린 것이다.

결국 '공식 맑스주의'는 역사의 뒷전으로 물러나고 두 갈래의 시도가 나타나게 되었다. 한편에서는 맑스주의를 무덤으로 끌고 가서 청산하려는 작업이 기승을 부리게 되었고, 다른 한편에서는 맑스수의를 재구성해야 한다는 목소리가 높아지기 시작했다. 이미 1970년대에 들어서면서 유럽에서는 스딸린에 의한 맑스주의의 정식화를 정면으로 비판하면서 맑스의 논리를 재해석하고 재음미하려는 움직임이 활발해졌다. 이러한 노력들이 모두 생산적인 결과를 가져온 것은 아니지만 그러한 노력으로 인해 맑스주의를 기계적으로 해석한 이론들이나 자본주의 현실과 유리된 이론들이 점점 설자리를 잃게 되었다.

소비예뜨 러시아가 붕괴한 이후 천 갈래 만 갈래로 맑스주의는 나뉘었다. 맑스주의에서 '죽은 것과 산 것'을 구분하거나 착취 문제에서 소외 문제로 후퇴하거나 혁명과 개량을 분리하거나 자본주의 사회의 과도기성을 철회하거나 이론과 실천을 구별하거나 계급 투쟁이 아니라 계급 화해를 선전하는 경향조차 나타났다. 참다운 맑스주의란 무엇인가? 근본적 질문이 제기될 수밖에 없을 정도로 혼돈과 무질서에 빠져 들었다. 그렇지만 맑스주의를 청산해야 한다는 주장을 예외로 한다면 고전 맑스주의의 전통을 바탕으로 '맑스로 돌아가자!'는 이야기가 힘을 얻고 있는 것은 분명하다. 역설적으로 자본주의 세계가 아직도 맑스를 부르고 있다는 의미이다.

그런데 엄밀하게 따지자면, 현실 사회주의가 붕괴했다고 맑스의 논리가 사라져야 할 필요는 없다. 맑스주의가 노동자의 나라가 타락한 현실에서 자유로울 수는 없지만 그렇다고 역사적으로 패배한 것은 아니다. 왜냐하면 맑스의 논리는 공산주의의 과학이 아니라 누가 뭐라고 해도 '자본주의의 과학'이기 때문이다. 그는 공산주의 사회를 파악하는 것이 아니라 자본주의가 어떤 사회인지 분석하는 데 모든 삶을 바쳤다. 이러한 수고의 결실이 바로 『자본』이다. 그런데 『자본』은 알려져 있듯이 "정치 경제학 비판"이라는 부제를 달고 있다. 정치 경제학이란 바로 고전파 정치 경제학을 말하는 것이다. 맑스는 모순으로 가득한 자본주의를 정당화하고 변호하는 고전파 정치 경제학을 비판하기 위해서 『자본』을 발표했다.

경제학의 역사에서 보면, 자본주의의 내적 연관을 파악하여 경제학을 독립적인 과학의 지위로 끌어올린 것은 분명히 고전파 정치 경제학의 공헌이라고 할 수 있다. 하지만 고전파 정치 경제학은 부르주아 사회를 인간의 본성에 어울리는 영원한 사회로 인식하는 이데올로기에 사로잡혀 있었기 때문에 그 모순과 변화를 인식할 수는 없었다. 이러한 한계를 파악한 맑스는 자본주의 사회의 과도기성을 과학적으로 논증하는 것이 바로 고전파 정치 경제학에 대한 비판으로서의『자본』의 목표이며 스스로의 과제라고 생각했다. 그래서 맑스는『자본』에서 자본주의라는 "현대 사회의 경제적 운동 법칙"(『자본론』제1권, 6쪽)을 밝히고 "정치 경제학 비판"이라는 부제를 붙이게 되었다.

따라서 맑스는 수많은 글을 발표하고 남겼지만 오해와 달리 공산주의에 대해서는 별로 언급한 것이 없다. 물론 맑스는『자본』에서 농노제 사회나 공산주의 사회에 대해서 여러 차례 언급하였다. 그리고 자본주의 이후의 사회가 공산주의이며 자본주의에서 그 사회의 물적 토대가 마련된다는 것을 지적했다. 그렇지만 이러한 표현들은 그 자체로 의미를 갖기보다는 자본주의가 고전파 정치 경제학자들의 생각처럼 영원한 질서가 아니라 일시적인 사회일 뿐이라는 것을 보여 주기 위해서 제한된 범위에서 다루어 졌던 것이다.

맑스의 작업은 자본주의를 해부하는 데 집중되었으며 공산주의 사회에 대한 것들은 이후의 역사 발전의 과제로 남겨 두었다. 이렇게 보면 스딸린이 맑스주의를 왜곡하고 소비예뜨 러시아가 붕괴한 것 자체 때문에 맑스주의가 청산되어야 할 이유는 없다. 맑스주의를 탄생시킨 자본주의라는 역사적 조건이 아직도 살아 있기 때문이다. 오히려 맑스주의의 위기는 자본주의의 끊임없는 변화를 제대로 담아 내지 못하기 때문에 발생하는 것으로 볼 수 있다. 이론과 현실, 이론과 실천의 괴리가 나타날 때 위기가 오는 것이다. 자본주의가 변화하고 계급 지형이 달라지는데도 불구하고 앵무새처럼 원전을 반복하거나 고전적인 논리에 머무르고 있다면 이것이 진정한 위기이다. 맑스와 엥겔스는 물론 그들의 후계자들인 레닌, 로자 룩셈부르크 등은 자본주의 현실에서 맑스주의를 관철시키기 위해서 이론적 작업과 함께 실천적 투쟁을 아끼지 않았다.

그런데 현실의 맑스주의는 자본주의의 변화를 하나의 전체로 파악하여 실천과 결합시키지 못하고 있으며 부르주아적 방법론의 영향을 받아 현상적이고 단편적인 진단에 만족하고 있다. 소비예뜨 러시아의 역사적 경험에 대해서도 근본으로부터 분석하고 비판하여 맑스주의를 풍부하게 만들려고 노력하기보다는 면죄부(?)라도 받으려는 것처럼 서로 경쟁하듯 비난만 퍼붓는다면 과학적인 태도가 아닐 것이다. 우리 사회에서 맑스주의는 '시민권'을 얻으려는 찰나에 현실 사회주의가 붕괴했기 때문에 급격하게 위축될 수밖에 없었다.

더구나 우리의 맑스주의는 이론과 현실의 괴리가 심각하게 노출되었는데 원전이나 선험적인 사례만 마법의 주문처럼 암송하다가 스스로 고립을 자초한 측면도 있었던 것이다. 자본주의가 생산을 위해서 생산을 하고, 부르주아 경제학이 이론을 위해서 이론을 하듯이, 우리의 좌파는 혹시 맑스주의를 위해서 맑스주의에 매달리고 있는 것은 아닌지 뒤돌아볼 필요가 있다. 구체적인 현실과 결합하지 못한 맑스주의는 하나의 도그마일 뿐 맑스의 논리와는 관련이 없다. 현실에서 검증이 되어야 과학이라는 맑스주의의 전통을 상기해야 할 것이다.

그러나 맑스주의는 몇몇 사람이 오해하듯이 절대적인 교조나 독선이 아니다. 끊임없이 변화하는 현실을 분석하고 '대응하는 실천 철학'이다. 맑스가 이룩한 모든 것들을 무조건 따르고 떠받드는 것이 아니라 구체적인 현실과 결합시켜야 하기 때문에 창조적인 본질을 가질 수밖에 없다. 따라서 맑스주의는 자본주의의 변화를 과학적으로 분석하고 노동자 계급 운동과 결합시키며 대안을 공유하는 과정에서 생명력을 갖게 된다. 맑스의 논리를 비판적으로 계승하고 발전시켜야 하는 것이다.

맑스주의가 수도승의 깨달음이 아니라 역사의 산물이라는 것은 이미 구도자의 삶 속에서 관찰되었다. 그러면 맑스는 어떻게 자본주의의 과학을 확립하게 되었는가? 자본주의의 운동 법칙을 밝히고 고전파 정치 경제학을 비판한 맑스의 수고를 찾아간다.


프롤레타리아의 발견


맑스가 '물질적 이해 관계'에 대해서 관심을 갖게 된 것은 『라인 신문』에서 활동하기 시작한 이후였다. 그는 법학을 공부하려고 본 (Bonn)대학에 입학했으나 곧 옆길로 빠져서 고대 철학에 몰입하게 되었다. 맑스는 1839년부터 1840년까지 특유의 철저함을 바탕으로 철학사에 몰입해서 1841년에 「데모크리토스와 에피쿠로스의 자연 철학의 차이」로 철학 박사 학위를 받았다. 그는 논문을 통해서 유물론을 공개적으로 승인했고 철학이 현실에 대해서 능동적인 태도를 가져야 한다는 원칙을 세웠다. 철학과 현실의 소통 문제는 맑스에게 사유와 존재의 상호 관계를 주목하게 만들었다.

그는 철학자로 살아가기 위해서 대학에 남을 계획을 가지고 있었으나 프로이센에 반동적인 흐름이 강화되면서 급진 민주주의자들과 함께 정치 투쟁에 가담하게 되었다. 맑스는 스스로의 견해를 발표하기 위해 『라인 신문』에 글을 쓰기 시작했다. 경제적으로 발전한 라인 지방의 자유주의적 부르주아들이 스스로의 이해 관계를 위해서 창간한 『라인 신문』은 역사학파의 프리드리히 리스트를 주필로 하여 1842년부터 발간되었으나 청년 헤겔주의자들이 참여하고 있었기 때문에 급진적인 색깔의 기사로 채워졌다. 맑스가 편집장을 맡으면서『라인 신문』은 한층 급진 민주주의의 성격을 갖게 되었으며 프로이센의 절대주의와 이데올로기적 변호인들에게 날카로운 비판을 퍼부었다. 맑스는 프로이센 정부에게 탄압의 빌미를 제공하지 않으려고 가급적 자제와 유연성을 발휘했지만 항의의 물결 속에서 신문은 폐간되고 말았다.

　이러한『라인 신문』의 활동은 맑스의 세계관에 근본적인 변화를 가져왔다. 관념론에서 유물론으로, 급진적 민주주의에서 공산주의로 그의 관점이 바뀌는 계기가 되었다.[3] 맑스는 프로이센의 억압으로부터 대중 일반의 이해를 적극적으로 옹호하는 한편 인간들의 행위에는 물질적 관계가 바탕을 이룬다는 것을 인식하게 되었다. 또한 맑스는 국가 문제에 대해서도 풍부한 경험을 얻었는데 국가는 사적 이해 관계를 넘어서 성립되는 보편적인 이상이 아니라는 사실을 깨달았다. 철학을 연구하던 맑스는『라인 신문』에 발표한「삼림 도벌법에 관한 논쟁」이나「모젤 통신원의 정당함을 변호하다」를 통해서 경제 관계에 눈을 떴다.

　이러한 과정에서 그는 법과 정치의 기초는 경제이며 국가와 시민 사회의 관계에 대한 헤겔의 파악은 거꾸로 된 것이라고 느끼게 되었다. 맑스는 국가와 법을 움직이는 것은 사적 소유에 기초한 부르주아지라는 것을 주목하는 한편 부르주아 사회의 사적 소유에서 배제된 무산 계급의 사회 운동에 대한 구체적인 전개 방향을 고민하기 시작했다. 그는『라인 신문』을 통한 정치 투쟁에서 억압받는 사람들의 경제 관계를 서서히 인식하게 되었다.

　프로이센 정부와 마찰을 빚은 맑스는 아르놀트 루게와『독일 프랑스 연보』를 만들기 위해 빠리로 갔다. '기존의 모든 것에 대한 가차없는 비판'을 지향하면서 자각된 독일의 두뇌와 정열적인 프랑스의 감성을 결합시키려는 의도에서 발행한 잡지였다. 그러나 부르주아 급진주의자인 루게와 맑스의 견해 차이로 1844년 2월에 창간호가 나오고는 폐간되고 말았다. 『독일 프랑스 연보』에는 맑스가 「유태인 문제에 대하여」와 「헤겔 법철학 비판. 서설」을 발표했고 맨체스터의 엥겔스는 「국민 경제학 비판 개요」와 「영국의 상태: 토마스 칼라일의 『과거와 현재』에 부쳐. 런던, 1843년」을 투고했다. 이러한 논문들은 맑스주의의 형성에서 중요한 의미를 갖는 것들이었다. 그리고 『독일 프랑스 연보』를 계기로 맑스와 엥겔스는 서로를 의식하게 되었다.

「유태인 문제에 대하여」는 청년 헤겔주의자인 브루노 바우어를 겨냥한 논문이었다. 이 논문에서 맑스는 기독교를 국교로 삼고 있던 독일에서 정치적 권리가 제한되고 있는 유태인들의 해방 문제를 종교적 차원에서 해결하려는 시도에 대해서 비판했다. 바우어는 모든 사람이 시민권을 확보하거나 진정으로 자유로운 인간이 되려면 모두 종교를 버려야 한다고 주장했다. 그러나 맑스는, 종교의 존재는 현실 사회가 결함이 있다는 것을 반증하는 것이라고 보았다. 따라서 부르주아 사회가 성숙해졌는데도 불구하고 종교가 호소력을 갖고 있는 것을 보면 문제의 근원은 다른 곳에 있는 것이 아니라 바로 부르주아 사회 안에 있다는 것이다.

그런데 부르주아 사회는 사유 재산 제도라는 한계를 가지고 있다. 농노제 사회에서 부르주아 혁명을 통해 정치적 해방을 이루었지만 부르주아적 권리를 상징하는 사유 재산 제도가 제약으로 작용하고 있다고 맑스는 비판했다. 부르주아 사회에서 나타나는 정치적 해방은 결국 "인간과 공동체로부터 분리된 인간인 이기적 인간"("On the Jewish Question," *MECW* 3, 155쪽)의 해방이기 때문에 불완전한 것이다. 따라서 맑스는 인간적 해방을 정치적 해방과 대립시켰다. 인간적 해방이란 부르주아 사회의 한계로부터 인간을 자유롭게 하고 불평등, 억압, 소외를 지양하며 이기주의와 개인들의 갈등 대신에 진정한 사회적 원칙들이 똑바로 서는 것이라는 전제를 확립했던 것이다. 부르주아 사회를 극복하고 인간 공동체를 지향하려는 맑스의 생각을 엿볼 수 있다.

그러면 누가 정치적 해방의 한계를 극복하고 인간적 해방을 실현시킬 것인가? 사회 진보를 이루는 사회 세력에 대해서 맑스는 「헤겔 법철학 비판. 서설」을 답변으로 내놓았다.

> [그 가능성은] 뿌리 깊은 굴레에 얽매여 있는 한 계급, 결코 시민 사회의 계급이 아닌 시민 사회의 한 계급, 모든 신분들의 해체인 한 신분, 자신의 보편적 고통 때문에 보편적 성격을 지니고 있고 특수한 부당함이 아니라 부당함 그 자체가 그들에게 자행되기 때문에 어떤 특수한 권리도 요구하지 않는 한 영역, 더 이상 역사적 권원(權原)을 증거 삼을 수 없고 단지 인간적 권원만을 증거 삼을 수 있는 한 영역, 독일 국가 제도의 귀결들과 일면적으로 대립하고 있는 것이 아니라 그 전제들과 전면적으로 대립하고 있는 한 영역, 마지막으로 사회의 다른 모든 영역들로부터 자신을 해방시키고 그리하여 사회의 다른 모든 영역들을 해방시키지 않고는 해방될 수 없는 한 영역, 한마디로 말하면 인간의 완전한 상실이고 따라서 인간의 완전한 되찾음에 의해서만 자기 자신을 찾을 수 있는 한 영역의 형성에 [있다](「헤겔 법철학의 비판을 위하여」, 『선집』 제1권, 14쪽).

바로 프롤레타리아트인 것이다.

맑스는 계급 투쟁이 전형적으로 벌어지고 있던 프랑스를 염두에 두면서 독일의 계급 지형을 분석했다. 그런데 독일의 부르주아지는 정치적으로 성숙하지 못한 것은 물론 스스로의 경제적 특권을 지키려고 『라인 신문』을 중심으로 전개된 급진적 민주주의에 대해서도 우유부단한 태도를 보였다. 그리고 프로이센의 절대주의와 어떤 형태로든 긴장이 조성되는 것조차 원하지 않았던 것이다. 따라서 맑스는 기회주의적인 독일의 부르주아지를 단념하고 프롤레타리아를 독일 해방의 전면에 내세우게 되었다. "독일인의 해방은 인간의 해방이다. 이 해방의 머리는 철학이요, 그 심장은 프롤레타리아트이다"(「헤겔 법철학의 비판을 위하여」, 『선집』 제1권, 15쪽). 부르주아 사회에서 프롤레타리아는 가장 강력한 계급이 아니라 가장 약한 계급이기 때문에 혁명적인 역할을 수행하는 것으로 보았다. 물론 맑스는 아직 노동자 계급을 혁명의 '수동적 요소'로 보고 있으며 철학이 주도하는 노동자 계급과 철학의 동맹을 고려하고 있기는 하다. 하지만 자본주의를 극복하는 주체로서 프롤레타리아를 주목하는 것은 맑스의 사상적인 발전을 의미한다. 사회주의가 공상에서 과학으로 발전하게 되는 계기가 마련된 것이다. 이제 맑스는 단순한 철학자가 아니라 노동자 계급의 혁명을 외치는 공산주의자로 바뀌었다.

빠리의 생활은 맑스에게 삶의 진로를 결정하게 만들었다. 그는 역사와 경제학을 연구하여 공산주의의 이론을 확고하게 체득했으며 처음으로 공산주의 조직들도 만났다. 당시 빠리는 급속한 산업화가 진행되고 있었으며 수많은 공산주의자들이 사회 운동에 대해 토론과 논쟁을 끊임없이 벌이는 뜨거운 도시였다. 프랑스 노동자들은 급진 민주주의에서 공산주의까지 다양한 편차를 보이고 있었다. 이들 가운데는 소수의 음모에 의해서 자본주의를 전복할 수 있다는 사람들은 물론이고 평화적이고 개혁적인 방법으로 계급 조화를 이루고자 하는 사람들도 나타났다. 그렇지만 아직까지는 어느 누구도 사회주의 이행에 따르는 객관적 조건을 인식하지 못하고 있었다.

맑스는 무엇인가에 홀린 것처럼 정치 경제학, 프랑스의 역사와 사회주의에 대해서 공부했다. 그는 자본주의의 발전과 모순의 내적 장치 그리고 정치와 경제의 관계를 파악하려 했으며 무엇보다도 부르주아 사회의 계급 투쟁을 주목했다. 프랑스의 부르주아 혁명을 공부하는 것도 커다란 비중을 차지하고 있었다. 이 즈음에 맑스는 프랑스의 노동자 조직들을 만났을 뿐만 아니라 독일의 망명 노동자 조직, 즉 프롤레타리아로 전락한 독일 수공업자들의 조직인 의인동맹의 지도자들을 만나게 되었다. 머리 속으로 인간적 해방의 유일한 계급으로 생각하고 있던 프롤레타리아트가 운동의 실체로서 맑스의 눈앞에 나타났던 것이다. 빠리에서 맑스는 단련되고 있었다.


## 소외된 노동


『라인 신문』 활동을 통해서 경제 관계를 주목하기 시작한 맑스는 빠리에서 본격적으로 정치 경제학에 몰두했다. 그는 애덤 스미스, 데이비드 리카도, 장-밥띠스뜨 세이, 존 R. 맥컬로크 등 수많은 경제학자들의 문헌에 주석을 붙이고 발췌하면서 탐독했다. 그리고 『독일 프랑스 연보』에 실린 엥겔스의 「국민 경제학 비판 개요」에서 강한 인상을 받았다. 「국민 경제학 비판 개요」는 국민 경제학 즉 고전파 정치 경제학과 부르주아 사회를 사회주의의 관점에서 비판한 논문이기 때문에 맑스에게는 신선한 충격이었다.

맑스가 정치 경제학에 대한 본격적인 연구 활동의 결과를 정리한 것이 바로 『경제학 철학 초고』라는 미완성의 원고이다. 여기서 맑스는 사유 재산 제도와 고전파 정치 경제학을 체계적으로 비판했다. 그는 엥겔스가 「국민 경제학 비판 개요」에서 했던 것처럼 고전파 정치 경제학에 대한 비판을 통해서 부르주아 사회가 사유 재산에 바탕을 두고 있는 계급 사회이며 사유 재산이 인간을 지배하고 '소외(estrangement)'시키고 있다고 지적했다. 따라서 맑스는 『경제학 철학 초고』에서 자본의 시녀로 전락한 고전파 정치 경제학과 자본가들의 탐욕을 대변하는 고전파 정치 경제학자들을 비판했다.

그는 고전파 정치 경제학이 중농주의처럼 농업 노동만을 부의 실체로 보지 않고 노동 일반을 부의 실체로 승인한 점을 높이 평가했다. 하지만 고전파 정치 경제학은 현실을 있는 그대로 파악했을 뿐만 아니라 현실을 있는 그대로 받아들였던 것이다. 따라서 부르주아 사회를 비판적으로 바라보는 맑스가 고전파 정치 경제학의 방법이나 이론에 대하여 논리적인 반박을 전개한 것은 당연한 일이었다. 맑스는 소외와 소외된 노동이라는 범주를 통해서 고전파 정치 경제학에 대한 비판의 고리를 마련했다. 소외는 맑스가 자본주의를 바라볼 때 항상 등장하는 화두인데 부르주아 사회의 경제 관계에 관심을 가지면서 본격적으로 나타나기 시작했다. 소외된 노동의 결과인 사유 재산이 생산물과 노동을 소외시키고 나아가 인간을 소외시키는 것으로 파악했다.

사본주의가 인간을 소외시킨다는 그의 논리를 이해하려면 먼저 맑스가 인간에 대해서 어떻게 생각하고 있는지 알아야 할 것이다. 인간을 말할 때 우리가 흔히 들을 수 있는 이야기는 '생각하는 갈대' 또는 '사회적 동물'이나 '합리적 동물'이라는 규정이다. 조금 다른 경우이지만 인간은 빵만으로 살 수 없다거나 배고픈 소크라테스가 낫다는 고상한(?) 말도 자주 듣는다. 아마 배가 고파 보지 않은 사람의 이야기일지도 모른다. 그렇지만 우리가 인간에 대해서 가장 정확하게 표현한 개념이라고 믿는 것은 바로 인간을 '이기적인 동물'로 규정하는 것이다. 너나없이 이기적으로 행동하면서 살기 때문이다. 따라서 많은 사람들은 인간이 본래 이기적이고 탐욕스러운 존재이기 때문에 공동체 사회를 만들려는 어떠한 노력도 헛수고라고 비아냥거린다. 왜냐하면 인간이 가지고 있는 이기심은 본성이기 때문에 절대로 바뀔 수 없다는 것이다.

그러나 많이 알려져 있듯이 맑스는 변하지 않는 인간의 본성을 부정했다. "포이어바흐는 종교적 본질을 인간의 본질로 용해시킨다. 그러나 인간의 본질은 각각의 개체 속에 내재하는 추상물이 아니다. 인간의 본질은 그 현실에 있어서 사회적 관계들의 앙상블이다"(「포이에르바하에 관한 테제들」, 『선집』 제1권, 186쪽). 바꾸어 말하면 애초부터 변화하지 않는 인간의 본성이라는 것은 없으며 사회가 변화하면서 인간들의 신념이나 소망도 바뀌는 것이라고 주장했다. 농노제 사회에서 살 때와 자본주의 사회에서 살아갈 때 인간이 존재하는 방식은 차이가 있을 수밖에 없는 것이다. 인간에게 변하지 않는 성질이 있는 것은 아니며 살고 있는 사회에 따라서 인간이 생각하고 행동하는 방식도 바뀐다는 논리이다. 맑스는 인간 본성에 대한 종래의 관념론적인 규정들을 한번에 뒤집어 버렸다.

그러면 인간이란 무엇일까? 맑스는 인간이 원시 공동체 사회, 노예제 사회, 농노제 사회, 자본주의 사회 등 서로 다른 사회를 살아오면서 공통적으로 가지고 있었던 것은 무엇인지를 분석하기 시작했다. 공통적인 어떤 것이 확인될 수만 있다면 사회가 지속적으로 변화하고 사람들의 신념이나 소망이 바뀌는 이유도 밝혀질 것이라고 판단했기 때문이다. 인간이 서로 다른 사회에 살아오면서도 공통적으로 지니고 있는 것은 바로 '노동'이었다. 포이어바흐는, 개인과 개인이 유적 존재로서 자연스럽게 결합하여 사회를 이루며 사는 이유가 인간이 서로서로 사랑하는 감정에 있다고 보았지만, 맑스는 그것을 노동에서 찾았다. 맑스에게 노동은 인간의 본질이며 사회를 만드는 원천이었다.

> 인간은 바로 대상적 세계의 가공 속에서 비로소 현실적으로 자신을 유적 존재로서 증명한다. 이 생산은 그의 활동적인 유적 생활이다. 이 생산에 의하여 자연은 인간의 작품으로서 그리고 인간의 현실로서 나타난다(「1844년의 경제학 철학 초고」,『선집』제1권, 79쪽).

인간이나 동물이 똑같이 자연의 일부로서 생명 활동을 하지만 인간은 의식적으로 생명 활동을 한다는 점에서 차이가 난다고 지적했다. 동물은 대부분 유전자에 의해서 정해진 생명 활동을 하지만 인간은 욕구를 충족시키는 방법을 지속적으로 변화시키고 개선한다. 인간의 역사는 인간이 욕구를 충족하는 과정에서 사회를 조직하는 방식이 지속적으로 바뀌었다는 것을 보여 주고 있다.

그런데 인간은 자연에 의존해서 살아가기 때문에 노동을 통해서 끊임없이 자연과 결합해야 한다. 인간이 자연과 소통하는 노동은 자연을 변화시킬 뿐만 아니라 인간 자체도 변화시킨다. 따라서 맑스는 노동을 두 가지의 관계로 파악했다. 노동은

> 한편으로는 하나의 자연적 관계로서 다른 한편으로는 하나의 사회적 관계로서 나타나는데, 사회적이라 함은 어떠한 조건, 어떠한 방식, 어떠한 목적으로 수행되든지 간에 어쨌든 그 아래에서의 많은 개인들의 협업의 의미로서 이해된다(「독일 이데올로기」,『선집』제1권, 209쪽).

인간은 노동을 통해서만 비로소 사회적 존재라는 것이 확인된다는 것이다.

인간의 본질인 노동이 사회적 관계로 나타날 수밖에 없다면 우리는 사회를 분석할 때 생산이 어떻게 조직되는지를 유의해야 한다. 맑스는 노예제 사회의 노예주와 노예, 농노제 사회의 영주와 농노, 자본주의 사회의 자본가와 노동자 등의 착취 관계를 주목했다. 왜냐하면 생산은 사회적 활동이기 때문에 생산 방식이 달라지면 사회가 바뀌고 사회가 달라지면 '사회적 관계들의 앙상블'에 바탕을 두는 인간도 변하기 때문이다. 이것이 역사적 유물론의 핵심이다.

그러면 맑스는 무엇이 소외되었다고 하는 것인가? 이미 지적했듯이 소외는 맑스가 자본주의를 비판할 때 핵심적인 개념이다. 자본주의 사회에서 노동자 계급은 자기가 가지고 있는 노동할 수 있는 능력과 기능을 자본가에게 팔고 임금을 받아서 살아가고 있다. 따라서 노동자들은 스스로 생산한 노동 생산물을 통제하지 못하는 것은 물론이고 스스로의 노동 또한 통제할 수 없게 되었다. 하지만 사람에게 노동은 유적 존재의 확인이고 본질이다. 이러한 노동이 자본주의 사회에서는 생명 활동이 아니라 단순히 자본가들이 이익을 얻는 데 필요한 수단으로 전락했다는 것이다. 따라서 노동자들은 인간의 본질에서 소외되고 당연히 자연으로부터도 소외되었다. 왜냐하면 사람이 자연을 변화시키고 자연이 사람을 변화시키는 것은 바로 노동을 통해서 이루어졌기 때문이다. 자본주의 사회에서 노동은 사람의 본질적인 생명 활동이 아니라 소외된 노동인 것이다. 맑스는 자본주의 사회를 노동자 계급이 스스로의 생산물에 의해서 지배받는 세상으로 파악했다. 노동자들을 지배하는 자본이란 바로 소외된 형태의 노동 생산물이기 때문이다.

이와 같이 맑스는 자본주의적 생산에서 이루어지는 노동을 인간의 본질에 비추어서 소외된 노동으로 이해했다. 그리고 이미 지적했듯이 맑스는 소외된 노동의 근거이며 원인으로서의 사유 재산 제도를 비판했고, 이것에 근거해서 성립된 부르주아 사회를 비판했으며, 이것을 정당화하는 고전파 정치 경제학을 비판했던 것이다. 맑스는 소외된 노동을 구체적으로 세 가지 측면에서 조명했다. 첫째, 생산물의 소외는 노동자들과 노동자들이 생산한 생산물의 관계를 나타낸다. 자본주의에서 노동 생산물은 노동자들을 떠나서 자본가들의 소유가 되기 때문에 노동자들이 마음대로 처분할 수 없게 된다. 그리고 노동자들 역시 자본가들의 사유 재산인 자본에 예속되어 있다. 따라서 자본주의 사회에서 노동자들은 노동의 결과로부터 소외된다는 것이다.

둘째, 노동의 소외는 생산 활동과 노동자들의 관계를 보여 준다. 자본주의에서 노동은 인간의 자유로운 의지의 표현이나 생명 활동이 아니라 억지로 이루어지는 강제 노동이기 때문에 노동자들은 노동을 할수록 육체를 소모하게 되고 정신적으로 황폐해진다. 왜냐하면 노동은 노동자들 스스로의 활동이지만 노동의 결과는 노동자들이 아니라 자본가들의 것이기 때문이다. 생산 활동에서 생산의 주체인 노동자가 소외된다는 것이다.

셋째, 유적 존재로부터의 소외는 인간의 존재 방식에서 나타난다. 인간은 자연 속에서 의식적으로 생산하면서 살아가는데, 이러한 생명 활동이 개인의 탐욕을 채우는 수단으로 전락하면서 인간의 존재 방식인 노동을 소외시키는 것이다. 또한 이것은 사람이 스스로의 본질에서 소외되는 것을 의미하기 때문에 인간의 자기 소외라고 지적했다.

이와 같이 자본주의에서 소외된 노동이란 노동자들이 노동 생산물과 스스로의 노동으로부터 소외되는 것이다. 따라서 인간의 본질에서 소외되는 것은 물론 다른 사람으로부터도 소외되는 노동의 존재 방식이다. 이렇게 세 가지 차원에서 접근한 소외된 노동은 맑스에게 중요한 의미를 갖고 있었기 때문에 자본주의에 대한 이후의 작업에 직접적으로 반영되었다. 『경제학 철학 초고』에서 나타나는 소외된 노동이라는 개념은 근본적으로 자본이 임노동을 자기 것으로 획득한다는 맑스주의 이론의 출발선이라고 할 수 있으며, 『자본』을 통해서 과학적으로 발전시키고 체계화시킨 논리이다. 생산물의 소외는 자본 축적과 노동자 계급의 대립적인 운동으로 확장되었고, 노동의 소외는 자본의 지배를 통해서 노동 과정이 가치 증식 과정으로 나타나게 되었으며 인간의 자기 소외는 인간들이 서로 대립하면서 존재하게 만들고 사회 관계를 사물화하였다.

맑스는 『경제학 철학 초고』를 통해서 자본주의가 인간의 본성에 어긋나는 사회일 뿐만 아니라 인간의 본성을 파괴하고 부정하는 사회라는 것을 보여 주려고 노력했다. 여기서 그는 공산주의 사회를 소외된 노동이 나타날 수밖에 없도록 만든 사유 재산 제도를 적극적으로 지양한 사회로 그렸다. 사유 재산 제도는 인간을 소외시키지만 공산주의는 인간의 본질을 실현한다는 것이다. 바로 노동이 소외되지 않고 인간의 생명 활동으로 부활한다는 의미이다. 따라서 노동자 계급은 자본주의에 대항하여 투쟁할 수밖에 없는데, "사적 소유에 대한 소외된 노동의 관계로부터의, 사적 소유 등등으로부터의, 노예제로부터의 사회의 해방은 노동자 해방이라는 정치적 형식으로 표현된다는 결론이 나온다"(「1844년의 경제학 철학 초고」, 『선집』 제1권, 83쪽).

프롤레타리아트의 세계관

『경제학 철학 초고』를 작업하면서 맑스는 좀더 커다란 계획을 세웠다. 혁명적 공산주의의 입장에서 부르주아 사회의 경제 구조와 정치 제도를 분석할 구체적인 생각을 갖게 된 것이다. 이것은 단순히 구상 단계에 머물렀던 것이 아니었다. 맑스는 1845년 2월에 다름슈타트(Darmstadt)에 있는 한 출판사와 '정치와 국민 경제학 비판'이라는 제목의 책을 출판하는 계약을 맺었다. 맑스의 가까운 친구들도 그의 경제학 저서의 출판 계획에 대하여 큰 의미를 부여하면서 기대를 가졌지만 아쉽게도 20여 년을 기다릴 수밖에 없는 일이 되었다. 왜냐하면 "정치 경제학 비판"이라는 부제가 달린 『자본』은 1867년 9월 14일이 되어서야 세상에 나올 수 있었기 때문이다.

그런데 고전파 정치 경제학에 대한 연구를 계속하면서 맑스는 경제 이론을 비판하고 새로운 경제 이론을 작업하기 위해서는 무엇보다도 종래의 이론들이 가지고 있는 방법론적 토대와 철학적 기초, 세계관들을 비판적으로 검토할 필요가 있다고 느꼈다. 당시에 널리 유행하고 있는 철학 이론과 사회 이론에 대한 비판이 고전파 정치 경제학에 대한 비판보다 우선되어야 한다고 느꼈던 것이다. 따라서 경제학에 관한 서서를 내려넌 계획은 뒤로 미루고 프롤레타리아 사회주의에 반대하는 독일의 적대자들을 직접적으로 겨냥하는 『독일 이데올로기』를 엥겔스와 함께 작업하게 되었다.

이미 두 사람은 공동으로 작업한 경험이 있었다. 맑스와 엥겔스는 1844년 8월에 빠리에서 의기 투합한 이후 얼마 지나지 않아 청년 헤겔주의자인 브루노 바우어를 비판하는 『신성 가족, 혹은 비판적 비판의 비판. 브루노 바우어와 그 벗들을 논박한다』를 공동으로 출판했다.

맑스·엥겔스는 청년 헤겔주의를 사이비 급진주의라고 비판하고 유물론적 세계관을 대비시켰다. 그들은 철학의 역사를 관념론과 유물론의 대립으로 파악하고 유물론을 바탕으로 바우어의 관념론을 비판했던 것이다. 『신성 가족』을 통해서 그들은 프롤레타리아의 세계관을 이론적으로 체계화하고 그들에게 영향을 주었던 선구자들은 물론 이데올로기적 반대자들과도 분명하게 선을 긋게 되었다.

그런데 맑스는 빠리에서 독일 망명자들의 신문인 『전진!』에서 활동했다는 이유로 추방되어 당시 혁명가들의 피난처인 브뤼셀로 가게 되었다. 맑스를 추적하는 프로이센의 압력이 작용했던 것이다. 브뤼셀에서 맑스는 시국 문제에 개입하지 않는다는 조건으로 머물게 되었는데 프로이센의 탄압을 피하기 위해 공식적으로 국적을 포기하고 말았다. 그렇지만 엥겔스가 이웃 동네로 이주하면서 공동 작업은 빠르게 진행되었다. 맑스가 일찍이 새로운 철학 저서를 집필하려고 생각했다는 것은 유명한 「포이어바흐에 관한 테제」로도 알 수 있다. 이 테제는 아주 적은 분량의 초안이지만 사상의 정도나 깊이를 결코 가볍게 볼 수 없는 글이다. 맑스는 낡은 유물론을 공산주의의 철학적 토대인 변증법적 유물론으로 대체했다. 물론 「포이어바흐에 관한 테제」를 통해 간결하고 함축적으로 정식화되었던 세계관은 『독일 이데올로기』에 반영되었다.

『독일 이데올로기』는 청년 헤겔주의는 물론 항상 존경해 왔던 포이어바흐까지 비판의 대상으로 삼았다. 그들이 모두 겉으로는 급진적이지만 실천은 보수적이라고 비판하면서 이론과 실천이 필연적으로 통일되는 유물론 철학을 제시했다. 맑스·엥겔스는 기존의 질서를 단순히 해석하는 데 그치지 않고 어떻게 하면 자본주의 사회를 변화시킬 수 있을지를 고민했다. 청년 헤겔주의자들은 종교 비판이라는 형식을 빌려서 말로는 비판하지만 사실은 현존하는 모든 것을 승인하고 그것을 단지 다르게 해석하려고 했을 뿐이다. 그러나 맑스·엥겔스는 사회 생활에서 차지하는 물질적 생산의 결정적인 중요성을 주목하고 생산력과 생산 관계의 발전에 작동하는 변증법을 해명했다. 인간의 역사는 청년 헤겔주의자들의 생각처럼 의식이나 이념이 지배하는 것이 아니라 생산력과 생산 관계의 모순 관계에 의해서 발전한다는 것이다. 사회 발전에 대한 프롤레타리아트의 세계관이 정식화되는 순간이다. 맑스는『독일 이데올로기』를 출판하려고 몇 번씩이나 노력했지만 살아서 출판을 보지는 못했다. 출판인들이 모두 독일 경찰의 검열과 방해를 우려했기 때문에 출판해 줄 사람을 구하지 못했던 것이다. 오랫동안 잠들어 있던『독일 이데올로기』는 1932년에 소비예뜨 러시아에서 처음으로 세상에 나오게 되었다.

맑스·엥겔스는『독일 이데올로기』에서 자본주의적 생산의 소외된 노동을 극복할 수 있는 두 가지의 실제적 전제를 제기했다(『선집』제1권, 215쪽). 즉 소외에 대항하여 혁명이 일어나려면 첫째, 소외가 현실의 부나 문명의 세계와 모순되게 완전한 '무산자'로서의 인간 대중을 산출해야 한다. 둘째, 고도로 생산력이 발전되어야 한다. 그리고 이것은 절대적으로 필요한 현실적 전제이다. 이러한 생산력의 보편적 발전을 통해서 인간들의 보편적 교류가 확립되고 모든 민족들 속에 무산자 대중이라는 현상이 동시에 만들어지면 각 민족들이 다른 민족들의 변혁에 의존하게 된다.

그런데 맑스는 생산력이 발전하면 생산에 참여하는 사람들 사이의 생산 관계도 변화하는 것으로 보았다. 생산력과 생산 관계는 생산 과정에서 나타나는 두 가지의 모습이기 때문이다. 생산력이란 사람들이 자연에 작용을 가하고 변화시켜서 스스로의 욕구를 충족시키는 생산의 물질적 과정이다. 그리고 생산 관계란 생산할 때 사람들이 서로 힘을 합치고 협력한다는 의미에서 사회적 과정으로 볼 수 있다. 생산 과정에서 사람과 사람이 어떤 관계를 맺느냐에 따라서 생산 활동을 관리하고 생산물을 분배하는 방법이 달라지는 것이다.

그런데 과학 기술이 발전하고 노동 과정이 향상되면서 사람들이 노동하는 모습은 끊임없이 바뀌게 된다. 육체 노동에서 기계 노동으로 그리고 '지식 노동'으로 끊임없이 변화하는 것이다. 이러한 생산력의 진보는 사람들이 필요한 물건을 적은 노동으로 생산할 수 있게 해 주고 자연 환경에 효과적으로 적응할 수 있도록 도움을 준다. 사람들의 생활이 나아지려면 반드시 생산력이 발전되어야 하는 것이다. 그렇지만 생산력의 발전만 가지고 사회 발전을 이야기하기는 어렵다. 왜냐하면 생산력이라는 물질적 과정이 나타나는 생산 과정에는 생산에 참여하는 사람들 사이의 사회적 과정도 포함되어 있기 때문이다. 사람들은 필요한 물건을 만들기 위해서 함께 일을 하는데, 노동하는 방식이 변화하면 사회가 조직되는 방식이나 사람들이 살아가는 모습도 바뀌는 것이다. 이것이 맑스와 엥겔스가 비판하고 있는 청년 헤겔주의자나 기계적 유물론자들이 이해하지 못했던 역사의 비밀이다. 프롤레타리아의 세계관이 탄생하는 순간이다!

맑스·엥겔스가 생산력과 생산 관계의 모순을 통해서 사회가 발전한다고 주장하기 때문에 그들의 사상은 종종 경제적인 이해 관계만 가지고 사회를 해석하는 '경제 결정론'으로 오해받는 경우가 있다.

인간들은 자신들의 생활을 사회적으로 생산하는 가운데, 자신들의 의지로부터 독립되어 있는 일정한 필연적 관계들, 즉 자신들의 물질적 생산력들의 일정한 발전 단계에 조응하는 생산 관계들에 들어선

다. 이러한 생산 관계들의 총체가 사회의 경제적 구조, 즉 그 위에
법률적 및 정치적 상부 구조가 서며 일정한 사회적 의식 형태들이
그에 조응하는 그러한 실재적 토대를 이룬다. 물질적 생활의 생산
방식이 사회적, 정치적, 정신적 생활 과정 일반을 조건 짓는다. 인간
들의 의식이 그들의 존재를 규정하는 것이 아니라 거꾸로 그들의
사회적 존재가 그들의 의식을 규정한다(「정치 경제학의 비판을 위하
여」, 『선집』 제2권, 477~478쪽).

그렇지만 정치와 이데올로기가 단순히 경제에서 일어난 일들을 수동
적으로 반영하기만 하는 것이 아니라 생산력과 생산 관계에서 일어나
는 일들이 상부 구조의 발전에 제약을 가하기도 한다. 따라서 정치와
이데올로기는 스스로의 리듬에 따라 발전하면서 경제적 영역에 대해
서도 반작용할 수 있는 여지가 상당하다.[4] 사회를 올바르게 파악하려
면 정치와 이데올로기와 경제가 서로에게 작용하는 방식을 알아야 할
것이다. 물론 생산 관계가 사회의 '현실적인 토대'라는 것을 주목할
필요가 있다.

　왜냐하면 계급 사회를 지배하는 사람들은 직접 생산자들에게 항상
기존 질서가 올바른 것이라고 선전하기 때문이다. 현실의 사회적 관계
가 조화롭고 결코 폐지될 수 없다는 것을 세뇌시켜서 스스로의 이익을
방어하려는 것이다. 따라서 사회를 제대로 이해하는 일은 어려울 수밖
에 없다. 더구나 자본주의를 지배하는 사람들은 일체의 권력까지 장악
하고 있기 때문에 그들의 이데올로기가 사람들의 의식을 지배하게 된
다. "지배 계급의 사상들은 어떠한 시대에도 지배적 사상들이다. 즉
사회의 지배적 물질적 힘인 계급은 동시에 사회의 지배적인 정신적
힘이다"(「독일 이데올로기」, 『선집』 제1권, 226쪽). 따라서 지배 계급의

이데올로기는 사람들이 사회를 근본적으로 파악하는 것을 방해하며 기존의 생산 관계가 유지되도록 변호하는 것이다.

따라서 맑스는 청년 헤겔주의 "철학자들이 세계를 단지 다양하게 해석하기만 했다"고 비판하면서 무엇보다도 "중요한 것은 세계를 변화시키는 것"(「포이에르바하에 관한 테제들」, 『선집』 제1권, 189쪽)이라고 주장했다. 맑스·엥겔스에게 모순으로 가득한 부르주아 사회를 그대로 놓아둔 채 단순히 말 공양만 늘어놓는 것은 의미가 없었다. 세계에 대한 해석은 물질적·사회적 조건이 반영된 것이기 때문에 다양한 해석 자체만으로는 의미가 없으며 물질적·사회적 조건을 변화시키려는 적극적인 투쟁이 필요하다고 지적했다.

물론 지배 계급은 물질적인 힘과 정치적인 힘을 이용해서 스스로의 계급적 이해가 반영된 의식과 이념을 사람들에게 끊임없이 불어넣고 있다. 전통적으로 보면 교회가 커다란 역할을 했으며 오늘날에는 언론이나 교육 기관이 선두에 나서서 기존 질서를 변호하고 있다. 우리들의 머리와 눈을 지배 계급의 이데올로기로 계몽하려는 것이다. 더구나 눈에 보이는 현상만으로 자본주의를 분석하는 것은 어림도 없는 일이다. "만약 사물의 현상 형태와 본질이 직접적으로 일치한다면 모든 과학은 불필요하게 될 것이다"(『자본론』 제3권, 1007쪽). 우리가 살고 있는 자본주의를 올바르게 파악하고 비판하는 것은 결코 쉬운 일이 아니다. 누가 비판을 말하는가! 맑스·엥겔스는 청년 헤겔주의를 향해서 외친 것이다.

따라서 맑스는 현상을 뚫고 사물의 본질로 들어가기 위해서 추상에서 구체를 거쳐 총체성으로 나아갔다. 추상을 통해서 우리가 알고 싶은 사회의 기초적이고 일반적인 특징을 포착한다. 그리고 이러한 추상으로 기본적인 특징을 파악한 이후에는 우리 눈에 보이는 구체적인 것들과의 관계를 설명하는 것이다. 이것을 맑스는 '추상에서 구체로의 상향 방법'이라 했다. 사회 현실이 다양하고 복잡하게 얽혀 있기 때문에 추상을 사용해서 가장 단순한 규정을 찾아내고 이것을 가지고 '풍부한 총체성'으로 구체적 현실을 파악하려는 것이다. 자본주의 사회를 총체 즉 상호 연관된 전체로 이해하는 것이 맑스의 목표라고 할 수 있다. 왜냐하면 "모든 사회의 생산 관계들은 하나의 전체를 형성" (「철학의 빈곤」, 『선집』 제1권, 273쪽)하기 때문이다. 노예제 사회나 농노제 사회처럼 부르주아 사회도 '생산 관계의 총체'이다.

맑스는 자본주의 사회를 분석할 때에 전체를 강조했다. '사회가 유기적으로 하나의 전체를 이루고 있다'고 인식하는 것은 맑스주의의 방법론에서 핵심적이다. 다양하고 복잡한 사회 현상들은 전체의 부분들로 이해되어야 한다. 따라서 전체를 단순한 규정이나 특징으로 분해하는 것은 그 사회 현상들을 많은 규정과 관계로 이루어진 풍부한 총체성으로 재구성하려는 것이다. 사회를 총체성으로 보게 되면 시간이 지남에 따라 사회가 변화되는 것을 쉽게 알 수 있다. 미시적 세계에서는 보이지 않던 것이 전체를 파악하면서 나타나는 것이다. 부르주아경제학은 자본주의적 생산 관계에서 생산이 어떻게 이루어지는지를 설명하지만 자본주의적 생산 관계 자체가 어떻게 만들어졌는지는 설명하지 못하고 있다. 이것을 과학적으로 밝히는 것이 프롤레타리아 경제학의 역사적 임무라고 할 수 있다.

1.2

# 시험에 든 맑스

> "매일 나의 아내는 아이들과 함께 죽어 버리고 싶다고 내게 말하곤 합니다. 그리고 나는 정말 아내와 다툴 수도 없습니다. 이러한 상황에서 겪어야 하는 수치와 고통, 공포는 말로 다 할 수가 없습니다. …… 이러한 일이 박람회가 열리는데 일어나서 나의 아이들이 더욱 안타깝게 느껴집니다. 자기 친구들이 즐기고 있을 때 나의 아이들은 혹시라도 누가 우리 집을 찾아와서 누추한 꼴을 보지나 않을까 걱정하고 있습니다"("Marx to Engels, 18 June 1862", *MECW* 41, 380쪽).

## 정치 경제학 비판의 첫걸음

이론적인 작업을 통해서 프롤레타리아의 세계관을 명백하게 다진 맑스·엥겔스는 노동자 계급의 당을 건설하기 위한 실천적 투쟁을 시작했다. 인간 해방을 위해서 노동자 계급이 주도적인 역할을 수행하고 정치 권력을 장악해야 한다는 전제 속에서 그들은 무엇보다도 노동자 계급의 정당을 건설하는 일이 절실하다고 느꼈던 것이다. 그런데 당의 창건을 준비하려면 공산주의 이념을 폭넓게 선전하고 진보적인 노동자들과 혁명적인 지식인들을 결합시키는 것은 물론이고 통일된 견해를 도출하기 위한 장치를 마련하는 것이 요구되었다. 따라서 맑스·엥겔스는 1846년에 브뤼셀에서 공산주의자연락위원회를 건설하고 이 연락위원회를 조직 활동의 중심으로 설정했다. 다른 지역들에도 비슷한 조직을 창립하려고 많은 노력을 기울였다.

그들은 공산주의자연락위원회를 이끌면서 공산주의자들이 전술을 세울 때 언론의 자유나 집회의 자유 등 부르주아지의 요구들을 적극적으로 지지하고 참여하도록 충고했다. 이것들은 프롤레타리아트에게 유리한 투쟁 환경을 마련해 줄 수 있는 것은 물론이고 공산주의자들이 고립된 하나의 분파로 전락하는 것을 예방할 수도 있게 해 주기 때문이었다. 그런데 당시의 노동자들 사이에는 공상적 사회주의가 상당한 영향력을 발휘하고 있었기 때문에 진보적인 노동자들을 하나로 결집시키는 일은 쉽지 않았다. 공상적 사회주의는 노동자 계급의 이데올로기적 분열, 분파주의적 갈등, 독단적인 분위기를 극복하는 데 장애가 되었던 것이다. 당연히 혁명적 세계관을 전파하는 데도 어려움을 겪을 수밖에 없었다.

따라서 맑스는 청년 헤겔주의나 포이어바흐에게 대응했던 것처럼 이데올로기적 적대 세력들과 단호하게 투쟁했다. 그들은 자본주의의 진보적 성격을 이해하지 못했을 뿐만 아니라 혁명적 공산주의를 공공연하게 비판했던 것이다. 그들은 바로 소박한 평등주의에 바탕을 두고 있던 빌헬름 바이틀링 분파나 감상적인 인간 사랑으로 해방을 선전하는 '진정' 사회주의자들이었다. 그러나 무엇보다도 맑스를 끈질기게 괴롭힌 쁘띠부르주아 경향은 바로 프루동주의자들이었다. 이들과의 투쟁은 훗날 제1인터내셔널까지 이어지게 된다.

프루동은 1840년에 발표한『소유란 무엇인가?』에서 '재산은 도둑질한 것'이라는 사실을 증명하려고 노력하면서 선풍적인 인기를 얻었다. 프루동의 쁘띠부르주아적 견해는 프랑스뿐만 아니라 벨기에, 이딸리아, 스페인 등에서 광범한 지지를 받고 있었다. 1844년부터 프루동과 우정을 나누고 있던 맑스는 그가 스스로 세계관의 결함을 극복하고 프랑스 노동자 계급의 이론가로 성장하기를 기대했다. 또한 공산주의 자연락위원회의 연락원이 되어 프랑스 사회주의 운동을 맡아 줄 것을 제안한 적도 있었다. 그러나 프루동은 혁명적 변혁을 부정하고 위로부터의 점진적 개혁을 선전했으며 자본주의 사회의 근본 문제도 생산 수단의 소유보다는 노동 생산물의 불평등한 교환, 상업 이윤과 이자라고 보았다. 그는 농민, 수공업자, 소상인을 중심으로 한 쁘띠부르주아의 사회를 만들려는 공상적인 계획을 가지고 있었다.

이러한 프루동의 논리는 1846년에 발표한『경제적 모순들의 체계 혹은 빈곤의 철학』이라는 저서에 담겨 있다. 여기서 그는 가치, 분업, 기계, 경쟁, 독점, 조세, 무역 차액, 신용 등과 함께 소유, 공동체, 인구에 대해서도 다루었다. 프루동은 스스로의 논리가 기존의 철학과 정치 경제학의 토대를 바꾸고 사회 문제들을 해결하는 '말씀'이 되기를 기대했다. 프루동에 대해서 맑스는 1847년에 발표한『철학의 빈곤. 프루동의『빈곤의 철학』에 대한 응답』으로 비판했다. 이 저서에서 맑스는 프루동에 대한 비판에 집중하고 있지만 동시에 철학과 정치 경제학에 대한 스스로의 견해를 밝히고 노동 운동과 전술에 대해서도 언급했다. 그는『독일 이데올로기』에서 발전된 역사적 유물론을 통해서 고전파 정치 경제학과 자본주의 생산 양식을 비판했던 것이다. 따라서 맑스는『철학의 빈곤』을 발표하여 정치 경제학 분야에 정식으로 데뷔한 셈이다. 여기서 그는 이후에『자본』에서 체계적으로 발전시킬 이론들을 선보이게 된다.

맑스에 의하면 프루동은 변증법의 본질을 잘못 이해하고 생산 관계를 경제적 범주에서만 파악했다. 더구나 그는 부르주아 사회의 경제적 범주들이 영원히 존속할 것이라는 고전파 정치 경제학자들의 논리를 이어받았다. 즉 프루동은 부르주아 사회를 토대로 기존 질서의 좋은 측면과 모순되는 나쁜 측면들을 제거한다면 공정한 질서를 수립할 수 있을 것이라는 속류적인 생각을 갖고 있었던 것이다. 맑스에 의하면 프루동은 리카도의 노동 가치론을 자본주의적 생산의 현실적 운동을 분석한 이론으로 평가하고 프롤레타리아 해방을 선도하는 혁명적 이론으로 받아들였다. 그런데 맑스는『철학의 빈곤』에서 프루동에 대한 비판에 그치지 않고 자본주의적 생산 법칙을 자연법으로 파악하는 부르주아 경제학자들의 오류를 함께 지적했다. 그리고 이후에 잉여 가치론의 단초가 되는 몇 가지 테제도 함께 제출했다.

『철학의 빈곤』에서 맑스는 고전파 정치 경제학에 대한 비판을 완성한 것은 아니었지만 부르주아 경제학자들과 전혀 다른 전제를 가지고 경제 현실을 파악할 수 있게 되었다. 그는 고전파 정치 경제학의 합리적 성과들을 이용하면서도 완전히 새로운 토대에서 프롤레타리아 정치 경제학을 정교하게 만들기 시작했다. 맑스는 노동자 계급의 이론가가 진보하는 역사 운동을 의식적으로 표현하지 않고 과학적인 진리를 머리 속에서 짜내려고 하는 것은 부질없는 짓이라고 경고했다. 그는 과학과 혁명적 실천의 결합을 의식했던 것이다. 혁명적인 과학은 노동자 계급에게 자본주의의 모순을 인식시키고 자본주의는 필연적으로 몰락한다는 사실을 인지시켜야 한다고 주장했다.[5]

혁명적 공산주의의 장애들을 하나씩 극복하게 된 맑스는 프롤레타리아트 당을 건설하기 위한 노력에 박차를 가했다. 그는 앞에서 이야기했던 의인동맹을 새로운 원칙과 구조를 가진 공산주의자동맹이라는 비밀 결사체로 변화시켰던 것이다. 하지만 맑스는 공산주의자동맹이 종래의 비밀 단체들처럼 대중들로부터 고립되거나 유리되지 않고 공산주의 이념도 효과적으로 선전하기 위해서 합법적인 공간에 노동자 교육 단체를 만들었다. 이것을 통해 공개적으로 공산주의의 이념을 선전한 것은 물론이고 유능한 조직원들을 보충하여 조직을 확장시켰던 것이다. 브뤼셀에도 독일노동자협회라는 단체가 만들어졌는데 이 단체는 공산주의에 대한 광범한 선전 활동과 교육 활동을 펼쳐 나갔다. 맑스는 독일노동자협회에서 프롤레타리아트를 상대로 정치 경제학을 강의했다. 그리고 이때의 강의를 정리하여 한참 후에 '임금 노동과 자본'이라는 제목으로『신라인 신문』에 발표하였다. 이 글은 정치 경제학에 대한 맑스의 깊은 지식을 보여 줄 뿐만 아니라 그가 스스로의 과학적 견해들을 어떻게 대중화했는지를 보여 주는 하나의 모범적인 사례라고 할 수 있다. 「임금 노동과 자본」을 통해서 맑스는 복잡한 경제 문제들을 명쾌하고 간단하게 노동자들에게 설명했던 것이다.

무엇보다도 맑스는 자본주의의 착취적 본질을 해명하고 부르주아적 지배 그리고 노동자들이 임금 노예로 전락하게 된 경제적 토대를 폭로했다. 그에 따르면 부르주아 사회에서 자본가들은 노동자들에게 노동을 시키는 대가로 임금을 지불하기 때문에 자본가와 노동자의 거래는 정당한 것으로 은폐된다. 따라서 맑스는 임금에 대한 문제부터 설명하기 시작했다. 자본주의에서 노동자는 자본가에게 '노동'[6]을 팔지 않으면 살아갈 수 없다. 결국 겉으로 보기에는 노동자들이 자유롭게 보이지만 그들이 선택할 수 있는 것은 오로지 자기의 노동을 구매할 자본가를 A로 할 것인가 아니면 B로 할 것인가 정도이다. 물론 이것도 이론적으로만 가능한 경우가 많다.

맑스는 이미 『경제학 철학 초고』를 통해서 자본주의 사회에서는 노동조차 상품으로 거래된다는 사실을 지적했다. 노동이 다른 상품처럼 가격을 갖고 판매된다면 임금은 노동이라는 상품의 가격이다. 따라서『철학의 빈곤』에서 밝혔듯이 상품의 가격이 '상품의 생산에 필요한 노동 시간에 의해서 결정된다'면 임금의 크기도 '노동이라는 상품의 생산에 필요한 노동 시간' 즉 노동자들의 유지와 육성에 들어가는 비용으로 결정된다. 맑스는 임금의 최저선을 노동자의 생존비와 종족 유지비를 합계한 것이라고 지적했다. 여기서 그는『경제학 철학 초고』에서 전개했던 논리를 연장하여 노동이 인간의 생명 활동에서 자본을 위한 임노동으로 바뀌게 되면, 노동이 노동자들의 단순한 생존 수단으로 전락하는 것은 물론이고 노동이 노동 주체의 생명의 발현이라는 인간적 의의를 상실하고 소외된 노동으로 나타난다고 지적했다. 따라서 맑스는 임노동을 보편적인 것으로 다루었던 리카도의 임금론을 지양하게 되었다.

맑스는 임금을 파악할 때 사용했던 역사적·비판적 방법을 통해서 자본을 분석했다. 그런데 고전파 정치 경제학은 자본을 새로운 생산을 위한 대상과 수단을 합한 것으로 이해했으며 그 본질은 축적된 노동이라고 보았다. 이렇게 되면 인간은 언제나 생산을 할 수밖에 없기 때문에 자본은 초역사적인 존재가 된다. 그러나 맑스에게 자본은 특정한 사회적 관계가 전제된 것이었다. 자본은 역사 발전의 산물이며 자체로서 하나의 사회적 관계라고 지적했다. 자본은 부르주아 사회에서 지배적인 관계가 되는 것이다. "직접적인 산 노동에 대한 축적된 과거의 대상화된 노동의 지배가 축적된 노동을 비로소 자본으로 만든다"(「임금 노동과 자본」,『선집』제1권, 557쪽). 다시 말하면 생산의 대상이나 수단은 사용 가치와 함께 교환 가치를 가지고 있는데 자본이 되려면 교환 가치는 부단히 자기 증식 운동을 해야 한다는 것이다. 맑스는 교환 가치가 증식하는 과정을 설명하면서 잉여 가치의 원천을 명백하게 보여 주었다. 이미 알려진 것처럼 노동자들은 생산 과정에서 스스로의 가치를 재생산할 뿐만 아니라 추가적인 가치도 만드는 것이다.

맑스는 「임금 노동과 자본」을 통해서 자본에 의한 임노동의 착취에 관한 테제를 더욱 발전시켰다. 물론 이 글은 이론적으로 불충분한 곳이 보일 뿐만 아니라 애초의 목표인 정치 경제학 비판을 완성한 것도 아니다. 그럼에도 불구하고 「임금 노동과 자본」을 통해 맑스는 프롤레타리아의 세계관을 바탕으로 임금 노동과 자본에 대한 부르주아적 논리를 본격적으로 극복하기 시작했다.


만국의 프롤레타리아여 단결하라!


『공산주의 선언』에 대하여 잘 모르는 경우에도 "프롤레타리아들에게는 족쇄말고는 공산주의 혁명에서 잃을 것이 아무것도 없다. 그들에게는 얻어야 할 세계가 있다. 만국의 프롤레타리아여 단결하라!"는 외침은 알고 있을 것이다. 『공산주의 선언』은 맑스·엥겔스가 국제적 노동자 조직인 공산주의자동맹의 강령으로 1848년에 발표한 것이다. 비록 짧은 선언문이지만 맑스·엥겔스의 사상 체계를 극명하게 보여 주고 있으며, 온갖 풍상에도 불구하고 오늘날까지 현실성을 잃지 않는 괴력을 보여 주고 있다. 그들은 공산주의에 대한 비방과 왜곡을 극복하기 위해서 스스로의 혁명적 원칙을 공개적으로 밝혔던 것이다.

맑스·엥겔스는 공산주의자연락위원회를 통해서 공산주의 이념을 선전하고 실천했을 뿐 아니라 여러 나라의 공산주의 운동에서 발생하는 과제를 논의하고 경험을 교환하며 조직을 강화하기 시작했다. 이러한 과정에서 의인동맹의 지도자들을 만나게 되었다. 의인동맹은 독일 수공업자들이 도제 수업을 받으려고 빠리, 스위스, 런던에 머물면서 조직한 독일 노동자와 수공업자들의 최초의 비밀 조직이었다. 맑스·엥겔스는 의인동맹과 노선에 대해서 협의하고 절충한 후 공산주의자 연락위원회를 발전적으로 해체하고 의인동맹에 들어가서 조직을 재편하기로 합의했다.

그런데 1847년의 유럽에는 혁명을 부르는 상황들이 조성되고 있었다. 공황이 발생하여 영국을 비롯한 유럽 경제를 강타했다. 그리고 공황은 심각한 궁핍을 가져왔는데 설상가상으로 흉작까지 겹쳐 기아는 극한 상황으로 치닫게 되었다. '감자 혁명'이라고 불리는 민중들의 항의와 투쟁이 격렬하게 폭발했다. 또한 폴란드와 이딸리아를 비롯한 피억압 민족들의 해방 투쟁이 가속되었으며 농노제 사회에 대항하는 진보적 부르주아지들의 움직임도 활발해지기 시작했다.

이러한 흐름을 온 몸으로 느끼면서 의인동맹은 당 대회를 준비했다. 이 즈음 모든 회원들에게 전달된 회람은 맑스·엥겔스가 이미 사상적으로 영향을 끼친 것을 알 수 있게 하는데, 이 회람에는 강력한 당을 건설해야 할 필요성과 공상적 사회주의에 대한 비판이 담겨 있었다. 1847년 6월에 런던에서 개최되었던 의인동맹의 대회는 훗날 공산주의자동맹 제1차 대회로 불리게 되었다. 왜냐하면 엥겔스의 노력으로 의인동맹은 명칭을 공산주의자동맹으로 변경하고 단체의 구호도 '만인은 형제이다!'에서 '만국의 프롤레타리아여 단결하라!'로 바꾸었기 때문이다. 그리고 엥겔스는 이 대회를 위해 노동자 당의 중요한 강령적·전술적 원칙을 좀 더 포괄적으로 담은 『공산주의의 원칙들』을 작성했는데 문답 형식이었기 때문에 강령으로는 적절하지 못했다. 그래서 맑스·엥겔스는 『공산주의의 원칙들』을 공산주의자동맹의 강령을 위한 잠정적 초안으로 삼고 최종적인 강령은 선언문 형식을 취하고 투쟁하는 당의 모습을 담기로 했다.

1847년 11월에 열린 공산주의자동맹 제2차 대회는 준비된 규약 일부를 개정했다. 개정된 규약 제1조에 의하면 "동맹의 목적은 부르주아지의 타도, 프롤레타리아트의 지배, 계급 대립에 기반한 낡은 부르주아 사회의 폐지, 그리고 계급들도 없고 사적 소유도 없는 새로운 사회의 건설이다"(「공산주의자 동맹 규약」, 『선집』 제1권, 360쪽). 최초로 국제 프롤레타리아트의 공산주의적 조직이 건설된 것이다. 그런데 대회는 맑스·엥겔스에게 선언적 강령의 집필을 위임했다. 이에 따라 그들은 1847년 말에 공산주의자동맹의 강령을 작성하기 시작해서 1848년 1월에 『공산주의 선언』을 완성했다. 물론 『공산주의 선언』은 맑스·엥겔스라는 천재들의 작품이라기보다는 공산주의자동맹이라는 국제적인 노동자 조직이 다가오는 혁명을 예비한 결의라고 할 수 있다. 국제적인 공산주의자들이 자본주의를 넘어서 스스로의 지향을 밝히고 유럽의 정치 투쟁 과정에서 노동자 계급이 당면한 과제들을 해결하려는 논쟁의 산물이었던 것이다. 따라서 『공산주의 선언』은 학문적 저작이 아니라 정치적 강령이다. 맑스·엥겔스는 『공산주의 선언』을 통해서 프롤레타리아의 세계관을 토대로 자본주의 사회를 객관적으로 분석하고 노동 소외를 고발하면서 노동자 혁명을 선언하였다.

『공산주의 선언』은 지금까지의 모든 사회의 역사를 계급 투쟁의 역사로 규정하면서 농노제 사회에서 자본주의가 성립하는 역사 과정을 날카롭게 묘사했다. 그리고 자본주의는 생산력과 경제의 진보, 과학과 문화의 발전을 이룩했지만 강력하고 파괴적인 경제 공황을 수반한다고 밝혔다. 자본주의를 지배하는 부르주아지도 예전에는 농노제 사회에 맞서는 피억압자였으나 지금은 사회 진보를 방해하는 존재라고 규정했다. 부르주아지는 수많은 노동자들을 거대한 공장에 모아 사회적 분업을 발전시키고 경제적 영역들을 결합하여 생산에 사회적 성격을 부여했지만 자본주의적 사적 소유와 모순 관계에 놓여 있다. 따라서 맑스·엥겔스는 생산 수단에 대한 자본주의적 소유의 지양, 나아가 자본주의 전체의 지양은 자본주의 자체에 의해서 준비된다는 논리를 전개했던 것이다.

그들은 자본주의의 몰락이 불가피하다고 생각했지만 '자동 붕괴'를 기대하지는 않았다. 맑스·엥겔스는 자본주의가 스스로 붕괴하는 것이 아니라 자본주의의 무덤을 파는 특정한 세력을 자본주의 스스로 만들어 낸다고 주장했다. 맑스는 부르주아지가 낳은 프롤레타리아트를 궁극적으로 부르주아를 축출하는 계급으로 상정했던 것이다. 하지만 어떤 지배 계급도 자신들의 시대가 끝났다고 자발적으로 역사에서 물러서지는 않는다. 부르주아지의 지배 역시 격심한 계급 투쟁 속에서 이루어지는 프롤레타리아트 혁명을 통해서만 전복될 것으로 확신했다. 따라서 맑스·엥겔스는 『공산주의 선언』에서 모든 계급 가운데 가장 혁명적인 계급인 노동자 계급의 역사적 임무에 대한 원칙을 포괄적으로 정리했던 것이다.

그런데 낡은 부르주아 사회를 대체할 공산주의 사회는 모든 사회 구성원들의 물질적·문화적 욕구를 완전하게 만족시키기 위해서 생산력의 비약적 발전을 전제하고 있다.

부르주아 사회에서는, 산 노동은 축적된 노동을 증식시키는 수단일 뿐이다. 공산주의 사회에서는, 축적된 노동은 노동자들의 생활 과정을 확장시키고 풍요롭게 하며 장려하는 수단일 뿐이다. 따라서 부르주아 사회에서는 과거가 현재를 지배하며, 공산주의 사회에서는 현재가 과거를 지배한다(『선언』, 27쪽).

부르주아적 사적 소유가 폐지된 공산주의에서 그들은 총체적인 사람 관계가 만들어 낼 심오한 인간주의를 강조했다. 개인의 진정한 자유, 개인과 사회의 이해 관계가 조화롭게 결합될 것으로 기대했던 것이다. 왜냐하면 부르주아 사회는 계급과 계급의 대립이 치열하지만 새로운 사회는 모든 사람이 각각 자유롭게 발전하는 것이 모든 사람들이 자유롭게 발전할 수 있는 전제 조건이 되는 연합체이기 때문이다.

이러한 혁명을 위해서 공산주의자들은 선험적인 도식에 따라서 기계적으로 행동해서는 안 되며 역사적인 조건을 고려해야 한다고 강조했다. "인간은 자기 자신의 역사를 만든다. 그러나 자기 마음대로, 즉 자신이 선택한 상황 하에서 만드는 것이 아니라 이미 존재하는, 주어진, 물려받은 상황 하에서 만든다"(「루이 보나빠르뜨의 브뤼메르 18일」, 『선집』 제2권, 287쪽). 『공산주의 선언』을 발표한 이후 맑스주의는 완결된 세계관으로서 노동자 계급 앞에 우뚝 서게 되었다. 물론 맑스·엥겔스가 1872년 독일어판 서문에서 밝혔듯이 『공산주의 선언』은 이미 "곳곳이 낡고" "결함"이 있었다. 설사 "일반적 원칙들은 대체로 오늘날에도 여전히 완전한 정당성을 지니고" 있더라도 "원칙들의 실천적 적용은 언제 어디서나 역사적으로 주어지는 상황에 의존하게 될 것"이다.

그런데 맑스·엥겔스는 『공산주의 선언』에서 무엇보다도 자본주의의 역동성과 진보성을 평가했다. 자본주의 이전의 사회가 낡은 생산 방식을 지속하는 데 반해서 부르주아는 끊임없이 사회 관계를 변화시킬 수밖에 없다는 것이다.

부르주아지는 생산 도구들에, 따라서 생산 관계들에, 따라서 사회 관계들 전체에 끊임없이 혁명을 일으키지 않고서는 존재할 수 없다.

이와는 반대로 낡은 생산 방식의 변함없는 지속이 이전의 모든 산업 계급들의 첫째 가는 존재 조건이었다. 생산의 끊임없는 변혁, 모든 사회 상태들의 부단한 동요, 영원한 불안과 격동 등이 부르주아 시대를 다른 모든 시대와 구별해 준다(『선언』, 7쪽).

이러한 자본주의의 역동성이 자본주의를 세계적으로 일반화시키고 부르주아적 질서에 따라 세계를 조직할 수 있는 토대를 제공한 것이다.

반동배에게는 대단히 유감스럽게도, 부르주아지는 공업의 발 밑에서 그 국민적 기반을 빼내 가 버렸다. 태고의 국민적 공업들은 절멸되었고, 또 나날이 절멸돼 가고 있다. 이 공업들은, 그 도입이 모든 문명 국민들에게 생사가 걸린 문제가 되는 새로운 공업들에 의해, 즉 더 이상 본토의 원료를 가공하는 것이 아니라 아주 멀리 떨어진 지대의 원료를 가공하며 그 제품이 자국 안에서뿐만 아니라 모든 대륙들에서도 동시에 소비되는 그러한 공업들에 의해 밀려나고 있다. 국산품에 의해 충족되었던 낡은 욕구들 대신에 새로운 욕구들이 들어서는데, 이 새로운 욕구들을 충족시키기 위해서는 아주 먼 나라와 토양의 생산물들이 필요하다. 낡은 지방적, 국민적 자급자족과 고립 대신에 국민들 상호간의 전면적 교류, 전면적 의존이 들어선다. 그리고 이는 물질적 생산에서 그렇듯 정신적 생산에서도 마찬가지이다. 개별 국민들의 정신적 창작물은 공동 재산이 된다. 국민적 일면성과 제한성은 더욱더 불가능하게 되고, 많은 국민적, 지방적 문학들로부터 하나의 세계 문학이 형성된다. 부르주아지는 모든 생산 도구들의 급속한 개선과 한없이 편리해진 교통을 통해 모든 국민들을, 가장 미개한 국민들까지도 문명 속으로 잡아당긴다. 부르주아

지의 값싼 상품 가격은, 부르주아지가 모든 만리 장성을 쏘아 무너
뜨리고 외국인에 대한 야만인들의 완고하기 그지없는 증오를 굴복
시키는 중포(重砲)이다. 부르주아지는 모든 국민들에게 망하고 싶지
않거든 부르주아지의 생산 방식을 취하라고 강요하며, 이른바 문명
을 자국에 도입하라고, 다시 말해 부르주아가 되라고 강요한다. 한
마디로, 부르주아지는 자기 자신의 형상을 따라 하나의 세계를 창조
하고 있다(『선언』, 8~9쪽).


지금 세계의 부르주아는 스스로의 모습대로 지구를 재편하고 있다.
바로 우리가 세계화라는 부르는 것이다.

　맑스・엥겔스가 자본주의의 팽창력을 평가하고 미래에 대해서 통
찰력을 보여 줄 수 있었던 것은 그들이 천재이거나 점성술에 정통했기
때문이 아니라 누구보다도 치밀하게 자본의 정체를 파악했기 때문이
다. 물론 국민 국가의 경계가 허물어지고 자본의 무제한적 교류가 이
루어질 것이라고 생각했던 것은 과도한 판단이었다. 역설적으로 세계
화 속에서 경제적 국경선은 강화되고 있으며 국민 국가는 전통적인
역할말고도 자국 자본의 이해를 위해서 돌격병과 예비군의 역할을 동
시에 수행하고 있는 것이다. 그리고 세계화로 인해 지구의 모든 나라
가 동질화되거나 평준화되기는커녕 재앙이 예감될 정도로 세계는 중
심과 주변으로의 극단적인 양극화를 보여 주고 있다.

　맑스・엥겔스는 자본주의의 역동성과 진보성을 적극적으로 평가
했지만 바로 그것 때문에 자본주의는 역사적으로 한계를 지닐 수밖에
없다고 지적했다. 『공산주의 선언』은 자본주의가, 인간성을 파괴하고
주기적으로 과잉 생산 공황이 폭발하며 노동자들이 궁핍해지는 과도
기 사회라는 것을 보여 주고 있다. 그리고 노동자 계급을 통해서 자본

주의 이후의 사회를 전망했다. 자본이 발전하는 만큼 노동도 발전하기 때문이다.

> 부르주아지는 자신들이 지배권을 얻은 곳에서, 모든 봉건적, 가부장제적, 목가적 관계들을 파괴하였다. 부르주아지는 타고난 상전들에 사람을 묶어 놓던 잡다한 색깔의 봉건적 끈들을 무자비하게 잡아뜯어 버렸고, 사람과 사람 사이에 노골적인 이해 관계, 냉혹한 "현금 계산"말고는 아무런 끈도 남겨 놓지 않았다. 부르주아지는 신앙심 깊은 광신, 기사의 열광, 속물의 애상 같은 성스러운 외경(畏敬)을 이기적 타산이라는 얼음처럼 차디찬 물 속에 빠뜨려 버렸다. 부르주아지는 개인의 존엄성을 교환 가치로 해소해 버렸으며, 문서로 인증되고 정당하게 얻어진 수많은 자유를 단 하나의 인정사정없는 상업 자유로 바꾸어 놓았다. 한마디로, 부르주아지는 종교적, 정치적 환상 때문에 은폐되어 있던 착취를 공공연하고 파렴치하며 직접적이고 무미 건조한 착취로 바꾸어 놓았다(『선언』, 6쪽).

부르주아가 지배하는 자본주의의 비인간성에 대한 싸늘한 고발이다.

이러한 인간성의 해체와 노골적인 착취를 통해서 부르주아는 거대한 생산력을 만들었다. 그런데 생산 수단과 교류 수단을 '마법'으로 발전시켰던 부르주아 사회의 생산 관계, 소유 관계, 생산력에 예상하지 못한 반란이 일어난다. 바로 공황인 것이다.

공황 때에는, 이전의 모든 시기에는 어불성설로 보였을 하나의 사회적 전염병이 돌발한다. 과잉 생산이라는 전염병이 그것이다. 사회는 갑자기 순간적인 야만의 상태로 돌아간다. 기아와 전면적인 섬멸전은 사회에 대한 모든 생활 수단들의 보급을 차단해 버린 것처럼 보인다. 공업과 상업은 절멸된 듯이 보인다. 왜 그런가? 사회가 너무 많은 문명, 너무 많은 생활 수단, 너무 많은 공업, 너무 많은 상업 따위를 가지고 있기 때문이다. 사회의 처분에 맡겨져 있는 생산력들은 더 이상 부르주아적 소유 관계들의 촉진에 봉사하지 않는다. 생산력들은 이 관계들이 감당하기에는 너무 강렬해져 있으며, 반대로 이 관계들에 의해 방해받는다. 생산력들은 이 방해를 극복하자마자 부르주아 사회 전체를 무질서로 끌고 가며 부르주아적 소유의 존재를 위태롭게 한다. 부르주아적 관계들은 그 자신이 만들어 낸 부를 포용하기에는 너무 좁은 것이 되어 버렸다. 부르주아지는 무엇을 통해 이 공황들을 극복하는가? 한편으로는 대량의 생산력들을 부득이 절멸함으로써, 다른 한편으로는 새로운 시장들을 획득하고 옛 시장을 더욱 철저히 착취함으로써(『선언』, 11~12쪽).

자본주의적 생산이 마비되는 공황은 부르주아 경제학조차 외면할 수 없는 현실이 되었다. 이러한 위기를 통해서 자본주의는 변화되고 발전하는 것이다. 『공산주의 선언』의 공황 이론은 과소 소비론에 머무르고 있지만 자본주의적 생산의 한계만큼은 명백하게 지적했다.

이렇게 주기적인 경련을 잉태하는 자본주의적 생산은 한편에서 부르주아 사회를 뒤바꾸려는 노동자 계급도 함께 생산한다.

부르주아지, 다시 말해 자본이 발전하는 것과 같은 정도로 프롤레타리아트, 즉 현대 노동자 계급은 발전하는데, 그들은 일자리를 찾는 한에서만 살 수 있고, 자신들의 노동이 자본을 증식시키는 한에서만 일자리를 찾게 된다. 자신을 조각 내어 판매해야만 하는 이 노동자들은 다른 모든 판매품들처럼 하나의 상품이며, 따라서 똑같이 경쟁의 모든 부침(浮沈)들, 시장의 모든 변동들에 내맡겨져 있다. 프롤레타리아의 노동은 기계 장치의 확산과 분업으로 말미암아 모든 자립적 성격을, 따라서 노동자들에게 주는 모든 매력을 상실하였다. 프롤레타리아는 가장 간단하고, 가장 단조롭고, 가장 쉽게 배울 수 있는 손동작만 요구받는 단순한 기계 부속품이 된다. 그러므로 노동자가 발생시키는 비용은 거의 자신의 유지와 자신의 종족 번식을 위해 그에게 필요한 생활 수단으로 제한될 뿐이다. 그런데 어떤 상품의 가격은, 따라서 노동의 가격 또한 그것의 생산 비용과 같다. 그리하여 노동의 혐오스러움이 커지는 것과 같은 정도로 임금은 줄어든다. 그 뿐 아니라 기계 장치와 분업이 느는 것과 같은 정도로, 노동 시간의 증가 때문이든 주어진 시간 내에 요구되는 노동의 증가, 기계의 빨라진 운전 등등 때문이든 노동의 양 또한 는다(『선언』, 12～13쪽).

자본주의가 발전하면서 노동자들의 삶이 개선될 것이라는 어느 정도의 기대가 있었기 때문에 맑스의 궁핍화 명제는 가장 강력한 비판을 받아 왔다. 자본이 축적되더라도 빈곤이 축적되는 것은 아니라는 말이다. 그러나 자본주의는 항상 자본이 가치 증식하기에 좋은 생산 관계를 만들려고 하기 때문에 노동자들을 스스로의 노동력조차 재생산하기 어려운 지경으로 몰아가게 된다. 그리고 생산력이 발전하면서 노동자들의 삶이 나아지기보다는 실업자가 증가하고 노동 강도가 강화되었으며 노동 시간이 늘어났다.

당연히 노동자들의 저항이 나타날 수밖에 없다. 맑스·엥겔스는 자본주의적 생산의 사회적 성격이 증가하고 노동자들이 착취와 궁핍에 시달리게 되면서 프롤레타리아트가 자본주의에 저항하고 전복을 꿈꾸는 혁명의 주력이 될 것으로 예상했다. 따라서『공산주의 선언』은 노동자 계급이 어떻게 형성되었고 어떻게 투쟁을 조직해 나가는지를 보여 주고 있다.

> 공업의 발전과 더불어 프롤레타리아트는 그저 증가하는 것만은 아니어서, 프롤레타리아트는 더 커다란 대중으로 한데 모이며, 그 힘은 커지고, 자신의 힘을 더 느끼게 된다. 기계 장치가 점점 더 노동의 차이를 지워 없애고 임금을 거의 모든 곳에서 똑같이 낮은 수준으로 떨어뜨리기 때문에, 프롤레타리아트 내부의 이해 관계, 생활상의 처지는 더욱더 균등하게 된다(『선언』, 15~16쪽).

물론 이러한 논리는 노동자 계급의 동질성과 혁명성을 과도하게 평가한 구석이 있다. 그리고 예상보다 노동자 계급의 정치 투쟁이 활발하게 전개되지 못하는 현실을 고려하면 맑스·엥겔스는 노동자들의 혁명적 진출에 대해서 지나치게 낙관적이었다는 것을 알 수 있다.

그런데『공산주의 선언』에서 혁명은 밑으로부터의 혁명이며 세계 혁명으로 그려지고 있다. 이는 볼세비끼의 경험과 비교하면 일정한 거리감이 느껴지는 것이 사실이다. 20세기의 사회주의가 맑스·엥겔스가 의미했던 공산주의와 관련이 없다[7] 해도 맑스주의가 현실 사회주의의 몰락으로부터 자유로울 수는 없다. 하지만 혁명이 일어날 때까지 러시아는 맑스가 사회주의 혁명의 조건으로 생각했던 높은 생산력과 각성한 노동자 계급을 갖고 있지는 못했다. 물론『공산주의 선언』은 이행 경로보다는 자본주의의 과도기성과 노동자 계급의 혁명성을 주목한 정치 강령이다. 그렇다 해도『독일 이데올로기』에서 완성된 공산주의 사회의 모습을 그리려고 애썼던 그들이『공산주의 선언』에서 이행 경로를 구체화시키려고 노력했던 것은 당연한 일이었다. 따라서 이미 스스로 결함이 있다고 인정한『공산주의 선언』이지만 여기에 제시된 프롤레타리아트 혁명은 나름대로 의미를 갖는다.

맑스·엥겔스에게 반자본주의 저항 운동은 위로부터가 아니라 밑으로부터 전개되는 것이었다. "이제까지의 모든 운동들은 소수의 운동들이었거나 소수의 이해 관계에 따른 운동들이었다. 프롤레타리아 운동은 엄청난 다수의 이해 관계에 따른 엄청난 다수의 자립적 운동이다"(『선언』, 20쪽). 물론 역사적으로 사회 발전이 맑스의 주장처럼 언제나 밑으로부터 이루어졌는지는 논란의 여지가 많다. 더구나 현실 사회주의는 '노동자의 나라'를 선언했으나 노동자들이 중심이 된 계급 정치를 이루지는 못했다. 계급의 독재를 이루지 못하고 소수의 독재로 전락했던 것이다.

『공산주의 선언』에서 맑스·엥겔스는 철저하게 노동자 중심의 혁명 과정을 보여 주었다. 공산주의 혁명은 노동자 계급이 민주주의를 쟁취하여 지배 계급으로 등장한 이후 스스로의 정치적 지배를 이용해서 부르주아지에게서 자본을 빼앗고 모든 생산 도구들을 프롤레타리아트의 수중에 집중시키는 것이다(『선언』, 35쪽). 그리고 "발전이 경과하면서 계급 차이들이 사라지고 모든 생산이 연합된 개인들의 수중에 집중되면, 공공의 권력은 그 정치적 성격을 상실하게 될 것이다"(『선언』, 37쪽). 이렇게 되면 "각자의 자유로운 발전이 모두의 자유로운 발전의 조건이 되는 연합체가 들어선다"(『선언』, 37쪽). 소비예뜨 러시아는『공산주의 선언』이 그리는 사회로 발전하지 못한 것은 물론이고 사회주의 건설 과정에서도 노동자 계급을 철저하게 배제했으며 노동자의 이름으로 노동자를 피지배 계급으로 만들었던 것이다.

그런데 맑스·엥겔스는 당시의 긴박한 유럽 혁명을 의식하면서 공산주의자동맹이 어떠한 태도를 취해야 하는지를 『공산주의 선언』에서 보여 주었다. 프롤레타리아 혁명 과정에서 공산주의자들이 어떤 역할을 해야 하는지를 정식화한 것이다. "공산주의자들은 다른 노동자 당들과 대립하는 특수한 당이 결코 아니다. 그들은 프롤레타리아트 전체의 이해 관계로부터 분리된 이해 관계를 결코 갖고 있지 않다. 그들은 결코 특수한 원리들을 세워 거기에 따라 프롤레타리아 운동을 짜 맞추고자 하지 않는다"(『선언』, 23쪽). 맑스·엥겔스는 언제나 역사적 상황과 객관적 조건에 대해서 세심한 배려를 강조했던 것이다. 더구나 "공산주의자들은 노동자 계급이 직접 당면한 목적들과 이해 관계들의 달성을 위해 투쟁하지만, 현재의 운동 속에서 동시에 운동의 미래도 대변한다"(『선언』, 56쪽). 혁명적 정세가 고조되는 시기가 아니라도 공산주의자들은 노동자들의 이해 관계를 위해서 투쟁하고 당장 상관이 없는 경우에도 운동에 개입하는 것이 옳은 자세라는 지적이다. 맑스·엥겔스에게 혁명은 하늘에서 우연히 떨어지는 것이 아니라 두 발을 딛고 서 있는 현실에서 시작되는 것이기 때문이다. 공산주의자들이 벌이는 '오늘의 운동이 내일의 현실을 만든다'는 것이다. 공산주의가 스스로의 정체를 밝힌 『공산주의 선언』은 '만국의 프롤레타리아여 단결하라!'로 끝맺고 있다.


## 혁명의 해


역사는 1848년을 혁명의 해로 기록하고 있다. 혁명의 신호탄은 프랑스에서 2월에 올랐다. 이어서 오스트리아의 빈과 프로이센의 베를린에서 봉기가 성공하면서 다른 곳들의 혁명 운동도 강화되었다. 이러한 혁명들의 역사적 원인은 무엇보다도 발전하는 자본주의와 낡은 봉건적 절대주의의 모순이었다. 그런데 1848년 혁명에서 주목할 것은 역사의 무대에 프롤레타리아가 본격적으로 등장했다는 사실이다. 프랑스 노동자들은 손에 무기를 들고 공화정을 수립했으며 독일 노동자들도 바리케이드 투쟁의 선봉에 섰다.

맑스는 브뤼셀에서 직접 무장 봉기를 조직하기 위해 아버지에게서 받은 유산의 상당액을 기부했다. 그는 공산주의자동맹 지부와 독일노동자협회를 중심으로 인민 대중을 조직하면서 혁명의 통일성을 확보하기 위한 국제적인 노력을 기울였다. 불안을 느낀 벨기에 정부는 혁명적 망명자들에게 단호한 조치를 취하기 시작했고 맑스에게도 벨기에를 떠나라는 명령이 떨어졌다. 그런데 얼마 전에 혁명에 성공한 프랑스 임시 정부에서 프랑스 인민의 이름으로 초청장을 보내 왔기 때문에 맑스는 빠리로 가게 되었다. 혁명이 진전되면서 런던의 공산주의자동맹 중앙위원회는 전권을 브뤼셀 지부 즉 맑스에게 위임했다. 그래서 맑스는 빠리에 도착한 이후 정식으로 공산주의자동맹 중앙위원회 의장이 되었다.

3월 18일 독일 혁명의 깃발이 오르자 맑스는 혁명을 전진시키고 공산주의자들의 전략과 전술을 정식화하기 위해서 엥겔스 등과 함께 17개 항목의 「독일 공산주의당의 요구들」을 발표했다. 이것은 부르주아 민주주의 혁명을 달성하기 위한 항목들을 담은 것이다. 맑스는 혁명을 통해서 노동자 계급의 사회주의를 향한 투쟁에 적합한 조건이 만들어지기를 기대했다. 그리고 부르주아 민주주의 혁명 가운데 나온 프롤레타리아트의 구체적 강령인 「독일 공산주의당의 요구들」을 쁘띠부르주아와 소농민과 프롤레타리아가 관철시킬 것으로 기대했던 것이다. 맑스와 엥겔스는 혁명에 참여하기 위해 독일로 들어가서 민주주의 단체와 결합했다. 그들은 민주주의 혁명이 성공하려면 무엇보다도 광범한 대중 일반의 집중이 필요하다고 판단했기 때문이다. 그래서 「독일 공산주의당의 요구들」을 선전하고 노동자 협회를 만드는 한편 『신라인 신문』을 창간하게 되었다. 하지만 당시의 독일 노동자들은 지방 단위를 탈피하지 못하고 있었으며 정치 의식도 미성숙해서 공상적인 흐름에 빠져 있었다.

『신라인 신문』은 '민주주의의 기관지'라는 부제를 달고 간행되었다. 맑스는 신문을 통해서 공산주의자들을 이데올로기적으로나 정치적으로 연합시키고자 했으며 프롤레타리아를 교육하고 조직하려고 했다. 『신라인 신문』은 유럽의 혁명 과정을 주의 깊게 파악하면서 프랑스, 영국, 이딸리아 등의 민주주의 세력과 밀접한 관계를 맺고 그들의 이해 관계를 열정적으로 옹호했다. 따라서 맑스는 프로이센에서 추방하겠다는 위협을 받으면서 또한 신문을 폐간하겠다는 협박에 시달리면서 대중 일반에게 가깝게 다가갈 수 있는 무기인 『신라인 신문』을 지키려고 노력했던 것이다. 그는 상당한 시간을 신문 발행에 바치는 한편 동료들과 함께 쾰른의 노동자 조직 및 민주주의 조직들과 적극적으로 결합했다.

그러나 독일 부르주아지는 맑스의 기대와는 달리 점점 커지는 노동자 운동에 잔뜩 겁을 먹고 프로이센의 왕정과 화해를 모색했다. 이에 맑스는 반혁명에 대한 투쟁을 결집시키면서 '조세 거부 투쟁'을 선전했다. 그는 『신라인 신문』에 연재한 「부르주아지와 반혁명」을 통해서 독일 혁명의 발전 단계를 설명하면서 독일 부르주아지의 나약함으로 인해 순수한 부르주아 혁명이 불가능하다고 지적했다. 따라서 당면 과제는 봉건적인 반혁명 세력이 승리하느냐 아니면 프롤레타리

아가 승리하느냐로 압축되었던 것이다. 맑스는 프롤레타리아가 새로
운 혁명을 통해서 「독일 공산주의당의 요구들」에 제시된 강령과 사회
변혁을 실현하기 위해서 민주적 공화국을 세워야 한다고 선전했다.

이것을 위해 맑스는 노동자 계급을 독자적인 정치 세력으로 만들
기 위해서 부단히 노력했다. 무엇보다도 프롤레타리아를 쁘띠부르주
아 민주주의로부터 이데올로기적·정치적·조직적으로 분리시키고
프롤레타리아 스스로의 당 건설을 위해서 노동자들을 준비시켰다.
하지만 런던 중앙위원회가 중심이 된 일부 세력은 공산주의자동맹을
비밀 결사로 재조직하려고 했다. 맑스는 쾰른 중앙위원회를 중심으
로 독일 프롤레타리아의 공개적인 정치 조직을 만든다는 애초의 계
획을 단호하게 추진했다. 그래서 민주주의 단체에서 탈퇴하였다. 그
는 진보적인 독일 노동자들을 이데올로기적으로 준비시키기 위해서
앞에서 보았던 「임금 노동과 자본」을 『신라인 신문』에 게재하기 시
작했다.

1849년 5월에 프랑크푸르트국민의회가 탄생시킨 자유주의적 독
일 헌법의 실현을 요구하는 봉기가 독일을 휩쓸었다. 맑스와 엥겔스
도 적극적으로 참여했으나 프로이센의 군대에 의해 무참하게 진압되
었다. 『신라인 신문』은 마지막 호를 붉은 색으로 인쇄하여 노동자 계
급에게 작별을 알렸다. 맑스도 프로이센으로부터 추방 명령을 받았기
때문에 쾰른을 떠나 봉기가 진행되고 있던 다른 지역으로 떠났다. 그
러나 쁘띠부르주아 민주주의자들의 우유부단하고 불확실한 행동으로
혁명 세력은 점점 약화되기 시작했다. 독일을 떠나게 된 맑스는 프롤
레타리아의 승리를 기대하며 빠리로 갔다. 하지만 민주주의 정당의
'의회 봉기'가 실패로 끝나자 빠리에는 비상 사태가 선포되고 반혁명
의 거센 파도가 밀려들었다. 빠리에서도 추방 명령을 받은 맑스는

1849년 8월 24일에 영구적인 망명지가 된 런던으로 떠나게 되었다.

## 고행의 나날들

맑스가 런던으로 떠났을 때 유럽은 반동의 물결로 뒤덮었다. 그러나 맑스는 1848년의 혁명들이 무익한 것이 아니라 농노제 사회의 토대를 흔들고 자본주의를 강화했으며 무엇보다도 노동자 계급의 의식과 조직을 발전시키는 계기를 마련했다고 평가했다. 더구나 혁명의 제일 파도가 지나갔을 뿐이고 곧바로 거대한 두번째의 파도가 일어날 것이라고 기대했다. 따라서 맑스는 실질적인 활동이 불가능할 정도로 파괴된 공산주의자동맹의 조직을 재건하고 강화시키려고 노력했다. 또한 독일노동자협회를 중심으로 런던으로 밀려드는 수많은 망명자들을 돕는 일에도 적극적으로 나섰다.

런던에서 맑스와 엥겔스는 혁명을 과학적으로 결산하고 혁명 이론을 발전시켜서 공산주의 운동의 방향을 제대로 정립하기 위해서『신라인 신문. 정치 경제 평론』이라는 기관지를 만들었다. 그들은 정치 운동의 토대를 이루는 경제 관계를 상세하고 과학적으로 다룰 계획이었다. 맑스는『신라인 신문. 정치 경제 평론』에「1818년에서 1850년까지의 프랑스에서의 계급 투쟁」과「루이 나폴레옹과 풀드」를 게재했고 엥겔스는「독일국 헌법 투쟁」과「독일 농민 전쟁」,「영국의 10시간 법률안」을 올렸다. 그러나 끈질긴 경찰의 추적과 자금 사정으로 인해 1850년 6호까지만 발행할 수밖에 없었다.

맑스는 1848년에 일어난 프랑스 부르주아 혁명의 원인과 성격, 과정을 탁월하게 보여 주었다. 위의 글들에는 토대와 상부 구조의 연관,

사회 생활에서 경제적 토대가 차지하는 규정적 역할, 계급 투쟁과 당파 투쟁이 지니는 의미, 역사에서 혁명적 변혁이 차지하는 위치와 인민 대중의 역할, 역사 과정에서의 국가와 사회 이념의 역할 등에 관한 역사적 유물론의 원칙들이 구체적이고 발전적인 형태로 제시되었다.[8] 맑스는 무엇보다도 프랑스의 프롤레타리아가 부르주아적 질서 내에서 착취로부터 해방될 수 있다는 환상을 깨우친 것이 봉기의 가장 긍정적인 결과라고 생각했다.

맑스와 엥겔스는 「공산주의자동맹에 보내는 중앙위원회로부터의 편지」를 통해서 조직을 강화하기 위해서 노력했다. 공산주의자동맹을 재조직하려는 노력은 결실을 거두어서 견고한 조직으로 거듭날 수 있게 되었다. 이러한 조직을 바탕으로 새로운 유럽 혁명을 기대하면서 차티스트 좌파와 블랑끼주의자를 포함하는 혁명적 공산주의자세계협회를 결성했다. 1850년 중반까지도 맑스와 엥겔스는 빠른 시일 안에 혁명이 다시 일어나리라고 확신했던 것이다. 그들은 유럽에서 곧 새로운 경제 공황이 발생하고 그것이 새로운 혁명의 동력이 될 것이라고 생각했다.

그런데 1840년대의 경제 발전을 연구한 이후에 맑스는 이제 1847년의 경제 공황은 완전히 극복되었으며 새로운 산업의 호경기가 시작되었다고 판단했다. 아울러 자본주의 사회의 생산력이 풍부하게 발전하는 호경기에 혁명적 정세를 기대하기는 어렵다고 지적했다. 혁명적 전망을 새롭게 해석한 맑스와 엥겔스는 당연히 공산주의자동맹의 전술도 변경하려고 했다. 또 다른 혁명이 임박할 것이라는 예측이 사라진 현실 속에서 공산주의자동맹은 상당 기간 동안은 반동적인 지배가 강화될 것이라는 평가를 가지고 활동할 수밖에 없었던 것이다.

그러나 오로지 독일 혁명의 부활을 고대하며 망명 생활을 견디던 사람들에게 공산주의자동맹의 전술적 변화는 쉽지 않았다. 특히 혁명이 곧바로 일어날 것이라고 기대하면서 모험적인 전술을 준비하고 있던 사람들이 미래의 투쟁을 위해서 노동자 계급의 지도적 인물을 발굴하고 이론적으로 단련시키는 일을 받아들이기는 어려웠던 것이다. 하지만 맑스는 정치적 모험주의의 이데올로기적 토대는 주의주의와 주관주의라고 비판했다. 그는 독일에서 노동자 계급이 즉각 권력을 장악하게 하자는 분파주의자들의 제안을 단호하게 거부했던 것이다. 맑스는 공산주의자동맹을 수호하면서도 주도권을 확보하기 위해서 중앙위원회를 쾰른으로 옮기기로 결정했으나 분열을 피할 수는 없었다.

이러한 분열과 함께 공산주의자동맹을 해산으로 몰은 것은 바로 쾰른 공산주의자 재판이었다. 독일에서 활동하던 열성적인 조직원들이 희생의 제물이 되었다. 프로이센 정부가 공산주의자동맹을 파괴시키기 위해서 정치 재판을 진행했던 것이다. 공산주의자동맹의 분열과 쾰른의 재판은 조직을 와해시키는 결과를 가져왔다. 다른 나라에 있던 지부들도 같은 운명이 되었다. 그래서 맑스와 엥겔스는 1852년 11월 17일의 런던 집회에서 공산주의자동맹을 해체하기로 결의했다. 과학적 공산주의의 토대 위에서 성립되었고 노동 운동과 과학적 공산주의 결합을 위해서 탄생했던 공산주의자동맹이 해체된 것이다. 그러나 공산주의자동맹은 이후에 등장하는 혁명적 노동자 조직과 공산주의 조직의 선구가 되었다.

공산주의자동맹의 해체로 참담한 상태에 빠져 있는 맑스에게 또 다른 괴로움을 안겨 준 것은 바로 궁핍이었다. 가난은 맑스를 쫓아다녔다. 오랫동안 수입이 없었던 그는 상상하기 어려운 가난과 질병에 시달렸다. 맑스는 1850년부터 1856년까지 런던에서 가난한 망명자들이 거주하는 도심의 소호 지구에서 살았는데 거기서 자식을 셋이나 잃었다. 셋째 딸의 장례는 프랑스인 망명자의 도움으로 치렀을 정도로 비참하게 생활했다. 그는 물론이고 아내와 자녀들도 자주 병을 앓았으며 언제나 채권자들에게 시달리면서 살 수밖에 없었다. 그러나 맑스는 모든 곤란을 강인한 지조로 견디어 냈다. 어떤 시련도 맑스가 스스로의 길을 버리게 하지는 못한 것이다. 그는 미래의 사위인 뽈 라파르그에게 보낸 편지에서 "자네는 내가 모든 것을 혁명 투쟁에 바쳐 왔다는 사실을 알고 있을 것이네. 다시 한 번 삶을 시작한다 해도 나는 똑같은 일을 할 것이네." 그렇지만 "오직 결혼만은 하지 않을 것이네"라고 했다(*MECW* 42, 307~309쪽). 한 사람의 혁명가로서 스스로에게 내려진 '시험'에 대해서는 의연하게 대처했지만 가족들이 겪을 수밖에 없었던 고통에 대해서는 깊은 상처를 받고 있었다.

이러한 상황에서 엥겔스가 보여 준 한없는 희생과 도움은 맑스에게 진정한 위로가 되었다. 극도로 어려운 시절에 맨체스터에서 엥겔스가 보내 주는 돈은 맑스에게 커다란 힘이었다. 더구나 엥겔스는 두 사람의 관계에서 언제나 자기를 낮추었다. 그러나 그는 맑스보다 먼저 혁명적 공산주의자로 성장했고 글도 빠르고 유창하게 썼으며 언어에 대한 놀라운 능력을 타고났을 뿐만 아니라 역사적 판단도 탁월했다. 또한 엥겔스는 행동하는 사람이며 실제적인 조직의 전문가였다.

따라서 맑스는 엥겔스가 자기 가족을 돕기 위해서 돈을 벌고 그래서 학문적 작업 시간이 극히 적을 수밖에 없다는 사실을 알고 괴로워했다. 맑스는 『자본』 원고를 출판사에 보낸 이후 엥겔스에게 "당신이 아니었다면 나는 이 책을 완성할 수 없었을 것입니다. 나는 당신이 주로 나 때문에 당신의 탁월한 능력을 판에 박힌 사업에 소모해 버렸고 게다가 나의 모든 자질구레한 불행을 부득이 나누어야 했다는 사실이 항상 나의 마음에 짐으로 남아 있다는 점을 솔직히 고백합니다"(*MECW* 42, 371쪽). 맑스에게 엥겔스는 이 세상에서 '유일한' 사람이었다.

1.3

# 아!『자본』

"프랑스와 영국에서는 부르주아지가 정권을 쟁취했다. 이 순간부터 계급 투쟁은 실천적으로나 이론적으로나 더욱더 공개적이고 위협적인 형태를 취하였다. 그와 더불어 과학적인 부르주아 경제학은 조종(弔鐘)을 울렸다. 그 뒤부터는 벌써 어떤 이론이 옳은가 옳지 않은가 하는 것이 문제로 되는 것이 아니라, 그것이 자본에 유익한가 유해한가, 편리한가 불편한가, 정치적으로 위험한가 아닌가 하는 것이 문제로 되었다. 객관적인 학자들 대신에 고용된 앞잡이들이 나타났으며, 진정한 과학적 연구 대신에 비양심적인 사악한 변호론이 나타났다"(『자본론』 제1권, 12쪽).

## 다시 정치 경제학 비판으로

일체의 공개적인 정치 활동에서 물러난(?) 맑스는 1848년 혁명으로 인해 중단했던 정치 경제학 연구에 다시 집중하게 되었다. 자본주의 운동 법칙을 밝히고 자본주의가 몰락할 수밖에 없는 사실을 프롤레타리아에게 제시하려는 것이었다. 이미 보았듯이 맑스는 부르주아 사회를 변호하고 절대화하는 고전파 정치 경제학을 비판하는 작업을 수행했다. 그는 고전파 정치 경제학을 비판하려는 스스로의 작업 과정에 대하여 1859년에 발표된『정치 경제학 비판을 위하여』서문에서 개략적으로 밝혔다.

첫번째 시기는『라인 신문』에서 활동하던 1842년부터 1843년까지이다. 신문을 발행하는 과정에서 물질적 이해 관계에 대한 논쟁에 참여하게 된 이후 맑스는 경제 문제에 몰두하게 되었다. 여기서 맑스가 스스로의 의문을 풀기 위해 착수했던 것이 바로 헤겔 철학에 대한 비판적 수정이었다. 맑스는 법률적 관계와 국가의 형태가 물질적 생활 관계에 바탕을 두고 있다는 것을 확인하고 부르주아 사회를 해부하기 위해서 정치 경제학 연구를 시작했다. 두번째는 1843년부터 1846년 사이로, 맑스가 스스로 '연구의 길잡이'라고 평가하는 역사적 유물론을 확립하던 시기이다. 그는『경제학 철학 초고』를 집필하고 프롤레타리아트의 세계관을 체계적으로 정립하는 과정에서 엥겔스와 함께『신성 가족』과『독일 이데올로기』를 공동 작품으로 내놓았다. 세번째는 고전파 정치 경제학을 집중적으로 비판했던 1847년부터 1849년에 이르는 시기로,『철학의 빈곤』,『공산주의 선언』,「자유 무역 문제에 관한 연설」,「임금 노동과 자본」을 발표하였다.

혁명을 경험한 이후 맑스는 한껏 성숙해진 눈으로 자본주의의 변화를 바라볼 수 있게 되었다. 무엇보다도 자본주의 세계의 중심인 런던에 머물렀기 때문에 부르주아 사회를 분석하고 관찰할 수 있는 좋은 기회를 갖게 되었던 것이다. 세계의 공장으로 군림하는 영국이었기 때문에 다른 나라들의 경제 발전에 대한 정보가 많이 흘러들었다. 더구나 궁핍한 망명자인 맑스에게 영국박물관의 개방적인 도서관은 정치 경제학을 체계적으로 연구할 수 있는 다시없는 작업장이었다. 그는 대단한 열정과 목적 의식으로 여러 해 동안 책과 씨름했다.

맑스는 부르주아 경제학을 비판하려면 단순히 으르렁거릴 것이 아니라 그들의 논리에 정통해야 한다고 생각했다. 그는 경제학 문헌을 차례로 독파해서 1852년에는 '영국의 현대 국민 경제학 문헌, 1830~1852년'이라는 문헌 목록의 간행을 생각할 정도로 연구에 집중했다. 맑스가 얼마나 많은 정치 경제학 문헌을 읽고 작업에 활용했는지는 『정치 경제학 비판 요강』이나 『자본』에 잘 나와 있다. 그가 참고하고 인용했던 자료들은 당시의 경제학 문헌 목록에도 나오지 않는 경우조차 있었다. 엥겔스가 『자본』 제2권 서문에서 "세상에서 잊혀질 뻔하다가 맑스 때문에 빛을 보게 된 이 40쪽의 팸플릿"(『자본론』 제2권, 14~15쪽)이라고 서술하고 있는 『국민적 고난의 근원과 구제책. 존 러셀 경에게 보내는 편지』(『자본론』 제1권, 744쪽)가 대표적인 사례이다.

1821년에 발표된 팸플릿은 『자본』에 단 한 차례 인용되고 있으나 『정치 경제학 비판 요강』이나 『잉여 가치 학설사』를 보면 맑스가 얼마나 소중하게 생각하는지 알 수 있다. 그는 팸플릿의 어떤 논리를 주목했을까? 팸플릿은 잉여 가치—비록 이자라고 부르고 있지만— 를 직접 잉여 노동으로 제시하고 있다. 이것은 당시의 리카도조차 깨우치지 못했던 사실이다. 더구나 이 팸플릿은 지대, 이자, 이윤은 단지 '자본의 이자'의 여러 가지 형태에 지나지 않는다고 지적하고 이자는 '노동자의 잉여 노동'으로 설명했다. 그리고 팸플릿에 의하면 "한 나라는 12시간이 아닌 6시간만 노동이 행해질 때 비로소 진실로 부유하다. 부란 자유롭게 이용할 수 있는 시간 이외에 아무것도 아니다"라고 하여 노동 시간의 단축이 인간 해방의 출발선이라는 것을 분명하게 표현하고 있었다.[9] 이 팸플릿을 발견했을 때 맑스는 얼마나 기뻤을까! 당시에 맑스가 작성한 수많은 노트들은 그가 정치 경제학의 이론적인 문제들과 국민 경제학의 역사 그리고 자본주의 세계 경제의 현실에 대하여 철저하게 연구했다는 것을 보여 주고 있다.

맑스의 독서 범위는 정치 경제학뿐만 아니라 정치사, 문화사는 물론이고 전혀 관련이 없는 것처럼 보이는 농업 화학이나 지질학에까지 넓혀져 있었다. 그렇지만 언제나 고전파 정치 경제학이 중심을 이루고 있었다. 맑스는 애덤 스미스보다는 리카도가 학문적으로 훨씬 우월하다고 생각했다. 애덤 스미스는 매뉴팩처만을 경험했기 때문에 상대적으로 미흡한 구석을 느꼈던 것이다. 리카도는 한껏 발전된 자본주의적 생산을 반영할 수 있었기 때문에 부르주아 경제학은 리카도와 함께 절정을 이루었고 리카도에 의해서 완결되었다고 평가했다. 물론 애덤 스미스와 리카도의 고전파 정치 경제학이 맑스주의의 필연적 원천이라는 사실은 이미 지적했다.

그러나 고전파 정치 경제학은 계급적으로 전진하지 못했기 때문에 더 이상 발전할 수가 없었다. 그들이 농노제 사회의 경제 구조를 비판하고 자본주의적 생산과 분배를 관철시키려고 노력했을 때에는 진보적인 역할을 수행했다. 그러나 부르주아지와 프롤레타리아트의 대립이 자본주의 사회를 위협하게 되면서 고전파 정치 경제학의 지위는 흔들리게 되었다. 정치 경제학의 경제적 범주들은 영원히 지속되는 개념이 아니라 생성되어 발전하고 소멸해 가는 역사적 산물인 것이다. 맑스는 고전파 정치 경제학자들의 과제와 스스로의 과제가 분명하게 다르다는 것을 인식하고 있었다.


애덤 스미스나 리카도 같은 고전파는 아직 봉건 사회의 유물들과 투쟁하고 있는 부르주아지를, 오직 경제적 관계들에서 봉건적 의무들을 제거하기 위해, 생산력들을 증대시키기 위해, 공업과 상업에서 새로운 비약을 이루기 위해서 애쓰는 부르주아지를 대표한다. [그들의 견해에 따르면] 이 투쟁에 참가하며 열에 들뜬 노동에 몰두하는 프롤레타리아트는 일시적이고 우연적인 고통들만을 가질 뿐이고, 프롤레타리아트 자신은 그 고통들을 그러한 것으로 간주한다. 이 시대의 역사가이기도 한 애덤 스미스와 리카도 같은 경제학자들은, 부가 부르주아적 생산 관계들 속에서 어떻게 획득되는가를 증명하는 것, 이 관계들을 범주들, 법칙들로 정식화하는 것, 이 법칙들, 이 범주들이 부의 생산에 있어서 봉건 사회의 법칙들과 범주들보다 얼마나 더 우수한가를 증명하는 것 이외의 다른 어떤 사명도 가지고 있지 않다(「철학의 빈곤」, 『선집』 제1권, 286쪽).

고전파 정치 경제학자들에게 자본주의는 역사 발전의 최종 단계를 의미했던 것이다.

그러나 맑스에 따르면 고전파 정치 경제학은 애덤 스미스와 리카도 이후에 더 이상 발전하지 못했다. 자본주의적 모순과 계급 투쟁이 첨예해지면서 부르주아 이데올로그들은 정치 경제학에서 애덤 스미스나 리카도가 발전시킨 계급 대립에 대한 고찰이나 노동 가치론을 공격의 대상으로 삼았던 것이다. 이러한 과정에서 경제 과학은 속류 경제학(vulgar economics)으로 전락하게 되었다. 따라서 맑스는 자본주의적 생산과 부르주아 이데올로그들의 자본주의 사회에 대한 해석을 비판적으로 분석하고 스스로의 독자적인 체계를 구축하는 과제를 안게 되었다.


『정치 경제학 비판 요강』의 지위

혁명 이후 유럽의 공업은 숨가쁘게 발전했다. 짧은 시간에 생산력은 눈에 띄게 증가했으며 공장들은 괄목할 만한 성과를 이룩했다. 기계 공업이 폭발적으로 증가하면서 수공업 노동은 빠르게 쇠퇴하기 시작했고 철도를 비롯한 교통 통신이 급속하게 변화하였으며 세계 시장은 물론 은행과 증권 회사들의 거래량도 놀라울 정도로 증가했다. 부르주아 경제학자들과 언론 매체는 자본주의를 찬양하기 위해서 있는 힘을 모두 쏟았다.

맑스는 경제적 팽창에 대한 분석을 바탕으로 공업과 상업의 호황에 따른 주기적인 과잉 생산 공황을 예견했는데 이것은 현실로 증명되었다. 바로 1857년에 공황이 일어난 것이다. 공황이 발생하면서 생산은 급속하게 퇴보했고 수많은 공장들이 문을 닫았으며 시장에는 상품이 범람하고 상품 가격이 하락했으며 실업은 폭발적으로 증가했다. 더구나 1857년 공황은 자본주의 역사에서 최초의 세계 공황으로 기록될 정도로 파장이 컸으며 가장 발전한 자본주의 국가인 영국이 공황의 중심에 있었다.

맑스는 공황을 파악하기 위해서 온 힘을 기울였다. 공황의 발생으로 이론적인 문제들을 좀 더 치밀하게 구성할 수 있는 계기가 만들어졌을 뿐 아니라 공황은 발달한 산업 국가들의 정치적 상황을 무척 혼란스럽게 만들 것이라고 생각했기 때문이다. 그는 공황 이전과 공황 이후의 변화를 비교 분석하면서 경제 공황과 공황의 주기에 대한 스스로의 논리를 강화시켰다. 당시에는 은행권을 과도하게 발행했기 때문에 물가가 상승하고 과잉 생산이 벌어진다고 생각하는 경향이 많았다. 그렇지만 맑스는 1857년의 공황이 현상적으로는 어떻게 보이더라도 자본주의에서 불가피한 주기적인 과잉 생산 공황이라고 판단했다.

경제 공황은 호황을 떠받쳤던 노동자들의 설 자리를 빼앗아 버렸으며 가뜩이나 어려운 노동자 계급의 상태를 더욱 악화시켰다. 특히 맑스는 공황의 부담을 뻔뻔스럽게도 가난한 사람들에게 전가시키는 지배 블럭의 행위를 비판했다. 당시 영국은 국민들에게 엄청난 세금을 거두어서 공황으로 타격을 입은 자본가들에게 정부 보조금을 지급했는데, 맑스는 공황으로 자본가들이 입은 손실을 '사회 전체의 재산'으로 메우려는 부르주아 정부를 폭로하였다. 공황을 극복하는 과정에서 노동자들이 고통을 전담하는 것은 1857년의 영국이나 1997년의 한국이나 별 차이가 없다.

1857년 공황 이후 맑스는 자본주의 세계의 경제적 동요가 정치적 파장으로 이어져 새로운 혁명이 일어나기를 기대했다. 1847년의 공황과 1848년 혁명을 경험했던 맑스이다. 따라서 그는 노동자들을 이론적으로 무장시키기 위해서 자본주의를 지배하는 경제 법칙에 대한 이론적 작업을 한층 빠르게 추진했다. 맑스는 스스로의 작업이 프롤레타리아 투쟁에서 혁명적 과제를 파악하고 계급 의식을 강화시키며 프롤레타리아들이 연대하는 데 도움이 될 것으로 기대한 것이다. 맑스는 "낮에는 매일 매일의 양식을 위해서 작업하고 밤에는 그의 경제학을 완성하기 위해서 작업"(*MECW* 40, 566쪽)했다. 그는 궁핍으로 벼랑에 몰려 있었기 때문에 1851년부터 시작한 『뉴욕 데일리 트리뷴』의 기사 작성을 멈출 수가 없었다. 유일한 수입원이었기 때문이다. 그렇지만 맑스는 가난 때문에 맡은 임무에 소홀하지 않았으며 오히려 스스로에게 주어진 역사적 과제를 벅찬 가슴으로 맞고 있었다. "나는 대홍수 이전에 적어도 개요만이라도 명확히 하기 위해서 밤새도록 미친 듯이 내 경제학 연구를 요약하고 있다"(*MECW* 40, 217쪽).

맑스는 1857년부터 1858년까지 몇 가지의 정치 경제학 논문들을 작업했다. 이 가운데 가장 중요한 것은 오래 전부터 맑스가 계획한 정치 경제학 저서의 최초 원고인 『정치 경제학 비판 요강』이다. 바로 그룬트리세(Grundrisse)라고도 불리는 초고이다. 그리고 두 개의 짧은 미완성 초고인 「바스띠아와 케리」 및 「서문」이 있다. 이러한 경제학 초고들은 맑스의 과학적 천재성과 함께 절대 빈곤을 극복한 인간 의지를 보여 주고 있다. 작업을 진행하면서 맑스는 자본주의의 운동 법칙을 자본, 토지 소유, 임노동, 국가, 대외 무역, 세계 시장의 6가지 영역으로 나누어 분석할 계획이라고 밝혔다.[10] 이러한 작업 계획은 이후에 볼 수 있듯이[11] 맑스의 논리를 평가할 때 많은 논쟁을 불러일으키게 된다.

『정치 경제학 비판 요강』은 「서문」과 두 개의 장으로 구성되어 있다. 특히 「서문」은 이론적으로 커다란 의미를 갖고 있는데 맑스는 여기에서 하나의 과학으로서의 정치 경제학의 대상과 방법에 대한 생각을 체계적으로 보여 주고 있다. 맑스에 의하면 정치 경제학은 물질적 재화의 생산 과정에서 사람과 사람이 맺는 사회적 생산 관계와 생산 과정의 운동에 작용하는 객관적 경제 법칙을 탐구하는 학문인 것이다. 그는 「서문」에서 생산, 분배, 교환, 소비의 관계에 대한 스스로의 견해를 처음으로 정식화했다. 그리고 생산이 분배보다 우위에 있다고 생각하면서 분배 방식은 생산 양식을 통해서 나타날 수밖에 없다고 지적했다. 정치 경제학의 연구 방법에서 맑스는 올바른 과학적 연구와 서술의 원칙을 보여 주고 있다. 특히 자본주의 경제의 분석은 프롤레타리아트 세계관의 철학적 과제들과 밀접하게 결합시키면서 진행했다. 그리고 맑스는 예술과 같은 사회적 의식(意識) 형태에 대해서도 관심을 기울였다.

맑스는 '화폐에 관한 장'에서 가치와 화폐에 대한 쁘띠부르주아적 이론가들의 공상적인 이론들을 비판하고 있다. 화폐는 어떤 합의를 통해서 만들어진 것이 아니라 노동 분업의 산물이며 교환의 산물인 것이다. 원래 화폐는 사회 전체가 사용하는 대상물이거나 대상물의 일부였기 때문에 교환에서 가장 통상적으로 채택되는 하나의 상품이었다. 따라서 교환의 초기에는 소금, 가축 등이 화폐로 쓰였으나 이후에는 금이나 은 그리고 지폐를 사용하게 되었다. 따라서 최초에는 특별한 사용 가치 때문에 화폐가 되었지만 이후에는 화폐로 사용되기 때문에 특별한 사용 가치를 갖게 된 것이다.

화폐의 기능도 점차적으로 발전했다. 교환이 낮은 단계에서 화폐는 본질적으로 가치 척도로서의 역할만을 수행했지만 점차 유통 수단, 화폐로서의 화폐, 지불 수단, 세계 화폐로 존재 양식이 변화되었다. 맑스는 생산 수단의 사적 소유 속에서 화폐가 자본으로 전화되면서 상품 생산을 발전시킨다고 확인했다. 상품 생산과 교환 가치의 발전은 "자기 노동의 생산물에 대한 사적 소유가 노동과 소유의 분리와 일치한다는 것, 그리하여 노동은 타인 소유를 창출하고, 소유는 타인 노동을 명령하리라는 것이 증명될 것이다"(『요강』 제1권, 232쪽).

'자본에 관한 장'에서 맑스는 경제학의 역사에서 처음으로 자본주의적 착취의 본질과 기제를 보여 주면서 잉여 가치론을 원초적인 형태로 확인하고 있다. 맑스는 화폐를 자본의 현상 형태로 파악하면서 산업 자본의 변형들을 자세하게 보여 주었다. 그는 자본이 어떻게 잇달아 상품으로 그리고 화폐로 전화되는지 밝힌 것이다. 『정치 경제학 비판 요강』은 사회적 생산 속에서 자본이 화폐로부터 어떻게 생성되었고 어떤 형태를 받아들이면서 스스로를 완성하고 있는지 보여 주었다. 화폐는 저절로 또는 어떤 특별한 성질 때문에 자본으로 전화되는 것이 아니라 노동력이 상품이 되었기 때문에 자본이 될 수 있는 것이다. 자본은 생산 과정에서 임금 노동자의 잉여 노동을 착취할 뿐만 아니라 그것으로 다시 새로운 타인 노동을 구매함으로써 또 다시 새로운 타인 노동을 착취하는 것이다. 이러한 과정이 발전하면서 노동에 기초한 소유에서, 소유에 기초한 소유가 나타나게 되었다. 맑스는 자본은 물론이고 화폐에서 자본으로의 전화도 해명한 것이다.

따라서『정치 경제학 비판 요강』은 노동 가치론과 관련하여 상당한 진전을 보여 주었다. 이미 보았듯이『경제학 철학 초고』에서 상품 생산의 본질을 소외된 노동으로 파악했던 맑스는『철학의 빈곤』과『독일 이데올로기』를 통해서 노동 가치론을 제기했다.『철학의 빈곤』에서 맑스가 발전시킨 가치론은 노동의 가치와 노동의 양을 구별하고 있었던 리카도의 가치론을 발전시킨 것이다. 그리고『임금 노동과 자본』에서는 임금 노동자와 자본가의 관계를 상세하게 연구했는데 여전히 노동의 가치와 노동의 가격이라는 불충분한 개념들을 사용하고 있었다. 따라서 맑스의 가치론은『정치 경제학 비판 요강』에서 실질적으로 발전했으며, 이후에 발표된『정치 경제학 비판을 위하여』를 통하여 체계적인 가치론을 제시하게 되었다. 잉여 가치론을 체계화시킴으로써 맑스는 최초로 자본주의를 노동자 계급의 입장에서 분석할 수 있게 되었다. 이것으로 경제학의 역사는 뒤집어졌다!

맑스는 자본주의의 역사적 추세에 대해서도 주목했다. 자본은 생산력의 발전을 촉진시키지만 자기 발전의 내적 한계와 마주치게 된다. 자본은 스스로의 한계를 극복하지만 끊임없이 반복되는 모순 가운데서 생산하는 것이다. 한편 맑스는 자본주의적 생산에 과학적 성격을 부여하려는 경향도 주목하면서 노동 생산성의 상승을 기대했다. 그러나 사회적 대립이 극복된 자본주의 이후의 사회에서 과학은 훨씬 풍부하게 사회적 생산력을 발전시킬 것이라고 주장했다. 그리고 노동 시간을 계획적으로 할당하고 효율적으로 활용하면 노동 시간은 최소한으로 단축될 수 있다고 지적했다. 노동 시간의 단축은 노동자 계급의 완전하고 전면적인 발전을 위한 자유 시간의 증대를 의미한다. 자유 시간의 증대는 사회 구성원들에게 자기 계발의 기회를 제공하게 될 것이다.

맑스는 『정치 경제학 비판 요강』이 완성되기 이전에 출판을 준비하기 시작했다. 그런데 이 초고는 스스로의 연구를 위해서 계속 수정하고 보완하면서 작업했기 때문에 출판 원고로는 적당하지 않았다. 그래서 그는 몇 권의 단행본으로 나누어 출판할 계획을 세우고 1858년 8월부터 제1분책의 작업에 착수했다. 그러나 수고의 출판을 위한 작업은 건강이 악화되면서 지연될 수밖에 없었다. 더구나 15년 이상 혼신을 쏟은 과제이기 때문에 완벽하게 마무리하고 싶은 마음이 간절했다. 이론적인 작업을 하거나 정치 활동을 할 때도 언제나 스스로에게 엄격했던 맑스이다. 그때까지도 떨쳐버리지 못한 궁핍 또한 맑스의 작업을 지체시켰다. 그는 출판 원고를 베를린으로 발송할 '몇 페니히도' 없는 절박한 상황이었다. 완성된 원고는 엥겔스의 송금이 도착한 이후에 발송할 수 있었다.

마침내 1859년에 『정치 경제학 비판 요강』의 제1분책인 『정치 경제학 비판을 위하여』가 발간되었다. 『정치 경제학 비판을 위하여』의 「서문」에는 이미 지적했듯이 정치 경제학 연구 과정에 대한 소개와 함께 사회적 관계에 대한 유물론의 원칙과 주요한 테제들이 정식화되어 있다. 그래서 「서문」은 독자적인 과학적 가치를 지니는 것으로 평가된다. 이러한 역사적 유물론의 정식화는 간결한 표현으로 많은 사람에게 알려졌으나 한편으로는 너무 간결하기 때문에 다양한 견해들이 대립하게 되었다. 논쟁은 역사적 유물론이 『독일 이데올로기』 이후에 일관되게 정치 경제학 연구의 지침이 되었다는 견해와 정치 경제학 이론을 전개할 때는 역사적 유물론이 부차적인 이데올로기적 가설에 지나지 않는다는 견해 사이에서 이루어지고 있다. 그러나 어떤 경우에도 유념해야 할 것은 역사적 유물론에 나타나는 개념이나 명제를 맑스가 사상적으로 성숙해지는 과정 속에서 파악해야 한다는 것이다.

같은 「서문」에서 맑스는 『독일 프랑스 연보』에 실린 글들을 통해 부르주아 사회의 물질적 관계를 총체적으로 해부하는 작업은 정치 경제학 연구를 통해서 이뤄질 것 같은 예감을 가졌다고 회상했다. 당시까지 맑스는 아직 스스로의 체계를 갖추지 못했던 상태이기 때문에 여기서의 정치 경제학은 고전파 정치 경제학을 의미하는 것으로 볼 수 있다. 따라서 맑스의 정치 경제학과 사회 발전에 대한 인식은 고전파 정치 경제학과 부르주아 사회의 비판적 극복을 통해서 나타나는 것으로 파악해야 할 것이다.

『정치 경제학 비판을 위하여』는 서문 이외에 '상품' 그리고 '화폐 혹은 단순 유통'이라는 두 개의 장으로 구성되어 있다. 맑스는 상품에 내재하는 자본주의적 생산의 모순적 성격을 해명하고 부르주아 사회를 본격적으로 분석하기 위한 이론적 토대를 마련했던 것이다. 그는 상품과 가치의 이해(理解)를 통해서 화폐와 자본을 분석하려고 했다. '상품'에서 전개하고 있는 사용 가치와 가치라는 상품의 이중성 그리고 구체적인 노동과 추상적 노동이라는 노동의 이중성에 대한 해명은 맑스의 위대한 업적이다. 스스로도 노동의 이중성은 『자본』에서 최상의 부분(『선집』 제3권, 198쪽)이라고 생각하고 있는데, 이것을 통해서 리카도를 비롯한 수많은 정치 경제학자들과 맑스가 갈라서는 것이다.

'화폐 혹은 단순 유통'이라는 두번째 장은 화폐와 화폐 유통에 관한 한결 성숙해진 이론을 포괄적으로 전개하고 있다. 이후에 발표되는 『자본』 제1권의 해당 부분보다 훨씬 자세하고 풍부한 내용을 담고 있는 『정치 경제학 비판을 위하여』는 독자적인 의미를 갖게 되었다.

맑스는 이 저서를 통해서 고전파 정치 경제학을 극복하고 정치 경제학의 새로운 지평을 열었다. 이제 '자본의 경제학'에 대해서 '노동의 경제학'이 맞설 수 있게 된 것이다. 이러한『정치 경제학 비판을 위하여』에 대하여 부르주아 언론들은 애써 '침묵의 음모'로 대응하였으나 엥겔스의 헌신적인 노력으로 성과가 나타나기 시작했다. 이에 감격한 맑스는 곧바로 제2분 책인 "주요한 장 즉 자본에 관한 제3장" 작업에 들어갔으나 계속되는 불운과 궁핍으로 작업은 중단될 수밖에 없었다.


## 『자본』의 탄생


맑스는 정치 경제학 작업에 다시 몰입할 수 있게 되자 '말[馬]'처럼 엄청나게 일했다. 그는『정치 경제학 비판 요강』의 제2분 책을 1861년 8월부터 집필하기 시작하여 1863년 7월까지 23권이나 되는 방대한 양의 노트로 완성했다. 일반적으로 이 초고를『정치 경제학 비판 요강』에 이은『자본』의 제2초고라고 한다. 스물세 권의 노트에는[12] 화폐의 자본으로의 전화, 절대적 잉여 가치, 상대적 잉여 가치, 자본에 대한 노동의 형식적 예속과 실제적 예속, 협업, 분업, 기계와 기계의 자본주의적 응용의 결과, 잉여 가치의 자본으로의 재전화(자본 축적), 자본의 본원적 축적 등 이후『자본』제1권에 담긴 내용들이 정리되어 있다. 그리고 자본주의적 재생산에서의 화폐 운동, 재생산(특히 단순 재생산), 잉여 가치와 이윤, 이윤의 평균 이윤으로의 전화, 대부 자본과 상업 자본, 상업 이윤, 자본주의적 생산의 진전에 따른 이윤율의 경향적 저하 등『자본』제2권과 제3권의 주제들도 취급했다.

그런데『정치 경제학 비판 요강』의 제2분 책을 23권의 노트에 작업하던 맑스는 1862년 말에 이것을『정치 경제학 비판을 위하여』의 후속이 아니라『자본』이라는 독립적인 저작으로 발행하기로 결심했다. "이것은 제1분 책의 속편입니다만 '자본'이 제목이고 '정치 경제학 비판을 위하여'는 단순히 부제로 해서 독자적으로 발간됩니다"(*MECW* 41, 435쪽). 그리고 맑스는 출판을 위해서 원고를 정리할 계획이라고 말했으나 보완 작업은 상당히 지체되었다. 1863년에도 맑스는 도서관에서 정치 경제학의 역사에 대한 문헌을 연구하는 데 상당한 시간을 보냈다. 그는 '독일 땅에 떨어뜨릴 폭탄'을 만들기 위해 밤을 새워 노력했으나 점점 건강이 나빠지면서 작업에 어려움을 느꼈다. 원고의 분량이 늘어나면서 맑스는 저작을 세 권의 책으로 나누어 출판할 생각을 갖게 되었다.

그는 1863년 8월부터 23권의 노트에서 빠진 부분들을 보완하면서『자본』제2권과 제3권의 문제들과 씨름했다. 그는 건강이 좋지 못한 데다가 1864년에 건설된 인터내셔널 문제로 많은 시간을 빼앗겼다. 맑스의 인터내셔널의 활동은 정치 경제학 연구에 지장을 주었으며 그에 따라 수고의 완성도 늦춰질 수밖에 없었다. 그는 무엇보다도 혁명적 과학과 노동 운동의 결합을 소중하게 생각했던 사람이다. 낮에는 도서관에 가고 밤에는 집필하면서 혼신을 기울인 끝에 맑스는『자본』전체에 대한 첫번째 개작을 1865년 12월에 끝냈다. 이것이 바로『자본』의 제3초고이다.

맑스는 엥겔스의 조언에 따라 1866년 1월에 제3초고 전체가 아니라 자본의 생산 과정만을 담은『자본』제1권을 인쇄하기 위하여 최종적으로 정리하기 시작했다. 그는 "아주 심한 산고 끝에 순산한 아기를 어루만지고 씻겨 주는 것 같은 기쁨"(*MECW* 42, 228쪽)을 느끼며 원고를 손질했다. 그러나 맑스의 건강은 악화되었다. 1867년 4월 12일이

되어서야 맑스는 독일로 직접 건너가서 라이프치히의 오토비간트(Otto Wigand)출판사에 원고를 넘길 수 있었다. 원고를 넘긴 후, 맑스는 역사를 함께 만든 엥겔스에게 편지를 띄웠다. "이 일이 가능했던 데 대해 오직 자네에게 감사할 뿐이네! 자네의 헌신적인 희생이 없었다면 세 권의 책을 만드는 엄청난 작업은 절대로 불가능했을 것이네. 깊이 감사하는 마음으로 자네를 포옹하네!"(*MECW* 42, 405쪽). 언제나 어떤 일이나 함께해 준 엥겔스에게 진심으로 고마운 마음을 전한 것이다. 드디어 1867년 9월 14일에『자본』제1권 1,000부가 발간되었다. 아『자본』!

맑스는 고전파 정치 경제학을 비판하려고 계획한 이후 수많은 시간을 보내면서 그의 말대로 "건강과 인생의 행복, 가족을 바쳤다."『자본』에는 맑스의 삶 자체가 담겨 있는 것이다. 이러한 맑스의 운명과 일, 투쟁을 함께했을 뿐만 아니라 불타는 정열로 협력하여 '상임 서기'라고 불리던 부인 예니는 "나는 그 책에 얽힌 뒤 이야기를 쓸 수도 있으나 그렇게 되면 그 이야기는 끝없이 많은 근심과 고통을 생각나게 할 것"이라면서 "노동자들이 오로지 그들을 위해 그리고 그들의 이해관계 속에서 집필된 이 책을 완성하는 데 들인 희생을 감지해 주기" 바랐다(*MECW* 42, 578~579쪽).『자본』에는 맑스뿐만 아니라 가족들의 고통스러운 삶도 함께 스며 있는 것이다. 이제 노동자들은 맑스를 통해서 강력한 투쟁의 무기를 갖게 되었다.『자본』, "그것은 부르주아지(지주 포함)의 머리에 겨누어져 있는 가장 효과적인 폭탄"(*MECW* 42, 358쪽)이기 때문이다.

그런데『정치 경제학 비판을 위하여』가 세상에 나왔을 때와 마찬가지로 독일의 부르주아지는『자본』도 '침묵의 음모'로 대응했다. 그런데『자본』이 나오기 직전에 엥겔스는 세간의 주목을 끌기 위해서 이 책을 부르주아적 관점에서 논박하면 어떻겠냐고 맑스에게 물은 적이 있었다. 이에 맑스는 "부르주아적 관점에서 그 책을 공격한다는 자네의 계획은 가장 훌륭한 전쟁 수단"(*MECW* 42, 427쪽)이라고 동의했다. 따라서 엥겔스는 부르주아 언론에 여러 편의 비평을 발표했는데 그는 의도적으로 맑스의 중요한 발견들을 객관적으로 공정하게 열거하였다. 마치 부르주아 학자가 쓴 것처럼 말이다. 엥겔스가 땀을 흘린 덕분에 『자본』은 서서히 그러나 명백하게 대중들의 관심을 끌게 되었다. 무엇보다도 맑스를 기쁘게 했던 것은 『자본』이 발표되자 노동자들로부터 공감을 얻기 시작했다는 사실이다.


### 멈출 수 없는 과제들


맑스와 엥겔스는 『자본』을 위해서 살았다. 그들은 프랑스 빠리에서 운명적으로 만난 이후 『자본』을 향해서 함께 걷기 시작했던 것이다. "내가 1844년 여름에 빠리로 맑스를 방문했을 때 모든 이론 영역에서 우리는 완전히 일치하였다. 바로 그때부터 우리의 공동 작업은 시작되었다"(「공산주의자 동맹의 역사에 관하여」, 『선집』 제6권, 222쪽). 『자본』은 분명히 맑스의 작품이지만 엥겔스의 삶도 함께 담겨져 있는 것은 물론이다. 맑스는 엥겔스가 『독일 프랑스 연보』에 「국민 경제학 비판 요강」을 발표한 이후에 『경제학 철학 초고』를 집필했다. 그리고 본격적으로 고전파 정치 경제학을 비판하기 위한 작업에 착수한 이후 1867년에 맑스가 『자본』 제1권을 출간했고 나머지는 엥겔스가 1883년에 제2권을, 1894년에 제3권을 세상에 내놓았으니 무려 50여 년의 세월이 담겨 있는 것이다.

왜 두 사람은『자본』에 삶을 건 것일까? 맑스는『자본』의「제1판 서문」에서『자본』의 목적을 밝히고 있다. "현대 사회의 경제적 운동 법칙을 발견하는 것이 이 책의 최종 목적이다"(『자본론』제1권, 6쪽). 따라서『자본』의 연구 대상은 당연히 "자본주의적 생산 방식 및 그것에 대응하는 생산 관계와 교환 관계이다"(『자본론』제1권, 4쪽). 단순하게 말하면 우리가 살고 있는 자본주의 사회가 어떻게 움직이는지 파악하려는 것이다. 그러므로 일반적으로 오해하고 있는 것과 달리 맑스·엥겔스는 공산주의 사회에 대해서 깊이 있는 언급을 할 수 없었다. 그들은 자본주의를 주목했기 때문이다. 앞에서도 지적했듯이 공산주의는 단지 자본주의가 과도기 사회라는 것을 보여 주려는 차원에서 다루어지고 있을 뿐이다.

따라서 맑스의『자본』에는 잘 알려진 것처럼 '정치 경제학 비판'이라는 부제가 달려 있다. 이것은『자본』의 탄생 과정이 잘 보여 주듯이『자본』이『정치 경제학 비판 요강』의 연장선에 있다는 의미이며 고전파 정치 경제학은 물론 다른 부르주아 경제학들과도 차이가 있다는 것을 보여 주는 것이다. 역사적으로 정치 경제학은 자본주의의 자기 정당성을 위해서 태어났다. 당연히 자본주의가 먼저 발전한 영국에서 고전파 정치 경제학이 등장했다. 맑스가 표적으로 삼았던 것은 바로 고전파 정치 경제학인 것이다.

이미 지적했듯이 고전파 정치 경제학은 자본주의적 생산의 내적 연관을 분석하여 경제학을 독립 과학으로 확립시켰지만 부르주아 사회를 인간의 본성에 부합하는 자연스러운 사회로 합리화하는 과정에서 자본주의를 절대화하는 함정에 빠졌다. 그런데 얼마 지나지 않아 자본주의 사회는 부르주아지의 기대(?)와 달리 모순이 가득한 사회라는 것이 폭로되었다. 합리적인 사회도 조화로운 사회도 아닌 부르주아들의 세상이라는 것이 밝혀진 것이다. 따라서 맑스는 자본주의의 역사성을 논리적으로 분석할 필요를 느꼈다. 당연히 자본주의의 운동 법칙을 과학적으로 파악하는 것은 무엇보다도 소중한 작업이었고, 일체의 삶을 바친 그 작업은 『자본』에 담겼다.

맑스는 『자본』에서 자본을 다루고 있다. 그런데 자본주의를 지배하는 자본은 산업 자본이기 때문에 산업 자본을 제외한 나머지 자본 분파들 예를 들면 상업 자본이나 이자를 낳는 자본, 토지 자본 등은 산업 자본과 관련을 맺는 수준에서 의의를 갖게 된다. 『자본』은 제1권 '제1편 상품과 화폐'로부터 제3권 '제3편 이윤율 저하의 법칙'까지 산업 자본의 운동을 다루고 있다. 그리고 제3권 '제4편 상품 자본과 화폐 자본의 상품 거래 자본과 화폐 거래 자본(즉, 상인 자본)으로의 전환' 이후에 상업 자본, 이자를 낳는 자본, 은행 자본, 토지 자본에 대해서 언급하고 있다. 그는 산업 자본을 분석하는 경우에도 생산 영역, 유통 영역, 분배 영역을 나누어서 연구를 진행했다. 생산 영역에 관해서는 자본이 잉여 가치를 어떻게 생산하는가를 집중적으로 분석하였다. 또한 유통 영역에서는 자본이 운동 과정에서 형태를 변환시키면서 스스로 확대 재생산하는 것을 보여 주었다. 그리고 분배 영역에 관한 연구는 총자본이 총노동으로부터 착취한 잉여 가치가 자본 분파들 사이에 어떻게 분배되고 있는지를 다룬 것이다.

그러나 자본주의적 생산 양식은 자본가가 임노동을 착취하는 자본 관계를 바탕으로 운동하기 때문에 생산 영역에 대한 연구가 『자본』의 중심이 될 수밖에 없다. 따라서 『자본』 제1권은 자본을 통한 임노동의 착취인 자본주의의 규정적 생산 관계를 분석하고 있다. 이러한 과정에서 맑스는 자본주의적 착취의 비밀을 풀어 냈는데 특별히 잉여 가치에 대한 과학적 분석은 부르주아지에게는 "청천벽력"(『자본론』 제2권, 18

쪽) 같은 것이었다. 맑스는『자본』제2권에서도 산업 자본을 분석했지만 제1권처럼 생산 과정이 아니라 산업 자본이 유통 영역에서 겪게 되는 형태의 변화와 물질 대사를 분석했다. 자본의 유통 과정을 다룬 것이다.『자본』제3권에서는 자본주의적 생산 양식 전체에 대한 이론적 분석을 담고 있다. 여기서 맑스는 자본주의적 생산의 총과정을 생산과 유통이 결합된 통일적 체계로 분석했다. 바로 잉여 가치의 분배를 다룬 것이다. 맑스는『자본』을 통해서 스스로 목표했던 자본주의적 생산의 운동 법칙을 통일적으로 밝히고 고전파 정치 경제학에 대한 비판을 완성했다.

이미 지적했듯이 맑스는『자본』에서 공산주의 사회에 대하여 자세하게 묘사하지는 않았다. 그것은 불가능한 일이기도 했다. 그렇지만 자본주의라는 사회가 역사적으로 나타났고 역사적으로 사라질 것이라고 이해했기 때문에『자본』에는 자본주의 이후의 사회에 대한 기본적인 특징들이 몇 가지 보이고 있다. 맑스는 먼저 자본주의적 생산이 스스로 가지고 있는 모순들 때문에 영원히 지탱할 수 없는 것은 분명한데 그렇다고 저절로 공산주의로 이행한다고 생각하지는 않았다. 노동자 계급의 혁명적 활동이 뒷받침되어야 한다는 생각이다. 물론 평화적인 이행의 가능성도 열어 놓고 있다.

그리고 맑스는『자본』에서 공산주의 사회를 능력에 따른 분배가 이루어지는 사회로 묘사하고 있다.[13]

공동 소유의 생산 수단으로써 일하며 또 자기들의 각종의 개인적 노동력을 의식적으로 하나의 사회적 노동력으로서 지출하는 자유인들의 결합체를 생각해 보기로 하자. 여기에서는 로빈슨 크루소식 노동의 모든 특징들이 재현되지만, 그러나 그것은 개인적인 차원에서가 아니라 사회적인 차원에서이다. 로빈슨 크루소의 모든 생산물은 다만 그의 개인적 생산물이었고, 따라서 직접 그 자신을 위한 사용 대상이었다. 자유인들의 결합체의 총생산물은 사회적 생산물이다. 이 생산물의 일부분은 다시 생산 수단으로 사용되어 사회에 남는다. 그러나 다른 일부분은 결합체 구성원들의 생활 수단으로서 소비된다. 그러므로 이 부분은 그들 사이에서 분배되지 않으면 안 된다. 이 분배 방식은 사회적 생산 조직 자체의 성격 여하에 따라서, 또 생산자들의 역사적 발전 수준 여하에 따라서 변화할 것이다. 다만 상품 생산과 대비해 보기 위하여 여기에서는 각 생산자에게 돌아가는 생활 수단의 분배 몫은 각자의 노동 시간에 의하여 규정되는 것이라고 가정한다. 그렇게 된다면 노동 시간은 이중의 역할을 하게 될 것이다. 노동 시간의 사회적 계획적 배분은 수행되어야 할 여러 가지 종류의 작업과 결합체의 다양한 욕망 사이의 적절한 비율을 설정하고 유지한다. 다른 한편으로, 노동 시간은 동시에 각 개인이 공동 노동에 참가한 정도를 재는 척도로서, 따라서 공동 생산물 중에서 개인적으로 소비되는 부분에 대한 그의 분배 몫의 척도로 된다. 사람들이 그들의 노동이나 노동 생산물에 대해서 갖는 사회적 관계는 여기서는 생산에 있어서도 분배에 있어서도 명료하고 단순하다(『자본론』 제1권, 98~99쪽).

이러한 공산주의 사회의 특징 가운데 하나는 바로 '노동의 보편화'라고 지적했다. 이것을 통해서만 노동 시간이 짧아지고 자유 시간이 길어진다는 것이다.

노동이 사회의 모든 노동 가능 인구들 사이에 더 균등하게 분배되어 있으면 있을수록, 또한 노동의 부담을 자기의 어깨로부터 다른 사회 계층의 어깨로 전가시키는 특수 계층의 권력을 더욱 많이 박탈하면 할수록, 한 사회가 물질적 생산에 바쳐야 할 시간은 더 짧아지며, 따라서 개인의 자유로운 정신적·사회적 활동을 위해서 쓸 수 있는 시간은 더욱 증가할 것이다. 노동일 단축의 절대적 최대 한계는, 이러한 측면에서 보면, 노동의 보편화에 있다(『자본론』 제1권, 666쪽).

이미 『정치 경제학 비판 요강』에서도 지적했듯이 맑스에게 노동 시간의 단축을 통한 자유 시간의 확보는 새로운 사회의 출발을 의미하는 것이다. 시간과 노동을 전면적으로 소유하고 소비할 수 있는 인간의 연합체를 상정했던 것이다.

맑스는 『자본』에서 밝혀진 자본주의 운동 법칙을 바탕으로 고전파 정치 경제학을 근본에서 비판했고 짧지만 공산주의 사회에 대한 그림도 보여 주었다. 그러나 『자본』이 태어나고 수많은 세월이 흘렀지만 고전파 정치 경제학을 극복하는 것은 고사하고 오히려 속류 경제학마저 활개를 치게 되었다. 자본주의적 생산을 생산 양식의 차원이 아니라 개별적인 자본가의 입장에서 분석하려는 것이다. 따라서 맑스가 평생의 과제로 생각했던 자본주의의 운동 법칙의 규명과 고전파 정치 경제학의 비판은 오늘날에도 변함없는 과제로 이어지고 있다.

맑스주의가 위기를 맞으면서 『경제학 철학 초고』의 소외된 노동을 주목하고 '맑스로 돌아가자'는 이야기가 유행하고 있지만 자본주의 현실은 '『자본』으로 돌아가라'고 외치고 있다.

자본가와 노동자가 이 세상에 존재하는 한, 노동자들에게 이 책(『자본』)만큼 중요한 책이 나온 적은 없다. 자본과 노동의 관계, 즉 우리

가 살고 있는 오늘날의 사회 체제 전체를 움직이는 추축은 이 책에
서 처음으로 과학적으로, 그것도 오직 한 사람의 독일인에게서만
가능했던 철저함과 날카로움 위에서 전개되고 있다(「『민주주의 주
보』를 위한 『자본』 제1권의 서평」, 『선집』 제3권, 142쪽).

# 제2장

# 태초에 노동이 있었다

"자본주의적 생산의 진정한 한계는 자본 그것이다. 즉 자본과 자본의 자기 증식이 생산의 출발점과 종점, 동기와 목적으로 나타난다는 점, 생산은 오직 자본을 위한 생산에 불과하며 따라서 생산 수단이 생산자들의 사회의 생활 과정을 끊임없이 확대하기 위한 단순한 수난이 아니라는 점에 자본주의적 생산의 진정한 한계가 있다"(『자본론』 제3권, 297~298쪽).

2.1 죽은 노동의 윤회

2.2 산 노동의 세상살이

2.3 미완성을 넘어서

# 죽은 노동의 윤회

"그런데 자본에게는 단 하나의 충동이 있을 따름이다. 즉 자신을 가치 증식시키며, 잉여 가치를 창조하며, 자기의 불변 부분인 생산 수단으로써 가능한 많은 양의 잉여 가치를 흡수하려는 충동이 그것이다. 자본은 죽어 있는 노동인데, 이 죽어 있는 노동은 흡혈귀처럼 오직 살아 있는 노동을 흡수함으로써만 활기를 띠며, 그리고 그것을 많이 흡수하면 할수록 점점 더 활기를 띠는 것이다"(『자본론』, 제1권, 296쪽).

## 필요에서 상품으로

자본주의란 무엇일까? 우리가 매일 숨쉬는 세상이지만 제대로 대답하기는 쉬운 일이 아니다. 많은 사람들은 자본주의를 상품 경제 또는 상품 생산이라고 부른다. 왜냐하면 우리가 먹는 밥이나 입는 옷은 물론 잠자는 집까지 대부분 돈을 주고 구입한 상품이기 때문이다. 그야말로 우리는 상품 더미에 묻혀서 사는 것이다.

그런데 자본주의 사회의 상품이나 자연 경제 사회의 노동 생산물이나 모두 사람에게 쓸모가 있는 것이다. 쓸모가 없는 물건이라면 만들지도 않을 뿐만 아니라 누군가가 사 가지도 않는다. 곡식이나 옷은 물론 인터넷이나 게임 프로그램도 스스로 만들었든 구입했든 똑같이 우리들의 '필요'를 채워 주는 사용 가치를 지니고 있는 것이다. 그런데 자연 경제에서 곡식이나 옷은 오로지 생산자 스스로가 필요해서 만들었지만 오늘날에는 생산자가 아니라 다른 사람에게 판매하려고 만든다. 판매를 목적으로 만들었기 때문에 상품이라고 한다. 예전부터 곡식이나 옷은 배고픔과 추위를 막아 주는 유용성이 있지만 자본주의 사회에서는 다른 생산물과 교환된다는 점에서 새롭게 교환 가치도 갖게 되었다.

예를 들어 아이스크림 한 통을 가지고 연필 2자루를 바꿀 수 있다면 아이스크림 한 통은 연필 2자루의 가치가 있다는 뜻이다. 아이스크림과 연필은 쓰임새도 다르고 성분도 같지 않으며 무게나 부피로 비교할 수도 없다. 그러면 어떻게 한 통과 2자루라는 교환 비율이 정해졌을까? 이것은 두 상품을 비교할 수 있는 공통적인 성질이 있기 때문에 가능한 것이다. 바로 사람의 노동이다. 모든 상품의 유일한 공통점은 사람의 노동으로 만들어졌다는 것이다. 그런데 아이스크림과 연필을 만드는 과정을 보면 두 상품을 만드는 사람들의 구체적 노동은 너무 다르기 때문에 비교가 불가능한 것처럼 보인다. 그렇지만 추상적으로 보면 노동이란 사람의 두뇌와 근육, 신경, 손 등의 노동력을 생산적으로 지출하는 행위이다. 아이스크림을 만드는 사람과 연필 만드는 사람의 노동은 질적으로 다른 유용 노동이 아니라 질적으로 같은 추상 노동으로 비교되는 것이다. 추상 노동은 질적으로 같기 때문에 양으로 비교할 수 있는데 아이스크림 한 통과 연필 2자루가 교환되었다는 것은 동일한 양의 노동을 바꾸었다는 의미이다.

이와 같이 상품의 가치는 그것을 만드는 데 필요한 노동의 양으로 결정되는데 노동의 양은 노동 시간으로 표현될 수 있다. 아이스크림과 연필의 교환을 보면 아이스크림 한 통을 생산하는 노동 시간과 연필 2자루를 만드는 노동 시간이 같다는 뜻이다. 그러면 생산자가 게으름을 피우고 늑장을 부릴수록 상품의 가치가 점점 커지는 것일까? 그렇지는 않다. 가치는 어떤 생산자가 실제로 소비한 노동 시간이 아니라 사회적 필요 노동 시간에 따라 결정된다. 예를 들어 아이스크림 100통을 만드는 데 걸린 시간이, 20통은 한 통당 3시간, 60통은 2시간, 나머지 20통은 1시간이라고 하자. 이때 아이스크림 100통의 노동 시간은 200시간($20 \times 3 + 60 \times 2 + 20 \times 1$)이 들었기 때문에 아이스크림 한 통의 사회적 필요 노동 시간은 2시간이 되는 것이다. 따라서 한 통을 만드는 데 3시간 걸린 사람이나 1시간 걸린 사람이나 똑같이 2시간의 노동으로 평가된다. 이렇게 사회적 필요 노동 시간에 의해서 상품의 가치가 규정되는 것을 가치 법칙이라고 한다. "과학의 요체는 가치 법칙이 어떻게 관철되는가를 전개하는 데 있다"(『선집』 제3권, 209쪽).

<그림2-1> 상품 생산 내 노동의 역할

| 인간 — 노동 생산물 → 상품 → | 사용 가치 | —— 유용 노동 —— 사적 노동 —— 노동 과정 |
|---|---|---|
| | 가치 | —— 추상 노동 —— 사회적 노동 —— 가치 창출 |

그런데 사회적 필요 노동 시간은 고정된 것이 아니다. 아이스크림을 2시간에 한 통씩 만들다가 기술이 발달하고 생산 시설이 좋아져서 같은 시간에 2통씩 만들게 되었다면 노동 생산성이 2배로 높아진 것이다. 따라서 아이스크림 한 통을 만드는 사회적 필요 노동 시간은 절반

으로 줄고 가치도 절반으로 떨어진다. 외국에서 생산된 값싼 아이스크림이 수입되는 경우에도 마찬가지 결과가 나타난다. 이렇게 되면 아이스크림 한 통의 사회적 필요 노동 시간은 예전의 2시간이 아니라 노동 시간이 훨씬 적은 수입품으로 전이되어 가치가 떨어지고 경쟁 기업은 어려움을 겪게 되는 것이다.

오늘날의 노동 형태는 과거와 달리 지식 노동이라고 부를 정도로 복잡해졌다. 따라서 복잡 노동과 단순 노동 또는 숙련 노동과 비숙련 노동의 관계에서 다소 혼란을 느낄 수도 있다. 그렇지만 상품의 가치는 분명히 사회적 필요 노동 시간으로 결정된다는 것이 맑스의 노동 가치 이론이다. 따라서 소갈비를 먹은 사람의 1시간 노동이나 라면을 먹은 사람의 1시간 노동은 동일한 가치를 생산한다. 마찬가지로 컴퓨터 프로그래머의 1시간 노동과 건설 노동자의 1시간 노동은 유용성은 다르겠지만 동일한 가치로 평가되는 것이다.[1]

이렇게 상품의 가치는 사회적 필요 노동 시간으로 결정되지만 현실 세계에서 상품의 가치가 실제로 측정될 수 있는 것은 아니다. "가치는 오직 상품과 상품 사이의 사회적 관계에서만 나타난다"(『자본론』 제1권, 59쪽). 아이스크림 한 통의 가치는 아이스크림 홀로 결정되는 것이 아니라 연필과의 교환을 통해서 표현된다. 우리는 아이스크림 한 통과 연필 2자루의 교환 과정에서 두 상품의 가치를 알게 된 것이다. 왜냐하면 가치는 등가물 관계에서만 나타나기 때문이다. 그런데 생산이 발달하고 분업이 증가하면서 상품을 교환해야 할 필요성은 갈수록 증가하게 되었다. 아이스크림을 가지고 연필만 교환하는 것이 아니라 액세서리, 담배, 커피 등 많은 상품들과 교환하게 되었다. 아이스크림의 가치를 표현하는 등가물 역시 연필에서 액세서리, 담배, 커피 등으로 자주 바뀌게 되는 것은 당연하다. 따라서 수많은 상품들을 즉석에서 간편하게 교환하기 위해서 일반적인 등가물이 나타나게 되었다. 일반적 등가물은 조개 껍질을 사용한 경우도 있었지만 금과 은이 오래 전부터 널리 쓰였다.

사회적 필요 노동 시간이라는 상품의 가치는 이제 동일한 시간에 생산되는 금의 양으로 표현된다. 처음에는 주로 금괴가 사용되었으나 이후에 금화가 등장했고 오늘날에는 대부분 금을 대신하여 지폐를 사용하고 있다. 따라서 지폐는 종이 쪽지에 불과한 것처럼 보이지만 사실은 금을 대리하는 것이다. 태환 은행권이라 불리는 화폐는 은행권에 표시된 양만큼의 금을 교환해 주는 하나의 금 보관증(goldsmith notes)이었다. 화폐는 '돈만 있으면 귀신도 부릴 수 있다'는 옛말처럼 신비한 힘을 지닌 우상이 아니라 하나의 상품이며 일반적 등가물인 것이다.

따라서 모든 상품의 가치는 '화폐 상품'으로 표현된다. 그러므로 아이스크림 한 통의 가치 역시 연필 2자루 대신에 예를 들면 4,000원이라고 이야기한다. 아이스크림 한 통과 4,000원어치의 금은 그것을 생산하기 위한 사회적 필요 노동 시간이 같기 때문에 교환되는 것이다. 결국 가격이란 상품의 가치를 화폐로 표현한 것이다. 따라서 아이스크림 한 통의 가격은 아이스크림의 가치를 표현하는 수많은 방법(아이스크림 한 통＝액세서리 3개＝연필 2자루＝커피 한 잔 ······ ＝4,000원) 가운데 하나일 뿐이다.

그런데 화폐도 상품이기 때문에 사용 가치와 가치를 가지고 있다. 화폐의 사용 가치는 모든 상품의 가치를 측정해 주는 가치 척도의 역할과 상품의 교환을 연결하는 유통 수단 등의 유용성이 있다. 그리고 화폐의 가치는 다른 상품들과 마찬가지로 사회적 필요 노동 시간인데 바로 가치만큼의 금을 생산하기 위해서 필요한 사회적 노동 시간으로 결정된다. 이러한 화폐가 금과 '결별'하면서 생기는 문제가 바로 인플레이션이다. 앞에서 이야기했듯이 상품의 가격은 상품의 가치를 화폐로 표현한 것이고 상품의 가치는 상품을 생산하는 데 드는 사회적 필요 노동 시간이다. 상품 가격이란 사회적으로 필요한 노동 시간을 동일한 시간에 생산할 수 있는 금의 양으로 표현한 것이다. 금과 상품의 노동 생산성이 변화하는 경우 상품 가격이 오르고 내리는 것은 당연하다. 따라서 상품이 유통되려면 화폐가 상품 전체의 가격만큼만 있으면 된다. 만약 상품의 전체 가격이 100억 원이라면 화폐의 유통 속도를 무시하는 경우 100억 원의 화폐만 있으면 상품은 유통될 수 있다.

따라서 화폐를 찍어 낼 수 있는 자격을 가진 은행들이 스스로 갖고 있는 금만큼만 화폐를 발행하면 문제가 없는 것이다. 그러나 화폐가 상품 유통에 필요한 양을 초과해서 공급되면 인플레이션이 발생하게 된다. 나라마다 중앙은행이 화폐를 발행하기 시작하면서 지하 창고에 있는 금의 가치보다 훨씬 많은 화폐를 찍어 낸 것이다. 화폐를 금으로 바꾸어 주던 금 태환이 중지되면서 화폐는 상품의 지위조차 박탈당했다. 이제 화폐는 본래의 가치를 잃어버리고 국가가 스스로의 신용을 담보로 발행한 상징적인 종이 쪽지로 전락한 것이다. 더구나 재정 형편이 어려울 때 국가는 조세 저항을 의식해서 세금을 걷기보다는 화폐를 발행해서 충당하는 경우가 많다. 이렇게 되면 상품 유통에 필요한 양보다 훨씬 많은 화폐가 발행되기 때문에 인플레이션이 극심해질 수밖에 없는 것이다.


잉여 가치를 만나는 시간


화폐와 자본은 다른 것일까? 많은 사람들은 화폐와 자본, 돈을 다르게 느끼며 살고 있다. 예를 들어 화폐는 교과서에 나오는 학술 용어 같고 자본이라면 공장을 떠올리고 돈은 우리들의 주머니에 들어 있는 것쯤으로 생각한다. 그런데 앞에서 밝혔듯이 화폐는 상품을 빠르고 편리하게 교환하기 위해서 탄생한 상품이다. 만약 정성스럽게 만든 아이스크림을 시장에서 팔고 받은 돈으로 연필을 샀다면 아이스크림을 판매한 이유는 연필을 구매하기 위한 것이다. 여기서 아이스크림과 연필의 거래를 연결시켜 준 돈을 화폐라고 하는데 교환 형태는 C(상품)—M(화폐)—C(상품)라는 상품 유통이다.

아이스크림과 연필, 연필과 액세서리, 액세서리와 커피를, 꼬리를 물면서 팔고 사려면 유통 과정에는 화폐가 남아 있어야 한다. 화폐가 이 사람 저 사람 손을 거쳐 가면서 M(화폐)—C(상품)—M(화폐)이라는 화폐 유통이 발생한다. 앞에서 보았듯이 상품 유통이 구매를 위해서 판매하는 것이라면 화폐 유통은 팔기 위해서 사는 것이다. 그런데 상품 유통은 쓰임새가 다른 상품을 팔고 사는데 반해 화폐 유통이 질적으로 같은 화폐와 화폐만을 교환한다면 무슨 의미가 있을까? 화폐 유통이 의미를 갖으려면 처음 상품을 살 때 투입한 돈보다 상품을 팔아서 얻은 돈이 더 많아야 한다. 예컨대 아이스크림을 4,000원에 사서 4,000원에 판다면 의미가 없으며 화폐 소유자가 아이스크림을 사는 이유는 더 많은 화폐, 가령 5,000원에 팔려는 것이다. 따라서 진정한 화폐 유통은 M(화폐)—C(상품)—M′(화폐)이라는 형태로 성립한다. 이 것을 자본 유통이라고 하며 비로소 화폐는 자본이 되는 것이다. 여기서 $M' = M + s$로 $s$가 바로 그 유명한 잉여 가치이다.

그러면 잉여 가치는 어디에서 생기는가? 어떤 경제학자는 상품을 싸게 사서 비싸게 팔기 때문에 생긴다고 한다. 4,000원의 가치가 있는 아이스크림을 가치보다 10% 높게 4,400원에 팔아서 400원의 차액을 이익으로 얻는다는 것이다. 그러나 판매자는 곧바로 구매자로 바뀌고 이번에는 반대로 본래의 가치보다 10% 높은 가격으로 아이스크림의 원료인 크림, 우유, 설탕 등을 구매해야 할 것이다. 따라서 등가 교환은 물론 부등가 교환이라도 상품 유통에서는 잉여 가치가 발생하지 않는다. 물론 사회 전체의 상품 가치도 변함이 없다.

그런데 M—C—M′이라는 자본 유통은 상품의 구매 과정인 M—C와 판매 과정인 C—M′으로 이루어진다. 앞에서 다루었듯이 상품은 가치대로 교환되기 때문에 소비가 목적인 구매 과정의 M과 C는 동일한 가치이고, 당연히 생산이 전제된 판매 과정의 C와 M′의 가치도 똑같다. 따라서 M—C—M′이 성립한다면 동일한 가치가 교환되는 상품 유통에서 상품 C는 수수께끼 같은 존재이다. 왜냐하면 그것은 구매할 때의 가치보다 판매할 때 가치가 더 크고, 또한 소비(M—C)가 곧바로 생산(C—M′)이 되는 상품인 것이다. 하늘 아래 이런 상품도 있단 말인가? 그것은 바로 사람의 노동력이다. 화폐가 화폐를 낳는 비밀은 사람이 갖고 있었던 것이다. 물론 M—C—M′의 자본 유통에서 C는 노동력과 함께 생산 수단도 포함하고 있다. 그런데 생산 수단은 노동력이 소비되는 생산 과정에서 스스로의 가치를 상품에 단순히 이전만하며 가치를 증식시키는 것은 아니다.

이렇게 자본주의는 살아 있는 사람의 정신적·육체적 능력인 노동력을 상품으로 팔고 산다. 자본주의에서만 벌어질 수 있는 일이다. 노예제 사회나 농노제 사회에서 노예와 농노를 매매할 때는 노동력만 팔고 샀던 것이 아니라 인간 자체를 매매했다. 그런데 노동력이 상품이 되려면 노동력의 소유자가 노예나 농노와 달리 인격적으로 자유로워서 노동력을 마음대로 처분할 수 있어야 하고 노동력말고는 판매할 것이 없어야 한다. 노동자는 스스로의 노동력을 팔지 않으면 굶주릴 수밖에 없다는 의미이다. 이렇게 노동력을 팔아서 밥을 먹고 사는 임금 노동자들은 본원적 축적이라는 역사적 과정을 통해서 나타나게 되었다.[2]

자본주의에서 노동력은 사고 파는 상품이기 때문에 당연히 사용 가치와 가치를 지니고 있다. 생산 수단에 노동을 가해서 가치를 창출하는 것이 노동력의 사용 가치이다. 노동력이 창출한 가치는 항상 처음의 가치보다 크다. 그리고 노동력의 가치 역시 다른 상품들처럼 교환 가치이며 시장에서 노동력을 구매한 가격이다. 노동력을 사용해서 창출한 가치와 노동력을 구매한 가격의 차이가 바로 잉여 가치인 것이다. 자본가는 잉여 가치 때문에 노동력이라는 상품을 산다. 그렇다! 노동자가 자본가에게 파는 것은 노동력이지 노동이 아니다. 노동력을 사용하는 과정인 노동은 가치를 만들지만 결코 상품이 아니다. 따라서 뒤에서[3] 다루지만 임금은 노동의 가격이 아니라 노동력의 가격인 것이다.

그러면 노동력의 가치는 구체적으로 무엇을 말하는 것일까? 다른 상품들이 그렇듯이 노동력도 노동력을 만드는 데 걸린 사회적 필요 노동 시간에 따라 가치가 결정된다. 그런데 노동력은 살아 있는 노동자가 지니고 있는 것이기 때문에 노동자의 생존과 분리시킬 수는 없다. 노동력을 만드는 것은 곧 노동자가 생계를 유지하는 것이기 때문에 노동자의 생활 유지에 필요한 생계 수단의 가치가 바로 노동력의 가치인 것이다. 생계 수단이란 상당히 포괄적인 개념이며 시간과 공간에 따라 다양할 수밖에 없다. 우리나라에서 1952년의 노동력 가치는 2002년의 노동력 가치보다 훨씬 낮을 것이며 같은 기간이라 하더라도 영국이나 독일의 노동력 가치는 우리보다 높고 중국이나 네팔은 우리보다 낮을 것이다. 이러한 노동력 가치는 노동자와 가족들의 생계 수단은 물론 문화적인 필요 그리고 숙련과 기능의 습득도 포함하게 된다. 노동력의 가치가 시공간적으로 차이가 있지만 언제나 스스로 창출한 가치보다는 작다는 사실은 변함이 없다. 잉여 가치를 창출하지 못한다면 노동력을 상품으로 구입하는 사람은 없을 것이다. "노동력의 가치와 노동 과정에서 노동력이 창조하는 가치는 크기가 다른 양이다. 자본가가 노동력을 구매할 때에는 이미 가치의 이와 같은 차이를 염두에 두고 있었다"(『자본론』 제1권, 248쪽).

이것이 진실이라 하더라도 자본가는 마술을 부리는 것처럼 보일 수도 있다. 왜냐하면 자본가는 기계나 원료를 속이거나 빼앗지 않고 가치대로 사들였으며 노동자들에게 꼬박꼬박 임금을 지불했는데도 불구하고 이윤을 많이 남기기 때문이다. 그러나 결정적인 것은 자본가가 노동력의 가치는 지불했는지 모르지만 노동자의 전체 노동에 대해서는 결코 지불하지 않았으며 지불할 수도 없다는 사실이다. 만약 전체 노동에 대해서 임금을 지불한다면 자본가는 먹고 살 것이 없다. 잉여 가치란 노동자가 자기의 노동력 가치 이상으로 만들어 낸 가치이며 자본가가 무상으로 착취하는 것이다.

그러면 잉여 가치는 어떻게 생산되는가? 어떤 사람이 아이스크림 공장을 운영하려고 생산에 필요한 기계와 원료를 구입하고 노동력도 사들였다. 그런데 노동자가 하루 생활에 필요한 생계 수단을 만드는 데는 5시간의 노동이 필요하고 1시간 노동이 100원의 가치를 갖는다면 하루의 노동력 가치는 500원이다. 노동자는 5시간의 노동으로 하루의 생계 수단과 동등한 가치를 창조한 것이다. 노동자가 5시간의 노동으로 아이스크림 10통을 생산했다면 아이스크림 10통의 가치는 얼마일까? 아이스크림 10통에는 소비된 생산 수단의 가치와 노동자가 새롭게 만든 가치가 포함되어 있다. 먼저 노동자는 5시간 노동을 통해서 생계 수단과 동등한 가치를 창조할 수 있다고 가정했으므로 노동자가 창조한 가치는 500원(100×5)이고 건물이나 기계 등을 소비한 가치가 300원, 크림, 우유, 설탕 등 원료의 가치가 700원이라면 하루에 생산된 아이스크림 10통의 가치는 1,500원(소비된 생산 수단의 가치 1,000원＋노동력이 창출한 가치 500원)이다. 그런데 자본가가 아이스크림 10통을 생산하는 데 지출한 화폐는 얼마인가? 생산 수단의 구입에 1,000원 그리고 노동력 구입에 500원을 합하여 모두 1,500원을 지출했다. 결국 자본가는 1,500원을 지출하여 1,500원의 가치를 갖는 아이스크림 10통을 생산한 것이다. 노동자는 스스로 일한 만큼 대가를 받았으나 자본가는 한푼도 얻지 못했다. 물론 자본가가 노동자를 착취한 흔적은 눈을 씻고 찾아봐도 없다. 이것은 자본가가 할 수 없는 일이다. 자본가는 잉여 가치를 위해서 생산하는 것이다.

따라서 노동자의 노동 시간은 5시간이 아니고 예를 들면 10시간으로 정해지며 자본가는 노동자들을 10시간 동안 사용하는 것이다. 이제 자본가는 나중의 5시간 동안 다시 1,000원어치의 생산 수단을 구입해서 아이스크림을 추가적으로 생산하려고 할 것이다. 여기서 10통이 새롭게 생산되었다면 아이스크림 10통의 가치 역시 생산 수단의 소비가 1,000원이고 노동력의 가치가 500원이다. 따라서 추가적으로 생산한 아이스크림 10통의 가치도 1,500원이다. 그러나 노동자는 5시간의 추가적인 노동에 대해서는 추가적인 임금을 받지 못하게 되는데 앞의 5시간 동안 500원의 임금을 받았기 때문이다. 이제 자본가는 노동자가 총 10시간 동안의 노동으로 생산한 아이스크림 20통을 가치대로 판매하여 3,000원의 화폐를 획득한다. 그러나 자본가가 실제로 지출한 화폐는 생산 수단 2,000원(1,000×2)과 노동력을 구입하는 데 500원으로 모두 2,500원이다. 따라서 자본가는 3,000원−2,500원＝500원의 잉여 가치를 얻게 된다. 물론 잉여 가치 500원은, 노동자가 창출한 가치가

1,000원인데도 불구하고 임금으로 500원만 지불했기 때문에 생긴 것
이다.

<그림2-2> 잉여 가치의 창출

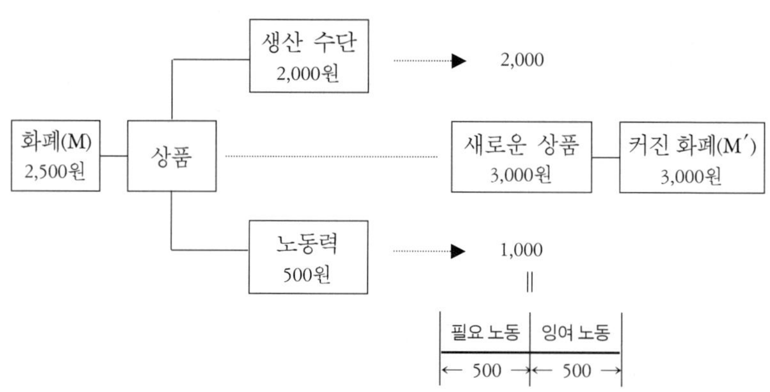


이와 같이 자본이란 임노동을 착취해서 잉여 가치를 낳는 가치이
기 때문에 단순한 화폐가 아니다. 자본주의 사회에서 자본은 자본가가
노동자를 착취하는 '사회적 관계'로 나타나는 것이다. 어떤 경제학자
처럼 생산에 사용되는 모든 것을 자본이라고 한다면 손수 농사짓는
농부의 호미나 쟁기는 물론 원시인이 쓰던 돌칼이나 막대기도 자본이
다. 이렇게 되면 농부와 원시인도 졸지에 자본가가 되는 것이다. 그런
데 그들이 사용했던 노동 도구들은 타인을 착취하려는 것이 아니라
스스로의 생계 수단을 획득하기 위해서 사용된 것이기 때문에 자본이
아니다. 자본은 그 유일한 목적인 잉여 가치의 생산을 기준으로 구별
되는 것이다.

맑스는 자본주의적 착취를 분명히 하기 위해서 자본을 불변 자본과 가변 자본으로 구분했다. 현실적으로 생산은 생산 수단과 노동력이 결합해서 이루어진다. 그런데 아이스크림 공장을 보더라도 기계나 원료 같은 생산 수단은 생산 과정에서 소비되는 자기 가치만 새롭게 만들어진 아이스크림에 단순히 이전할 뿐이다. 따라서 생산 수단의 구입에 지출된 자본은 생산 과정에서 크기가 변하지 않기 때문에 불변 자본이라 한다. 그러나 노동력은 스스로의 가치를 재생산할 뿐만 아니라 이것을 초과해서 잉여 가치를 만든다. 노동력의 구입에 지출된 자본은 생산 과정에서 잉여 가치만큼 가치의 크기를 변화시키기 때문에 가변 자본이라 한다. 아이스크림 공장에서 볼 수 있듯이 잉여 가치는 생산 수단과 노동력을 구입하는 데 지출한 모든 자본이 만드는 것이 아니라 노동력을 구입하는 데 지출한 가변 자본만이 창출한다. 기계나 원료가 아니라 오직 사람의 노동만이 잉여 가치를 생산한다는 뜻이다.

자본이 잉여 가치를 겨냥해서 생산한 상품의 가치(C)는 불변 자본(c)과 가변 자본(v) 그리고 잉여 가치(s)로 이루어지는데 이를 $C = c + v + s$로 표시한다. 여기서 불변 자본(c)은 단순히 이전된 가치이고 $v + s$가 새롭게 만들어진 가치이다. 따라서 노동자가 얼마나 착취를 당하는지는 노동자가 생산한 총가치($v + s$)에서 임금으로 받는 부분(v)과 자본가에게 무상으로 빼앗기는 부분(s)의 비율을 통해서 알 수 있다. 이것을 착취율 또는 잉여 가치율이라고 한다. 앞의 아이스크림 공장의 잉여 가치율(s′)은 $s/v \times 100\%$이므로 $(500/500) \times 100\% = 100\%$이다. 잉여 가치율이 100%라는 뜻은 노동자의 노동 가운데 절반을 자본가가 잉여 가치로 차지한다는 뜻이다. 그런데 어떤 경제학자들은 이윤을 자본가가 투자를 하거나 위험 부담을 감수하는 등으로 생산에 기여한 대가라고 하거나 심지어 노동자의 손과 발만으로는 어떤 상품도 생산할 수는 없다고 주장한다. 그러나 노동자의 손이 닿지 않는 기계나 원료는 저절로 상품을 만들기는커녕 녹슬고 쓸모조차 없어져 손해만 발생시키게 될 것이다. 더구나 자본이 없었던 세상에서도 사람들은 얼마든지 가치를 만들며 살아왔다. 이미 보았듯이 상품이나 화폐는 물론이고 자본가들이 갖고 있는 생산 수단도 궁극적으로는 사람의 노동으로 만들어진 것들이다.


### 자본의 축적, 빈곤의 축적

자본주의적 생산은 살아가는 데 필요한 것보다는 잉여 가치를 위해서 이루어진다. 잉여 가치는 노동자가 새롭게 생산하는 총가치($v+s$)에서 나타나기 때문에 자본가는 노동력을 재생산하는 필요 노동이나 잉여 가치를 만드는 잉여 노동을 조절하려고 한다. 잉여 가치는 대가를 주지 않는 노동이기 때문에 자본가는 모든 수단을 동원해서 이것을 극대화하려고 애를 쓰는 것이다. 일반적으로 잉여 가치를 증대하는 방법은 두 가지가 있다. 하나는 임금은 올려 주지 않으면서 노동 시간을 연장하는, 즉 절대적 잉여 가치를 늘리는 방법이고 다른 하나는 필요 노동 시간을 줄임으로써 잉여 가치를 증가시키는, 즉 상대적 잉여 가치를 늘리는 방법이다.

절대적 잉여 가치는 순전히 하루의 노동 시간을 연장해서 얻는 잉여 가치를 말한다. 필요 노동 시간이 일정하더라도 전체 노동 시간이 늘어나면 잉여 가치는 증가한다. 노동 시간이 길면 길수록 잉여 가치는 늘어날 수밖에 없다. 자본가는 노동자에게 24시간 동안 일을 시켰으면 좋겠지만 노동 시간의 연장에는 한계가 있다. 사람이 어찌

일만 하고 산단 말인가! 노동자도 사람인데 밥 먹고 자고 쉬어야 한다. 그리고 영화를 보거나 친구도 만나고 가족과 함께 산에 오르는 등 사회적 욕구도 충족되어야 한다. 그러나 자본가는 잉여 가치를 위해서 노동 시간을 극한으로 연장시키려고 한다. 물론 과도한 노동에 시달리는 노동자는 노동 시간의 단축을 위해서 자본가와 맞선다. 노동자는 노동력의 판매자로서 노동력을 원활하게 재생산할 수 있는 수준의 노동 시간을 요구할 것이다.

"자본주의적 생산의 역사에서 노동일의 표준화는 노동일의 한계를 둘러싼 투쟁, 다시 말하면 총자본[즉, 자본가 계급]과 총노동[즉, 노동자 계급]사이의 투쟁으로서 나타나는 것이다"(『자본론』 제1권, 298쪽). 이렇게 노동 시간을 단축하려는 노동자들의 투쟁은 그들을 '노동자 계급'으로 성장시키는 과정이었다. 오늘날 세계 노동자들의 명절로 자리잡은 메이데이도 1886년 5월 1일에 미국 노동자들이 8시간 노동을 쟁취하기 위해서 투쟁한 것을 기념하여 만들어졌다. 천신만고 끝에 8시간 노동이 실시되자 이제 자본가들은 노동 강도를 강화하여 잉여 가치를 증가시키려고 노력하게 되었다. 노동 시간은 변함이 없어도 컨베이어벨트의 속도를 빠르게 하면 노동력의 소비는 늘어날 수밖에 없는 것이다.

그러나 노동 시간을 연장하고 노동 강도를 강화해서 착취하는 것은 물리적인 한계가 있었다. 그리고 노동자 계급의 거센 저항이 뒤따랐기 때문에 자본가 계급은 새로운 방법을 생각하게 되었는데 바로 필요 노동 시간을 단축하는 방법이다. 필요 노동 시간을 단축하면 잉여 노동 시간이 길어지고 잉여 가치율도 높아지는 것이다. 그런데 필요 노동 시간을 단축하려면 노동자들이 살아가는 데 필요한 생계 수단의 가치가 떨어져야 한다. 예를 들어 과학 기술이 발달하면 음식물이나 옷, 생활 도구 등 생계 수단의 생산성이 증가하여 가치가 감소하게 된다. 해외에서 값싼 농산물을 수입하는 경우에도 농민들의 고통은 심해지지만 비슷한 결과를 가져온다. 생계 수단의 가치가 떨어지면 노동력의 가치도 떨어지고 필요 노동 시간이 단축되어 자본가는 더 많은 잉여 가치를 얻게 된다. 이렇게 노동 생산성을 증가시켜서 상대적 잉여 가치를 얻으려는 자본가들의 노력으로 인해 자본주의에서 과학 기술과 생산력은 급속히 발전하게 되었다.

그런데 노동 생산성이 향상되어 생계 수단을 확보하는 데 필요한 노동 시간이 빠르게 줄더라도 노동자들의 노동 시간이 자동적으로 감소하거나 먹고 사는 생계 수단의 양이 늘어나는 것은 결코 아니다. 생계 수단의 가치가 떨어지면 노동력을 재생산하는 데 필요한 노동 시간은 줄어들지만 노동자는 예전처럼 노동하고 예전처럼 노동력을 재생산하기 때문에 자본가는 누진적으로 증대하는 상대적 잉여 가치를 확보할 수 있는 것이다. 이것이 자본주의적 생산의 본질이다.

이렇게 자본가는 더 많은 잉여 가치를 위해서 경쟁적으로 기술과 생산 설비를 발전시키고 경영 기법을 개발하여 노동 생산성을 높이려고 안간힘을 쓴다. 이를 통해 어떤 자본가가 상품을 만들 때 다른 자본가들보다 필요 노동 시간을 절약할 수 있게 되면 그 자본가는 더 많은 잉여 가치를 얻게 되는데 이것을 특별 잉여 가치라고 한다. 이러한 특별 잉여 가치는 자본가들이 새로운 기술을 공유하게 되면 사라진다. 그리고 자본가들은 다시 특별 잉여 가치를 얻기 위한 끝없는 경쟁에 돌입한다. 따라서 잉여 가치가 자본의 뿌리라면 노동 생산성은 줄기와 잎 같은 것이다. 잉여 가치가 없다면 자본가도 없고 자본가가 없으면 노동자도 없으며 노동자가 없으면 잉여 가치도 없다. 노동자는 잉여 가치를 생산하지만 대가를 받지 못하기 때문에 자본가 계급과 노동자 계급은 운명적으로 대립하게 되는 것이다.

잉여 가치를 높이려는 자본가들의 피땀 어린 노력 덕분에 자본주의는 단순 협업에서 공장제 수공업으로 다시 자본주의적 기계제 대공업으로 발전했다. 자본가가 상대적 잉여 가치를 증가시키려고 노동자를 착취하는 방식은 단계마다 질적으로 달랐다. 자본주의적 생산은 기계제 대공업을 통해서 비약적으로 발전했는데 노동자의 노동은 기계 운동에 종속되었다. 물론 기계제 대공업은 노동의 양을 경감시킬 능력을 풍부하게 가지고 있지만 자본주의에서는 노동자를 지배하고 억압하는 수단이 된다. 오늘도 자본가들은 경쟁의 바다에서 끊임없이 헤엄친다. 기술과 생산을 변화시켜서 상대적 잉여 가치를 얻으려고 애쓰는 한편, 노동 강도를 높이고 시간을 연장하여 절대적 잉여 가치를 도모한다. 잉여 가치를 위한 일인데 무엇을 망설이겠는가! 잉여 가치를 알면 자본주의가 보이는 것이다.

그런데 인간은 단 하루라도 소비를 멈출 수 없기 때문에 끊임없이 재생산해야 한다. 자본주의 이전의 노예제 사회나 농노제 사회에서는 잉여 생산물을 착취자들이 개인적 소비에 써 버렸기 때문에 예년과 같은 규모로 생산할 수밖에 없었다. 그런데 자본주의에서는 단순 재생산은 찾아보기 어려운 대신에 생산 규모를 확대하려는 경향은 흔하게 볼 수 있다. 자본가들은 예년의 잉여 가치 가운데 일부만 소비하고 나머지는 추가 자본으로 생산에 쏟아 붓는다. 잉여 가치의 일부가 자본으로 투하되면서 확대 재생산이 이루어지는 것을 자본 축적이라 한다. 자본가들은 경쟁에서 살아남고 더 많은 잉여 가치를 얻기 위해서 확대 재생산하고 기술 혁신도 추진한다. 따라서 자본주의적 생산에서 자본 축적은 필연적일 수밖에 없으며 모든 재생산은 확대 재생산이 될 수밖에 없다. 자본주의 이전의 사회에서 생산의 목적이 소비였던 데 반해 자본주의에서는 생산의 목적이 생산이고 축적의 목적이 축적이다.

이러한 자본 축적은 두 가지의 방식으로 이루어지는데 노동자에게서 착취한 잉여 가치를 축적하는 것을 자본 집적이라 하고, 강한 자본이 약한 자본을 흡수하거나 통합하여 자본이 점점 소수의 손에 몰리는 것을 자본 집중이라고 한다. 경쟁으로 생기는 자본 집중은 특정한 개별 자본의 규모는 증가시킬 수 있지만 사회의 총자본이 늘어나는 것은 아니다. 자본의 집적과 집중은 서로 밀접한 관계를 맺고 있는데 집적은 집중을 낳으며, 큰 자본은 작은 자본보다 경쟁력과 지배력이 있기 때문에 집중은 다시 집적을 쉽게 한다. 따라서 자본주의가 발전하면서 사회의 자본과 생산은 대부분 소수가 장악하게 되고 수많은 노동자들은 거대 자본에 예속되는 것이다. 이와 같이 자본 축적은 생산 규모를 확대시키는 것만이 아니라 자본가가 노동자를 착취하는 자본 관계도 재생산한다. "축적은 사회적 부의 세계를 정복하는 것이며, 착취당하는 인간의 수를 확대하는 것이며, 동시에 자본가의 직접적 및 간접적 지배의 영역을 확대하는 것이다"(『자본론』 제1권, 750쪽). 자본가와 노동자의 대립이 한층 첨예해지는 것이다.

그런데 자본 축적이 진전되면 자본은 양적으로만 증가하는 것이 아니라 생산 수단과 노동력으로 구성되는 자본의 질에서도 변화가 생긴다. 자본 구성을 나타낼 때 자주 쓰이는 개념이 '자본의 유기적 구성'이다. 예를 들어 1,500원의 자본 가운데 1,000원을 불변 자본으로 그리고 500원을 가변 자본으로 지출했다면 자본의 유기적 구성은 2 : 1(불변 자본 1,000원 : 가변 자본 500원)이 된다. 자본의 유기적 구성은 산업에 따라서 기계 장치나 설비가 다르기 때문에 차이가 많지만 자본가들이 더 많은 잉여 가치를 위해서 노동 생산성을 향상시키면 필연적으로 고도화될 수밖에 없다. 자본 축적이 활발해지면서 무인 공장이 늘어나는 것을 볼 수 있듯이 자동화 설비나 기계 장치를 구입하는 데 지출하는 자본은 증가하지만 노동력을 구입하는 데 들어가는 자본은 상대적으로 감소하는 것이다.

이렇게 자본 축적에 따라 자본의 유기적 구성이 고도화되면 노동력에 대한 수요는 상대적으로 감소하는 반면에 일자리를 찾는 노동자의 숫자는 늘어나게 된다. 왜냐하면 노동력의 수요는 총자본이 아니라 가변 자본의 규모에 따라 결정되기 때문에 자본의 유기적 구성이 고도화되면 당연히 노동력에 대한 수요는 감소할 수밖에 없다. 그런데 자본주의가 발전하면서 자본 집중이 증가하고 경쟁에서 패배한 사람들이 노동자로 전락하기 때문에 일자리를 찾는 노동자들은 늘어난다. 더구나 생산력이 빠르게 발전하더라도 노동자 한 사람의 노동이 줄어들지 않는 것은 물론이고 오히려 작업 속도가 빨라지고 작업 범위가 넓어져서 노동 강도는 강화된다. 왜냐하면 자본주의적 생산에서 생산력의 발전으로 노동이 절약되면 자본가들은 노동자들의 노고(!)를 줄여 주는 것이 아니라 자기들이 고용하고 있던 노동자들의 숫자를 줄여 버리기 때문이다. 물론 자본주의가 발전한 나라에서는 상대적으로 노동 시간이 짧아지는 것을 볼 수도 있지만 한편에서는 그에 비례해서 비정규직 노동자들과 실업자들이 넘치고 있는 것이다.

자본의 유기적 구성이 고도화되어 노동력에 대한 수요가 상대적으로 줄어들면 일자리가 필요한 노동자는 급격하게 늘어나고 많은 노동자들이 거리를 헤매게 된다. 이것을 상대적 과잉 인구라고 하는데 바로 실업자를 뜻한다. 자본 축적에 따른 고용 증가율보다 인구 증가율이 훨씬 빠른 경우를 절대적 과잉 인구라고 한다면, 상대적 과잉 인구는 이런 것이 아니라 자본가들이 노동을 착취하고 자본을 축적하는 과정에서 불필요해진 인구를 말한다. 이렇게 보면 자본주의에서 실업자가 생기는 이유는 우연도 아니고 일시적인 일도 아니며, 더구나 노동자 스스로의 책임은 결코 아니다. 상대적 과잉 인구는 자본 축적의 필연적 산물이다. 따라서 자본주의가 사라지고 자본 축적이 멈추지 않는 한 노동력은 항상 과잉 상태에 있게 되며 실업은 존재할 수밖에 없는 것이다.

<그림2-3> 자본 축적과 빈곤 축적

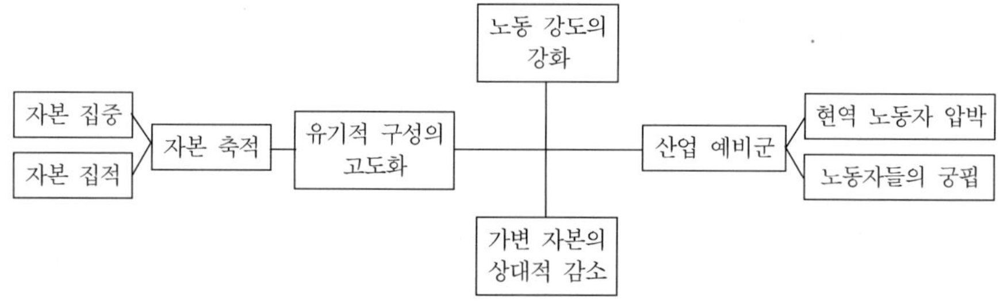


그런데 상대적 과잉 인구는 자본 축적 때문에 발생하지만 역설적으로 자본주의에는 반드시 필요한 존재이다. 왜냐하면 상대적 과잉 인구라는 노동력의 저수지가 없으면 자본은 필요한 노동력을 제때에 공급받을 수 없기 때문이다. 따라서 상대적 과잉 인구는 자본이 필요할 때는 언제라도 출동할 수 있도록 대기하는 예비군과 같기 때문에 맑스는 산업 예비군이라고 불렀다. 자본가들은 상대적 과잉 인구를 이용해서 현역 노동자들을 압박하고 자본에 대한 종속을 강화하며 노동 조건을 악화시킨다. 상대적 과잉 인구가 있기 때문에 현역 노동자들의 노동 시간이나 노동 강도를 쉽게 증가시킬 수 있으며 현역 노동

자들의 노동이 강화되면 실업자는 자동적으로 늘어날 수밖에 없다. 또한 상대적 과잉 인구가 있는 가족들은 스스로의 노동력을 값싸게 팔 수밖에 없기 때문에 자본가들은 현역 노동자들을 압박하게 된다. 물론 상대적 과잉 인구는 호황기에는 감소하고 불황기에는 증가한다. 이와 같이 자본주의가 발전하면 생산력이 발전하고 자본 축적이 증가하지만 많은 노동자들은 공장에서 쫓겨나고 빈곤과 고통에 허덕이게 된다. 맑스는 이것을 '자본주의의 인구 법칙'이라고 불렀다.

　부분적으로 취업하거나 전혀 취업하고 있지 않는 노동자들을 상대적 과잉 인구라고 하는데 이들은 현실에서 유동적 과잉 인구, 잠재적 과잉 인구, 정체적 과잉 인구 등 다양한 모습으로 나타나게 된다. 자본주의에서 경쟁과 생산의 무정부성으로 인해 자본의 확장과 축소가 생기면 노동자들은 자본의 필요에 따라 현역군이었다가 예비군이 되고 예비군이었다가 현역군이 되는 유동적 과잉 인구로 전락한다. 잠재적 과잉 인구는 빈농과 농업 노동자 가운데서 나타나는데, 도시로 편입되지 못했기 때문에 부득이 농촌에 남아 날품팔이로 살아가는 극빈 계층을 뜻한다. 겉으로 보기에는 일자리가 있는 듯이 보이지만 사실은 비농업 부문에 일자리가 마련되기를 고대하면서 대기하는 것이다. 그리고 정체적 과잉 인구는 고정된 일자리를 잃어버리고 공사장 등에서 부정기적 일자리에 종사하는 계층이다. 대도시 외곽의 빈민 지역에 거주하는 노동자들이나 불법적인 이주 노동자들 가운데도 정체적 과잉 인구가 많이 있다. 그리고 상대적 과잉 인구 가운데 유랑자, 죄인, 매춘부 같은 룸펜 프롤레타리아를 제외하고도 고아와 극빈자, 노동 무능력자 또는 타락한 사람 등의 최하층은 구제를 받아야만 살아갈 수 있는 상황이다.

　자본주의가 발전할수록 자본 축적은 빠르게 이루어지는 한편 노동

자들은 가혹하게 착취를 당하면서도 실업과 빈곤의 위협에서 헤어나
질 못한다. 이미 보았듯이 생산력이 발전하고 자본 축적이 진전되면서
현역 노동자들은 높은 노동 강도에 시달리고 상대적 과잉 인구는 증가
하며 노동자들의 삶은 한층 자본에 종속되는 것이다. 이것이 자본 축
적의 법칙이다. "따라서 한 쪽 끝에서의 부의 축적은 동시에 맞은 편
끝[즉, 자기 자신의 생산물을 자본으로서 생산하는 노동자 계급의 측]
에서의 빈궁, 노동의 고통, 노예 상태, 무지, 야만화 및 도덕적 타락의
축적이다"(『자본론』 제1권, 813쪽). 자본주의가 발전할수록 자본가는
자본을 축적하고 노동자는 빈곤을 축적하는 것이다.


## 잉여 가치가 아니라 이윤이다


　자본은 잉여 가치를 먹고 사는 유기체이다. 따라서 자본은 잉여
가치를 얻기 위해서 쉼 없이 운동한다. 우선 자본은 잉여 가치를 만들
기 위해 스스로를 던져 생산한다. 그런데 생산에서 얻어진 것은 새로
운 잉여 가치를 담고 있는 상품이기 때문에 자본은 상품을 판매해야
한다. 상품을 판매하고 화폐를 얻으면 비로소 자본은 잉여 가치만큼
불어난 스스로를 다시 만나는 것이다. 그리고 다음날 자본은 더 많은
잉여 가치를 얻기 위해 쉬지도 않고 길을 나선다. 이렇게 자본의 윤회
는 생산 과정과 유통 과정으로 이루어지고 있다.
　예를 들어 어떤 자본가가 10,000원을 가지고 아이스크림을 생산하
는 경우를 살펴보자. 자본가는 2,000원어치의 노동력을 사고 8,000원
어치의 생산 수단을 샀는데 잉여 가치율이 100%라면 생산된 아이스
크림의 가치 C＝8,000(c)＋2,000(v)＋2,000(s)로 12,000원이 된다. 자본

가가 아이스크림을 시장에 팔면 12,000원의 화폐를 얻는데 12,000원
가운데 10,000원은 처음에 들인 자본이고 2,000원은 잉여 가치이다.
이제 잉여 가치를 생산하고 실현시킨 자본가는 다시 아이스크림 생산
을 시작한다.

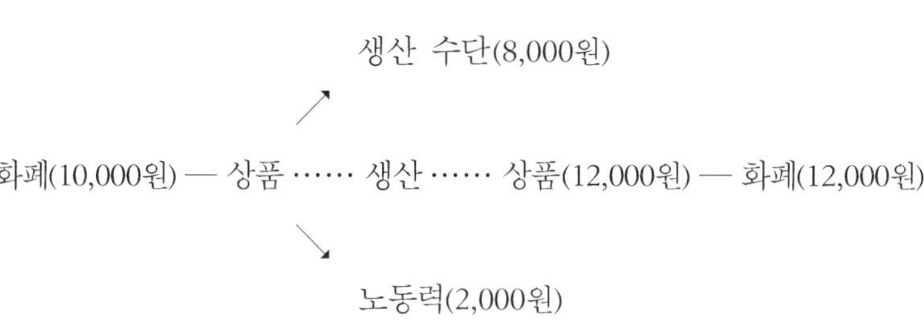


이러한 자본 운동을 세부 단계로 나누어 살펴보자. 첫 단계에서
자본가는 생산을 위해 노동력(2,000원)과 생산 수단(8,000원)을 샀는데,
여기서 애초의 10,000원을 화폐 자본이라 하고 새롭게 사들인 2,000원
어치의 노동력과 8,000원어치의 생산 수단을 생산 자본이라 한다. 자
본 운동의 첫 단계에서는 화폐 자본이 생산 자본으로 바뀌지만 아직
잉여 가치는 만들어지지 않았다. 두번째 단계는 생산 자본이 상품 자
본으로 바뀌는 과정이다. 자본가는 노동력과 생산 수단을 사용해서
상품을 생산하다. 생산 과정에서 자본가가 구입한 생산 자본들은 소비
된다. 노동자는 노동력을 지출하고 원료는 가공되고 기계는 닳는다.
여기서 노동자는 스스로의 노동으로 생산 수단의 가치를 상품으로 이
전시키고 자기의 노동력 가치를 재생산하고 잉여 가치도 만든다. 이렇
게 해서 만들어진 상품을 상품 자본이라 한다. 세번째 단계에서 상품

자본은 화폐 자본으로 바뀌게 된다. 이와 같이 자본이 형태를 바꾸면서 운동하는 것을 자본 순환이라 한다.

자본 운동은 상품 자본 순환, 화폐 자본 순환, 생산 자본 순환이라는 세 가지의 순환 형태가 통일된 것인데 유통 과정과 생산 과정으로 나타나기 때문에 자본이 잉여 가치를 얻으려면 반드시 유통 과정을 거쳐야 한다. 잉여 가치는 분명하게 생산 과정에서 만들어지지만 유통 과정에서 상품이 판매되지 않으면 만들어진 잉여 가치는 햇빛을 보지 못한다. 따라서 자본 운동의 세 단계는 밀접하게 연결되어 있다. 이러한 자본 순환은 한 번에 그치지 않고 쉼 없이 이루어지는데 이것을 자본 회전이라 한다. 산업 자본이 성숙해지면서 자본 순환의 세 가지 형태는 독립적인 자본 형태로 분리되었다.[4] 화폐 자본은 대부 자본으로, 상품 자본은 상업 자본으로 떨어져 나가서 산업 자본과 다른 자본 분파가 된 것이다. 따라서 자본가들도 산업 자본가와 대부 자본가, 상업 자본가로 나뉘게 되었다. 세 가지의 자본 분파는 자본 순환에서 한 가지 단계씩을 지배하면서 더 많은 잉여 가치를 위해 동맹을 맺기도 하고 치열한 경쟁을 벌이기도 한다.

그러면 자본 분파들은 잉여 가치를 어떻게 나누어 가질까? 우선 주목할 것은, 자본가들은 우리가 아는 것처럼 잉여 가치를 분할하는 것이 아니라 이윤을 나누어 갖는다는 사실이다. 자본가는 잉여 가치에 살고 죽는 것이 아니라 이윤에 목숨을 거는 것이다. 언제나 이윤 극대화를 좌우명으로 삼는 자본이다. 따지고 보면 이윤이란 것은 자본가가 노동자를 착취해서 얻은 잉여 가치인데도 말이다. 왜 잉여 가치가 아니라 이윤인가? 이것은 가치 증식을 바라보는 시각이 판이하게 다르기 때문에 생긴다. 앞에서 새롭게 생산된 아이스크림의 총가치는 8,000원(c) + 2,000원(v) + 2,000원(s) = 12,000원이었다. 여기서 잉여 가치는 노동자가 생산한 총가치에서 임금으로 받은 부분을 제외하고 대가를 받지 못한 부분이다. 따라서 노동자가 볼 때는 노동력의 총지출은 2,000원(v)＋2,000원(s)이지만 노동자들이 받은 임금의 크기는 2,000원밖에 되지 않기 때문에 나머지 2,000원만큼의 일한 대가를 받지 못한 것은 명백하다.

그러나 자본가의 입장에서 보면 아이스크림을 생산하는 데 들인 '비용 가격(k)'이 8,000원(c)＋2,000원(v)＝10,000원(k)이다. 따라서 자본가에게 아이스크림의 가치는 8,000원(c)＋2,000원(v)＋2,000원(s)＝12,000원이 아니라 이윤을 p라 하면 10,000원(k)＋2,000원(p)＝12,000원으로 표현된다. 상품을 판매한 이후에 자본가는 12,000원을 받는데 비용 가격 10,000원과 이윤 2,000원을 얻은 것이다. 자본가는 10,000원을 들여서 아이스크림을 생산하고 판매하여 12,000원을 얻었기 때문에 2,000원은 당연히 10,000원의 비용 가격에 대한 대가라고 생각한다. 자본가에게는 잉여 가치가 아니라 비용 가격에서 발생한 이윤이기 때문에 2,000원이 불변 자본과 가변 자본 가운데 어디에서 생겼든 문제가 되지 않는 것이다.

잉여 가치와 이윤은 실체가 똑같지만 잉여 가치는 노동자가 노동력을 지출한 대가이고 이윤은 자본가가 지출한 비용 가격의 대가이다. 그런데 잉여 가치가 이윤으로 둔갑하면서 불변 자본과 가변 자본의 구분은 필요가 없어지고 대신에 가변 자본이 아니라 비용 가격이 중요한 변수로 떠오르게 되었다. 당연히 잉여 가치를 노동자가 만든다는 사실도 은폐될 수밖에 없다. 이제 이윤은 노동자가 생산한 잉여 가치가 아니라 비용 가격의 산물이며 자본가가 생산에 기여한 대가로 완전히 탈바꿈한 것이다. 따라서 자본가는 잉여 가치율이 아니라 이윤율을 주목한다. 얼마의 자본을 들이면 얼마의 이윤을 얻을 수 있을까? 무엇보다도 자본가가 주목하는 문제이다. 이윤율은 비용 가격(c＋v)에 대한 잉여 가치(s)의 비율로 표시되기 때문에 이윤율 p′＝s/(c ＋ v)×100%로 나타난다. 반면에 잉여 가치율 s′＝ s/v×100%이기 때문에 이윤율은 항상 잉여 가치율보다 낮다. 앞의 예에서 보면 이윤율은 2,000/(8,000＋2,000)×100%＝20%이지만 잉여 가치율은 (2,000/2,000)×100%＝100%가 되는 것이다.

자본주의적 생산의 유일한 목적은 이윤이기 때문에 자본가들은 더 많은 이윤을 얻으려고 전천후로 경쟁한다. 동일한 종류의 상품을 생산하는 산업은 물론 서로 다른 종류의 상품을 생산하는 산업들 사이에서도 경쟁이 벌어진다. 물론 어떤 경우에도 경쟁력이 떨어지는 자본가는 손해를 보다가 결국 파산하게 된다. 동일한 상품을 생산하는 산업 사이에서 벌어지는 경쟁은 상품 판매와 함께 초과 이윤을 획득하려는 경쟁이 대부분이다. 경쟁에서 승리하기 위해서 자본가들은 모두 새로운 기술을 개발하고 노동 생산성을 향상시켜 자기 상품의 가치를 사회적 가치보다 낮추려고 땀을 흘린다. 그러나 다른 기업들도 똑같은 기술을 도입하게 되면 초과 이윤은 곧바로 소멸된다. 이렇게 되면 자본가들은 또 다시 초과 이윤을 위해서 노동 생산성 경쟁에 돌입하는 것이다. 같은 산업에서 개별 자본가들의 경쟁은 초과 이윤의 발생과 소멸을 반복하면서 노동 생산성을 향상시키게 된다. 따라서 같은 산업에서 자본가들은 쉬지 않고 경쟁하기 때문에 개별 자본가들이 생산하는 개별 상품의 가치는 균등해지는 경향을 보이게 된다.

자본가들은 같은 산업뿐만 아니라 서로 다른 산업의 자본가들과도 경쟁한다. 당연히 더 많은 이윤을 가져다 주는 산업에 자기 자본을 투자하기 위해서 경쟁하는 것이다. 예를 들어 섬유 산업, 목재 산업, 기계 산업, 정보 기술 산업 등은 생산에 필요한 기술적 특성이 다르기

때문에 자본의 유기적 구성 역시 다르다. 그런데 잉여 가치는 노동자
의 노동으로 생산되기 때문에 자본 규모가 같고 잉여 가치율이 같더라
도 자본의 유기적 구성에 따라 개별 산업들 사이에는 이윤율의 차이가
생긴다. 따라서 자본가들은 더 높은 이윤율이 확보되는 산업으로 자기
자본을 이동시키게 된다. 자본가들이 여러 산업들을 넘나들며 더 높은
이윤율을 추구하는 과정에서 산업 전체에는 평균적인 이윤율이 형성
되는 것이다.

　여러 산업들 사이에 이윤율이 균등해지는 과정은 <표2-1>에서
볼 수 있다. 자본의 유기적 구성이 다른 섬유 산업, 기계 산업, 정보
기술 산업에 세 사람의 자본가가 각각 100원의 자본을 투자하는 경우
불변 자본과 가변 자본의 구성은 섬유 산업이 70원(c)＋30원(v), 기계
산업이 80원(c)＋20원(v), 정보 기술 산업은 90원(c)＋10원(v)이며 잉여
가치율은 똑같이 100%라고 하자. 그러면 상품의 총가치(c＋v＋s)는
섬유 산업이 130원, 기계 산업은 120원, 정보 기술 산업은 110원이
될 것이다.

<표2-1> 평균 이윤율의 형성 과정

| 산업 구분 | 비용 가격 (c＋v) | 잉여 가치 (s) | 상품 가치 (c＋v＋s) | 산업별 이윤율 s/(c＋v) | 평균 이윤율 (p′) | 평균 이윤 (p) | 생산 가격 (c＋v＋p) | 생산 가격 － 상품 가치 |
|---|---|---|---|---|---|---|---|---|
| 섬유 산업 | 70＋30 | 30 | 130 | 30% | 20% | 20 | 120 | -10 |
| 기계 산업 | 80＋20 | 20 | 120 | 20% | 20% | 20 | 120 | 0 |
| 정보 기술 산업 | 90＋10 | 10 | 110 | 10% | 20% | 20 | 120 | ＋10 |
| 합　계 | 240＋60 | 60 | 360 | － | － | 60 | 360 | 0 |

각각의 상품이 가치대로 판매되면 이윤율($s/c+v$)은 섬유 산업이 30%, 기계 산업이 20%이고 정보 기술 산업은 10%가 된다. 이윤율은 자본의 유기적 구성이 가장 낮은 섬유 산업이 가장 높게 나타나는 반면에 자본의 유기적 구성이 가장 높은 정보 기술 산업이 제일 낮다. 따라서 자본가는 더 많은 이윤율을 얻기 위해 자기 자본을 정보 기술 산업에서 섬유 산업으로 이동시킬 것이다. 자본이 섬유 산업으로 이동하면 섬유 산업의 자본이 증가하고 생산도 확대되어 섬유 공급이 늘어나고 결국 수요를 초과하게 된다. 이렇게 되면 섬유 산업은 경쟁이 심해져서 섬유 가격은 떨어지고 이윤율 역시 하락할 것이다. 이제 섬유는 자신의 가치였던 130원보다 낮은 125원이나 120원 등으로 판매되고 섬유 산업의 이윤율도 자연스럽게 30%에서 25% 또는 20%로 낮아질 것이다. 반면에 정보 기술 산업은 자본이 섬유 산업으로 이동했기 때문에 생산이 축소되고 상품 생산량이 적어져서 수요에 비해 공급이 부족하게 될 것이다. 따라서 정보 기술 상품의 가격은 가치보다 높아지며 이윤율도 상승하게 된다. 이제 정보 기술 상품은 자신의 가치였던 110원보다 높은 115원이나 120원에 판매되고 정보 기술 산업의 이윤율도 당연히 10%에서 15%나 20%로 상승할 것이다.

<표2-1>에 나타난 것처럼 산업 사이의 경쟁으로 개별 자본은 이윤율이 낮은 부문에서 높은 부문으로 끊임없이 이동한다. 자본이 이동하면 이윤율이 높았던 산업(섬유 산업)의 상품 가격이 떨어지고 이윤율은 낮아지며 반대로 이윤율이 낮았던 산업(정보 기술 산업)의 상품 가격은 올라가고 이윤율은 높아지게 된다. 이러한 자본 이동은 여러 산업들의 이윤율이 평준화될 때까지 계속된다. 따라서 이윤율은 처음에 섬유 산업이 30%, 기계 산업이 20% 그리고 정보 기술 산업이 10%였지만 점차 균등해져서 20%로 수렴될 것이다. 이렇게 산업에 따라 차

이가 있던 이윤율은 자본 이동을 통해서 평균 이윤율을 형성하게 된다. 이것이 바로 맑스가 말하는 "자본가적 공산주의"(『선집』 제3권, 205쪽)이다.

평균 이윤율은 사회의 총자본에 대한 잉여 가치 총액의 백분율로 나타나는데 <표2-1>에서 평균 이윤율은 (30＋20＋10)/(100＋100＋100)×100%＝20%가 되는 것이다. 이와 같이 평균 이윤율이 형성되는 것은 자본주의적 경쟁의 필연적 산물이다. 산업마다 기술적 특성이 다르기 때문에 자본의 유기적 구성이 다르고 자본의 유기적 구성이 다르기 때문에 이윤율이 다르지만 경쟁을 통해서 평균 이윤율이 형성되는 것이다. 자본가들은 어떤 산업에 종사하든지 비슷한 크기의 자본으로 생산했을 때에는 비슷한 크기의 이윤을 얻게 된다. 따라서 우리는 생활에 필요한 수많은 상품을 시장에서 구입하고 소비하면서 살아갈 수 있는 것이다. 이렇게 평균 이윤율에는 자본주의적 경쟁의 신비가 담겨 있다.

그런데 <표2-1>에서 평균 이윤이 형성되는 과정을 보면 섬유 산업의 상품은 가치(130원) 이하의 가격(120원)으로 판매되고 정보 기술 산업의 상품은 가치(110원) 이상의 가격(120원)으로 판매되고 있다. 여러 산업의 상품들이 자기의 가치와 상관없이 단순히 비용 가격(c＋v)에 평균 이윤(p)을 더한 생산 가격(c＋v＋p)으로 팔리는 것이다. 섬유 산업, 기계 산업 그리고 정보 기술 산업의 상품 가치(c＋v＋s)는 각각 130원, 120원 그리고 110원이지만 똑같이 120원에 판매된다. 따라서 섬유 산업의 자본가는 노동자들이 생산한 잉여 가치의 일부(10원)를 잃게 되는 반면에 정보 기술 산업의 자본가들은 다른 산업에서 생산된 잉여 가치의 일부(10원)를 얻게 된다. 섬유 산업의 노동자가 생산한 잉여 가치가 정보 기술 산업의 자본가에게 이전되는 것이다. 이는 전체 노동자가 전체 자본가에게 착취당하고 있음을 보여 준다. 이렇게 자본주의적 생산은 경쟁을 통해 자본이 이동하고 평균 이윤율이 형성되면서 상품은 가치대로 판매되는 것이 아니라 생산 가격에 따라 판매되는 것이다.

그러면 가치 법칙은 잘못된 것인가? 상품이 사회적 필요 노동 시간에 따라 교환되지 못하고 생산 가격으로 판매된다면 가치와 가격은 일치하지 않는 것이며 노동 가치론은 잘못된 것이라고 의심받을 수 있다. <표2-1>에서도 상품의 가치(c＋v＋s)와 생산 가격(c＋v＋p)은 일치하지 않는다. 그런데 가치와 가격이 다르다고 해서 노동 가치론의 의미가 축소되거나 훼손되는 것은 아니다. 노동 가치론은 자본주의라는 생산 양식이 어떻게 운동하는지를 파악하는 이론이다. 더구나 상품 가치와 생산 가격의 괴리는 사회 전체로 보게 되면 전혀 문제가 되지 않는다. 사회 전체에서 생산 가격의 총액(360원)은 상품 가치의 총액(360원)과 일치하며 전체 자본가들이 차지하는 이윤의 총액(60원)도 노동자들이 생산한 잉여 가치 총액(60원)과 똑같다. 따라서 어떤 상품들의 가치와 가격이 부분적으로 일치하지 않더라도 사회 전체에서 교환되는 상품들의 총생산 가격은 상품들의 총가치를 반영하는 것이다. "사회 전체(모든 생산 분야들의 총체)에서 생산된 상품들의 생산 가격의 합계는 그들의 가치의 합계와 같다"(『자본론』 제3권, 187쪽).

우리가 모두 알고 있듯이 자본주의적 생산의 유일한 도덕률은 이윤 극대화이다. 따라서 자본은 더 많은 이윤을 위해서라면 '단두대의 위험'도 무릅쓰게 된다. 그럼에도 불구하고 자본주의가 발전하면서 이윤율은 떨어지게 되는데 이러한 사실은 애덤 스미스나 리카도 등의 고전파 정치 경제학자들도 익히 알고 있었던 사실이다. 다만 그들은 이윤율의 하락을 과학적으로 이해하지 못한 것뿐이다. 물론 자본가들은 믿고 싶지 않은 이야기일 것이다.

자본가들은 언제나 노동 생산성을 증가시켜서 초과 이윤을 얻으려고 땀을 흘린다. 하지만 자본가들은 경쟁을 멈출 수 없기 때문에 증가된 노동 생산성은 재빠르게 다른 자본가들에게 알려지게 되고 일시적으로 발생했던 초과 이윤이 소멸하면서 평균 이윤율이 형성된다. 언제나 초과 이윤의 유혹을 뿌리치지 못하는 자본가들은 평균 이윤율로부터 이탈하기 위해서 또다시 노동 생산성을 끌어올리고 초과 이윤을 확보하지만 곧바로 평균 이윤율에게 붙잡히고 만다. 자본가들은 노동 생산성의 향상과 평균 이윤율의 확보라는 상반되는 마음을 가지고 살아가는 것이다. 노동 생산성과 평균 이윤율의 관계는 이윤율 $p' = s/(c+v) \times 100\%$에 나타난다. 분자와 분모를 v로 나누면 이윤율 $p' = (s/v)/(c/v + v/v) \times 100\% = s'/(c/v + 1) \times 100\%$이다. 여기서 알 수 있듯이 평균 이윤율은 잉여 가치율($s'$)과 같은 방향으로 움직이지만 자본의 유기적 구성($c/v$)과는 반대쪽 방향이다. 노동 생산성이 향상되면 자본의 유기적 구성이 고도화되기 때문에 결국 노동 생산성의 향상은 이윤율을 낮추는 방향으로 작용하는 것이다. 노동 생산성과 평균 이윤율은 평생 엇갈리는 관계이다.

<표2-2>의 예를 보면 자본 축적으로 확대 재생산이 이루어지면서 사회의 총자본(c+v)은 180(60+120)에서 688(528+160)로 증가했으며 불변 자본도 60에서 528로 급속하게 증가했으나 가변 자본은 120에서 160으로 적은 양만 증가했다. 물론 자본의 유기적 구성은 0.5 : 1에서 3.3 : 1로 가파르게 고도화되었다. 잉여 가치율이 100%로 일정하다면 잉여 가치는 120에서 160으로 증가하지만 자본의 유기적 구성이 고도화되면서 이윤율은 오히려 66.7%에서 23.3%로 현저하게 떨어지게 된다. 이렇게 자본의 유기적 구성이 높아지면서 이윤율이

<표2-2> 자본 구성의 변화와 이윤율의 하락

| 불변 자본<br>(c) | 가변 자본<br>(v) | 자본의<br>유기적 구성<br>(c : v) | 잉여 가치량<br>또는 이윤량<br>(s) | 이윤율 |
|---|---|---|---|---|
| 60 | 120 | 0.5 : 1 | 120 | 66.7 |
| 104 | 130 | 0.8 : 1 | 130 | 55.6 |
| 210 | 140 | 1.5 : 1 | 140 | 40.0 |
| 375 | 150 | 2.5 : 1 | 150 | 28.6 |
| 528 | 160 | 3.3 : 1 | 160 | 23.3 |

떨어지는 것을 이윤율 저하 경향의 법칙이라고 부른다. 그런데 이윤율이 하락한다고 이윤량조차 감소하는 것은 아니다. 자본주의가 발전하면 이윤율은 낮아지지만 자본가들이 노동자를 착취해서 얻는 이윤 총액은 증가한다. 왜냐하면 자본의 총액이 증가해서 노동자의 숫자가 늘어나는 것은 물론 노동 생산성이 향상되고 노동 강도가 강화되기 때문이다. <표2-2>에서도 자본의 유기적 구성은 0.5:1에서 3.3:1로 고도화되지만 이윤량은 120에서 160으로 증가한 것이다.

　이렇게 자본주의적 생산은 이윤율 저하 경향에 시달리고 있지만, 반대로 이윤율의 저하 경향을 억제하는 요인들도 작용한다. 이윤율 저하를 억제하는 요인에 대해서 맑스는 우선 노동자에 대한 착취를 강화해서 잉여 가치율을 높이는 것을 꼽는다. 그리고 임금을 노동력 가치 이하로 지급하는 방법이 있는데 상대적 과잉 인구가 증가할 때 노동력을 가치 이하로 구입하거나 노동 강도를 강화하고 파견 근로자나 이주 노동자를 활용하는 것이다. 또한 상대적 과잉 인구의 창출이나 대외 무역도 있다. 이와 같이 자본 축적이 진행될수록 이윤율은 저하 경향을 갖게 되지만 반대로 저하를 억제하는 요인들이 함께 작용하게 된다. 따라서 현실에서는 이윤율의 저하 경향과 상쇄 요인이 함께 작용하여 이윤율은 때로는 하락하는 모습으로 때로는 상승하는 모습으로 나타나게 된다.

이러한 이윤율 저하 경향은 자본주의적 생산의 치명적인 결함이다. 자본주의가 명백한 한계를 지니고 있는 생산 양식이라는 것을 증명하는 것이다. 그리고 자본주의적 생산이 주기적으로 경제 위기를 맞이하는 것도 뒤에서 다루겠지만 바로 이윤율 저하 경향 때문이다. 이윤율 저하 경향은 무엇보다도 자본주의적 생산에서 자본 증식을 위한 노력이 오히려 자본 증식의 조건을 악화시키는 결과를 낳는다는 것을 보여 주고 있다. 자본 축적에 따라 총자본이 증가하고 노동자들의 숫자가 늘어나면 잉여 가치도 상승하지만 반면에 자본의 유기적 구성이 고도화되면 이윤율이 하락하는 것이다. 또한 자본 축적에 따라서 생산을 확장하면 동시에 균형을 이룰 수 있는 소비 능력이 확장되어야 한다. 그런데 이윤율 저하 경향을 상쇄하려는 잉여 가치율의 증가는 노동자들의 임금을 제약하고 소비 능력을 위축시키게 된다. 생산된 잉여 가치가 실현되지 못하면 자본주의적 생산의 유일한 목표인 가치 증식은 무산되는 것이다. 이렇게 잉여 가치가 생산되었지만 잉여 가치가 실현되지 못해서 이윤을 얻지 못하는 자본이 나타나는 것을 자본의 과잉 축적이라 한다. 이러한 과잉 축적은 생산과 시장의 긴장 관계를 보여 주는 것이며 자본주의적 생산이 확대될수록 생산과 시장의 불균형을 확대시켜서 오히려 가치 증식에 장애를 가져오는 것이다.

## 가치를 만들지 못하는 자본들

자본주의에서 생산이 이루어지는 이유는 오직 잉여 가치 때문이다. 자본가는 생산 수단과 노동력을 구입하여 상품을 생산하면서 잉여 가치를 만들고 상품을 판매해서 잉여 가치를 실현한다. 따라서 우리는 공장을 돌리고 상품을 만드는 산업 자본가의 꿈과 야망을 따라서 여기까지 왔다. 그러나 세상에는 산업 자본가만 있는 것이 아니다. 백화점이나 도매상을 운영하는 상업 자본가, 돈을 빌려 주는 대부 자본가가 있고 거대한 토지를 갖고 있는 토지 자본가도 있다. 그런데 이러한 자본가들의 세상살이도 노동자들이 생산하는 잉여 가치와 뗄래야 뗄수 없는 깊은 관계를 맺고 있는 것이다.

상업 자본은 상품 유통에 종사하는 자본이다. 상업 자본은 노예제 사회나 농노제 사회에도 존재했지만 당시에는 소상품 생산자들의 생산물이 편리하게 교환되도록 중개하는 역할을 했다. 상업 자본은 100원에 구입한 물건을 500원에 판매하는 등의 부등가 교환을 통해서 차액을 상업 이윤으로 차지한다. 그런데 앞에서 지적했듯이 자본주의가 발전하면서 화폐 자본—생산 자본—상품 자본이라는 자본 순환은 분화되는데 상품 자본의 기능이 따로 떨어져서 상업 자본으로 독립하게 되었다. 물론 상업 자본은 산업 자본과 밀접한 관계를 맺게 되면서 역할이 달라지기 시작했으며 상업 이윤의 성격도 변화되었다.

자본주의가 세상에 나올 때는 산업 자본가가 상품을 만들고 파는 일까지 스스로 수행했다. 그런데 생산 규모가 커지고 시장이 넓어지면서 수송 거리도 만만치 않게 되었다. 산업 자본가는 상품을 만들기만 하고 파는 일을 상업 자본가에게 맡김으로써 상품 유통에 필요한 자본을 절약하고 자본을 빠르게 회전시켜서 더 많은 이윤을 기대하게 된 것이다. 또한 상품 유통에만 전념하는 상업 자본가는 시장 상황과 유통 경로를 훤하게 알기 때문에 적은 비용으로 많은 상품을 판매할 수 있다. 물론 상품 유통에도 비용이 드는데, 그 비용에는 상품의 수송, 보관, 포장처럼 가치를 증대시키는 생산적 유통비가 있고 광고비나 회계 비용 같은 순수 유통비도 있다.

상업 자본가는 상품을 유통시키면서 상업 이윤을 얻는다. 그런데 상품 유통은 원래 상품을 만든 산업 자본가의 몫이었기 때문에 상업 이윤은 산업 자본의 이윤 가운데 일부를 떼어 줄 수밖에 없다. 산업 자본가가 노동자를 착취해서 얻은 잉여 가치의 일부를 상품 유통에 대한 대가로 상업 자본가에게 할애하는 것이다. 부르주아 경제학은 상업 자본가가 상품을 싸게 사서 비싸게 팔아 생기는 차액이 상업 이윤이라고 왜곡하고 있다. 그렇지만 이미 보았듯이 상품의 유통 과정에서는 가치가 생산되지 않으며 당연히 잉여 가치도 만들어지지 않는다.

그러면 잉여 가치의 일부는 어떻게 상업 이윤으로 바뀌는가? 상업 자본가도 다른 자본가들과 마찬가지로 이윤 극대화의 포로이다. 따라서 산업 자본가와 같은 규모로 자본을 투자했을 때 산업 자본가의 이윤이 자기보다 많다면 상업 자본가는 상품 유통이 아니라 상품 생산에 종사하려고 할 것이다. 반대로 상업 자본가의 이윤이 크다면 산업 자본가는 미련 없이 상품 생산이 아니라 상품 유통에 자기 자본을 투자할 것이다. 따라서 상업 자본가와 산업 자본가는 결국 평균 이윤을 얻게 된다.

예를 들어 아이스크림을 생산하려는 산업 자본가가 자본 총액 100원을 가지고 불변 자본에 60원, 가변 자본에 40원을 투자했는데 잉여 가치율이 100%라면 잉여 가치는 40원이고 이윤율 $p' = 40원/(60원 + 40원) \times 100\% = 40\%$가 된다. 이때 아이스크림 상인이 나타나서 유통을 위해 25원을 투자한다면 사회의 총자본은 125원(산업 자본 100원＋ 상업 자본 25원)이 된다. 사회적 총자본은 100원에서 125원으로 증가되었지만 잉여 가치는 물론 종래의 40원 그대로이다. 왜냐하면 잉여 가치는 아이스크림 생산 노동자들의 손에 의해서만 만들어지기 때문이다. 이제는 상업 자본 25원도 잉여 가치를 분배하는 축제에 참가할 자격이 있기 때문에 평균 이윤율 $p' = 40$원$/(100$원$＋25$원$) \times 100\% = 32\%$로 낮아진다. 산업 자본가는 물론 상업 자본가도 투자 자본에 대하여 32%의 평균 이윤을 얻는 것이다. 산업 자본가의 이윤은 32원(100원×32%)이고 상업 자본가의 이윤은 8원(25원×32%)이 된다.

여기서 산업 자본가는 생산된 아이스크림을 상업 자본가에게 얼마에 파는가? 산업 자본가가 생산한 상품의 총가치는 60원(c)＋40원(v)＋40원(s)＝140원(C)이다. 산업 자본가는 아이스크림을 가치보다 낮은 가격으로 상업 자본가에게 판매한다. 자신의 비용 가격 100원에 평균 이윤 32원을 더한 132원이라는 생산 가격에 넘긴다. 산업 자본가의 생산 가격은 상업 자본가의 참여로 형성된 평균 이윤에 따라 140원에서 132원이 된 것이다. 상업 자본가는 산업 자본가에게 상품을 132원에 구입하여 스스로의 투자 자본인 25원에 대한 평균 이윤 8원을 붙인 140원이라는 진정한 생산 가격(k＋p＋m)으로 최종 소비자에게 판매한다. 여기서 k는 비용 가격이고 p는 산업 자본가의 이윤이며 m은 상업 이윤이다. 물론 상업 노동자들도 필요 노동 시간에 상품을 팔아 스스로의 노동력 가치를 보상하고 잉여 노동 시간에는 산업 자본가에게 넘겨받은 잉여 가치(8원)를 무상으로 실현시킨다. 이렇게 산업 자본가가 노동자에게 착취한 잉여 가치 40원은 산업 자본가가 32원 그리고 상업 자본가가 8원을 나누어 갖는다. 산업 자본가와 상업 자본가는 더 많은 이윤을 얻기 위해서 대립하는 경우도 있지만 자본가로서의 이해 관계는 같을 수밖에 없기 때문에 노동자들은 산업 자본가뿐만 아니라 상업 자본가를 포함한 모든 자본가들과 대립하게 되는 것이다.

그런데 산업 자본가나 상업 자본가 가운데 순수하게 자기 자본만으로 사업을 하는 경우는 거의 없으며 대부분 대부 자본을 빌려서 쓰게 된다. 대부 자본가 또는 은행 자본가에게 자본을 빌려서 사용하는 것이다. 이렇게 돈을 꾸어주고 이자를 받는 일은 자본주의 이전의 사회에서도 있었다. 대부 자본은 상업 자본의 경우처럼 자본주의가 발전하면서 산업 자본의 세 가지 기능 형태 가운데 화폐 자본이 따로 떨어져 나온 것이고 생산을 통해서 이윤을 얻는 데 사용된다는 점에서 봉건 사회에서 영주나 농민들이 생산 활동과 무관하게 사치나 생계에 쓰려고 이용한 것과 차이가 있다.

자본 순환을 보면 산업 자본가에게는 곧바로 생산에 쓰이지 않고 일시적으로 놀게 되는 유휴 자본이 발생할 수 있다. 생산 영역에 들어가지 못하고 자본가의 손에 있는 화폐는 잉여 가치를 만들지 못하고 증식되지도 않는다. 이러한 화폐들은 증식될 수 있는 계기를 찾게 되는데 은행을 통해서 기회를 포착하는 경우가 많다. 반대로 대부를 받아야 할 자본가들도 있다. 화폐를 빌리지 못하면 생산을 확장하거나 기계를 도입하지 못해서 더 많은 잉여 가치를 얻지 못하거나 경쟁에서 패배할 수도 있다. 이와 같이 대부를 하려는 화폐가 발생하는 반면에 대부를 받으려는 자본가가 있기 때문에 자본가들 사이에 화폐를 빌려주고 빌려 쓰는 관계가 생긴다. 대부를 받은 자본가는 자본을 상품 생산이나 상품 유통에 사용하여 가치를 증식시키는 활동을 하기 때문에 가치 증식과 무관한 대부 자본가들과 구별해서 기능 자본가라고 부른다.

돈을 빌려간 기능 자본가는 대부한 자본으로 잉여 가치를 만들어

내고 대부 자본가에게는 이자를 지불한다. 따라서 이자란 기능 자본가가 화폐를 빌리는 대가로 대부 자본가에게 넘겨주는 잉여 가치의 일부이다. 대부 자본가가 대부한 화폐 자본은 일정한 기간이 지나면 이자가 붙어서 다시 돌아온다. 따라서 대부 자본의 운동을 보면 마치 돈이 돈을 낳는 것처럼 보이지만 화폐 자체는 어떤 가치도 만들어내지 못한다. 화폐는 자본으로서 노동자를 통해 잉여 가치를 만들어야만 가치를 증식시킬 수 있는 것이다. 따라서 이자는 누가 뭐라든 생산 과정에서 노동자가 생산한 잉여 가치의 일부이다.

예를 들어 산업 자본가가 2,000원으로 아이스크림 공장을 운영하는 경우에 불변 자본에 1,600원, 가변 자본에 400원을 지출했는데 잉여 가치율이 100%라면 산업 자본가는 400원의 잉여 가치를 얻게 된다. 만약 2,000원이 모두 자기 자본이라면 잉여 가치 400원은 모두 산업 자본가의 이윤이 된다. 그런데 2,000원 가운데 대부한 돈이 500원이고 이자율이 1년에 10%라면 산업 자본가는 대부 자본가에게 50원의 이자를 지불해야 한다. 산업 자본가는 400원의 잉여 가치 가운데 50원은 대부 자본가에게 이자로 지불하고 350원을 이윤으로 얻게 된다. 이것을 기업가 수익이라고 한다.

그러면 이자율은 어떻게 결정되는가? 이자율은 빌려 주는 돈에 대한 이자액의 백분율이다. 예를 들어 500원을 빌려 주고 1년 후에 이자로 50원을 받는다면 연간 이자율은 (50원/500원)×100＝10%이다. 이자율은 대부 자본의 수요와 공급에 의해서 결정된다. 돈을 빌려 주려는 사람보다 빌려 쓰려는 사람이 많으면 이자율은 올라가고 반대로 빌려 쓰려는 사람보다 빌려 주려는 사람이 많으면 이자율은 떨어진다. 그러나 이자율의 변화에는 한계가 있다. 대부 자본에 대한 수요가 공급에 비해서 아무리 크더라도 이자율이 평균 이윤율보다 높을 수는 없는 것이다. 돈을 빌려서 잉여 가치를 생산하는 기능 자본가들은 경쟁으로 인해 평균 이윤보다 많은 이윤을 얻기가 힘들기 때문이다. 따라서 기능 자본가들이 500원을 빌려서 100원의 평균 이윤을 얻는다면 이자가 100원을 넘을 수는 없는 것이다. 물론 아무리 돈이 남아돌아도 돈을 거저 빌려 주는 경우는 없다. 그런데 자본주의가 발전할수록 이자율은 낮아지는 경향을 보인다. 왜냐하면 자본주의적 생산에는 이윤율 저하 경향이 있기 때문에 이윤율이 저하하면 이자율도 낮아질 수밖에 없다. 그리고 자본 축적이 진전되면 산업 자본의 규모가 커지고 생산에 참여하지 못하는 자본이 늘어나기 때문에 대부 자본은 증가하게 된다.

이자를 낳는 대부 자본은 신용이라는 형태로 운동한다. 상업 신용은 자본가들 사이에 상품을 외상으로 팔고 사는 경우를 말한다. 산업 자본가는 자기가 생산한 상품을 되도록 빨리 팔려고 한다. 자본 회전이 빠르면 더 많은 잉여 가치를 기대할 수 있기 때문이다. 상업 자본가도 역시 현금보다 외상으로 구입할 수 있다면 적은 자본으로 많은 상품을 효율적으로 유통시킬 수 있으며 자본 회전 또한 빨라진다. 어음은 상업 신용에서 중요한 역할을 하는 것이다. 한편 은행 신용은 은행 자본가가 화폐 자본가를 대신해서 산업 자본가나 상업 자본가에게 이자를 목적으로 돈을 빌려 주는 신용을 말한다. 은행은 돈을 빌려 주려는 자본가와 빌려 쓰려는 자본가를 중개하는데, 예금 이자와 대부 이자의 차액이 은행 자본의 이윤이 되는 것이다. 결국 은행이란 돈을 싸게 사서 비싸게 파는 화폐 자본 장사꾼이다. 은행 자본의 이윤도 다른 자본들의 경우처럼 노동자들을 착취한 잉여 가치에서 나온다. 왜냐하면 돈을 빌려 쓴 기능 자본가가 은행에 지불하는 이자는 잉여 가치에서 나오기 때문이다.

그러면 은행 자본은 어떻게 평균 이윤을 확보하는가? 은행 이자율도 당연히 평균 이윤율의 제약을 받기 때문에 평균 이윤율보다 낮은 이자율로 돈을 빌려 줄 수밖에 없다. 이렇게 되면 은행 자본은 평균 이윤율조차 확보하기 어렵고 은행 자본은 다른 산업으로 이동해야 하는데 현실은 그렇지 않다. 비밀이 숨겨져 있기 때문이다. 예를 들어 어떤 화폐 자본가가 100원을 들여서 은행을 설립하고 나면 그는 자기 자본을 훨씬 초과하는 예금을 끌어들일 수 있다. 만약 수신한 돈이 2,000원인데 5%의 평균 금리가 적용된다면 총이자는 100원이다. 이제 은행은 500원을 지불 준비금으로 남겨 두고 1,500원을 평균 금리 10%로 빌려 준다면 은행이 받는 총이자는 150원이다. 연말에 보면 은행의 이윤은 150원(받은 이자) − 100원(지급한 이자) = 50원이 된다. 산업 자본과 마찬가지로 은행 자본도 50원의 이윤을 처음에 투자한 100원을 통해서 평가할 것이다. 총이윤율은 (50/100) × 100% = 50%가 된다. 이 윤율은 은행 자본가의 자본으로 계산했지만 은행 자본가가 자본으로 굴리는 돈은 다른 사람들의 돈이다. 따라서 대부 자본이나 은행 자본이 스스로 이자를 낳는 것 같은 환상을 주지만 모든 자본은 죽은 노동이 구체화된 것이다. 죽은 노동의 가치는 산 노동과 결합해야만 새로운 가치로 이전된다. 이것이 본질이다!

주식 자본의 경우도 대부 자본가가 잉여 가치의 일부를 이자라는 형태로 분배받듯이 주주는 그것을 배당금의 형태로 받는다. 주식은 주식 시장에서 형성되는 주식 시세에 따라 일정한 가격으로 매매된다. 이러한 주식 시세는 배당금이 많을수록 주가가 상승하며 이자율이 높을수록 주가는 하락한다. 예를 들어 주식의 액면가가 500원, 1년에 연이익 배당금이 100원 그리고 은행 이자율이 연 10%라면 주주는 이익 배당금에 해당하는 100원을 이자로 얻기 위해서는 은행에 얼마를 예금해야 할 것인가를 고려하여 주식을 팔게 된다. 연 10%의 이자율에서 100원을 이자로 얻으려면 은행에 1,000원을 예금해야 하기 때문에 주주는 자기의 주식을 액면가인 500원이 아니라 이자 소득을 기준으로 1,000원에 팔려고 할 것이다. 만일 이자율이 5%로 떨어지면 주식 시세는 2,000원이 되고 이자율이 16%로 상승하면 주식 시세는 625원이 될 것이다. 결국 주식 가격＝이익 배당금/은행 이자율이다. 이익 배당금과 이자율은 항상 변동하기 때문에 주식 시세도 끊임없이 변화된다. 따라서 주식 시세의 변동을 통해서 시세 차익을 노리는 주식 투기가 창궐하는 것이다.

그러면 토지 소유자가 받는 지대는 어디에서 나온 것인가? 지대는 농업 노동자가 생산한 잉여 가치의 일부이다. 지주가 농민들에게 토지를 빌려 주고 소작료를 받는 것은 자본주의 이전의 착취 방식이었다. 자본주의에서는 토지 경영자가 토지 소유자에게 토지를 빌리고 스스로의 자본으로 생산 수단을 구입하고 농업 노동자를 고용하여 토지를 경작한다. 농업 노동자들은 임금을 받고 경작 노동에 종사하는데 이것은 산업 자본가에게 고용된 산업 노동자들의 처지와 똑같다. 그들은 임금 노동자들이다. 토지 경영자는 농업 노동자가 생산한 잉여 가치 가운데 일부를 지대라는 형태로 토지 소유자에게 분배한다. 따라서 지내는 농업 노동자의 잉여 노동에 의해서 만들어진 잉여 가치인 것이다. 그러면 토지의 가격은 어떻게 결정되는가? 주식 가격처럼 토지 가격은 토지에서 받는 지대의 크기와 은행 예금에 대해 지불하는 이자율에 의해서 결정된다. 어떤 토지로부터 1년에 받는 지대가 1,000원이라면 토지 소유자는 당연히 은행에 예금하여 1년에 이자로 1,000원을 받을 수 있는 금액을 토지 가격으로 요구할 것이다. 만일 이자율이 연 10%라면 1,000원의 이자를 얻기 위해서는 은행에 10,000원을 예금해야 하기 때문에 토지 가격은 10,000원이 된다. 그런데 이자율이 연 5%로 하락하면 1,000원의 이자를 얻기 위해서는 10,000원이 아니라 20,000원을 예금해야 하기에 토지 가격은 20,000원으로 상승할 것이다. 따라서 토지 가격＝연간 지대/은행 예금의 이자율×100으로 표시된다.


## 스스로를 심판하는 자본


자본주의적 생산은 수많은 개별 자본가들이 밀접하게 결합해서 이루어지고 있다. 예를 들어 컴퓨터를 만들려면 반도체가 필요하고 반도체를 만들려면 기계가 필요하고 기계를 작동시키는 데는 컴퓨터가 필요한 것처럼 개별 자본들은 밀접하게 연계를 맺고 운동한다. 물론 개별 자본가들은 생산할 때 누구의 간섭도 받지 않지만 그렇다고 산 속에 숨어서 혼자 상품을 만들 수는 없는 노릇이다. 이렇게 서로 관계를 맺고 운동하는 개별 자본들을 모두 합해서 사회적 총자본이라 한다. 자본주의적 생산은 확대 재생산이기 때문에 사회적 총자본도 확대 재생산되는 것이다. 그러나 사회적 총자본이 정상적으로 확대 재생산하려면 개별 자본들은 엄격하게 균형을 유지해야 한다. 컴퓨터 생산에 사용되는 반도체가 필요한 만큼 공급되고 반도체를 생산하는 데 필요한 기계가 적절하게 공급되고 기계를 작동시키는 데 필요한 컴퓨터도 제대로 공급되어야 한다. 그렇지만 개별 자본가들은 사회 전체의 계획 속에서 생산하는 것이 아니라 제멋대로 생산하기 때문에 균형이 이루어지는 일은 우연이 될 수밖에 없다. 사회적 총자본의 확대 재생산이 순조롭게 이루어지는 것은 무척 어려운 일이라는 뜻이다.

자본주의적 생산은 비정상적인 사태가 발생할 여지가 차고도 넘치는 것이다.

그러나 사회적 총자본이 정상적으로 순환할 수 있는 방법이 전혀 없는 것은 아니다. 사회적 총자본의 확대 재생산이 멈추지 않고 계속 이루어지기 위해서는 사회 전체적으로 어떤 종류의 생산 수단이 얼마나 많이 생산되어야 하고 어떤 종류의 소비 수단이 얼마나 많이 생산되어야 할까? 이러한 문제가 정확하게 해결되어야 한다. 바로 생산 수단과 소비 수단을 필요한 것만 필요한 만큼만 생산해서 공급하고 소비하는 것이다. 따라서 생산 수단을 생산하는 부문(제I부문)과 소비 수단을 생산하는 부문(제II부문) 사이에 일정한 균형 관계가 성립하고 생산된 생산물이 교환되어야 한다.

자본주의적 생산에서는 균형이 유지되기가 어렵다. 왜냐하면 자본주의 사회는 수많은 자본가들이 저마다 독립해서 스스로의 책임으로 생산하기 때문에 사회 전체로 보면 아무런 계획도 없이 경쟁과 무정부 상태가 지배하기 때문이다. "자본주의적 생산의 자연 발생적 성격 때문에 균형은 그 자체가 하나의 우연이다"(『자본론』 제2권, 590~591쪽). 따라서 여러 생산 부문들의 확대 재생산은 불균형하게 진행되는데 올해에 어떤 부문이 지나치게 확대되었으면 내년에는 다른 부문이 과도하게 확대되곤 한다. 자본가들은 사회적 균형하고는 전혀 상관없이 더 많은 이윤을 찾아서 빠르게 이동하는 것이다.

자본주의에서 확대 재생산에 필요한 사회적 총자본의 균형은 달성되기 어려운 것이며 오히려 균형이 부단하게 파괴되는 것이 정상이다. 따라서 확대 재생산이 정상적으로 이루어지는 데 필요한 제I부문과 제II부문의 균형 그리고 두 부문 내부에서의 생산 부문들의 균형은 부단한 불균형 속에서 자연 발생적으로만 이루어진다. 예를 들면 컴퓨

터가 생산되기 위해서는 반도체 산업과 기계 산업이 균형을 이루어야
한다. 그렇지만 자본주의적 생산이 확대되고 발전할수록 생산의 무정
부성은 한층 심해지고 생산 부문들의 불균형도 격화된다. 이것이 자본
주의적 생산의 모순이다. 자본주의는 "과거의 모든 세대들을 합친 것
보다 더 많고, 더 거대한 생산력들을 창조하였다"(『선언』, 10쪽). 그러
나 자본주의는 주기적으로 폭발하는 공황이라는 장애물을 헤치고 발
전해 가는 것이다.

그러면 자본주의를 끊임없이 괴롭히는 경제 공황이란 무엇인가?
자본주의적 생산이 한 순간에 멈추어 버리는 것이다. 팔리지 않은 상
품이 창고에 넘치고 셀 수도 없는 공장이 문을 닫으며 실업자들이 거
리를 메우고 수많은 중소 생산자들이 쓰러지고 상업이 마비되며 신용
이 파괴되고 주식과 채권들이 폭락하고 사회 전체가 파산과 혼란의
늪에 빠지는 경제적 파국을 말한다. 자본주의 이전의 노예제 사회나
농노제 사회에서도 경제적 혼란은 있었다. 예를 들면 흉년이 들거나
홍수가 나서 또는 전쟁이나 전염병으로 사람들이 먹고 살기가 어려워
져서 혼란이 일어나는 것이다. 그러나 자본주의 사회에서 일어나는
공황은 상품을 너무 많이 만들어서 일어나는 것이다. 바로 과잉 생산
공황이다. 그런데 과잉 생산이라는 것은 모든 사람들이 충분히 소비하
고 남을 정도로 상품이 많이 생산되었다는 뜻이 아니다. 자본가의 창
고에 상품이 산더미처럼 쌓여 있지만 수많은 사람들은 상품을 살 수
없기 때문에 굶주리고 헐벗는 이해할 수 없는 일이 벌어지는 것이다.
물건이 너무 많이 생산되었기 때문에 노동자들이 굶주림에 떨어야 하
는 일은 오직 자본주의에서만 볼 수 있는 기이한 풍경이다.

경제 위기가 폭발하는 이유는 자본주의적 생산의 모순 때문이다.
이러한 모순은 먼저 생산의 무정부성에서 나타난다. 자본주의적 생산

은 사회적 생산이다. 앞에서 보았듯이 모든 개별 생산자들과 여러 생산 부문은 서로 의존하고 결합해서 생산한다. 예를 들면 자동차를 하나 만드는 데도 수만 개의 부품이 필요하다. 따라서 수많은 부품을 만드는 자본가들과 노동자들이 서로 관련을 갖고 있으며 모두 긴밀하게 연결되어야 자동차가 만들어지는 것이다. 그러나 자동차 생산에 참여하는 자본가들은 사회를 위해서 생산하는 것이 아니라 스스로의 판단으로 스스로의 이윤을 위해서 생산한다. 자본가들은 생산된 자동차를 사회의 이익이 아니라 개인의 이익을 위해서 처리하는 것이다. 생산은 사회적으로 이루어지는 반면에 소유는 개인적으로 이루어지기 때문에 충돌이 일어난다.

이러한 '사회적 생산과 사적 소유'의 충돌은 여러 부문들의 균형을 훼손시킨다. 자본가들은 더 많은 이윤을 획득하기 위해서 노동 시간을 연장하고 필요 노동 시간을 절약하며 노동 생산성을 증가시키기 위해서 밤낮없이 애를 쓴다. 자본가들은 스스로의 이익을 위해서 끊임없이 생산을 확장하기 때문에 사회적 생산의 균형은 꿈에도 생각하지 않는 것이다. 생산의 확대는 균형적인 소비의 확대를 필요로 한다. 그러나 노동 생산성의 증가로 자본의 유기적 구성이 고도화되면서 실업자들이 늘어나고 임금 상승이 억제되어 노동자들의 소비 능력은 떨어질 수밖에 없다. 따라서 생산과 소비가 모순을 드러내는 것이다.

자본의 목적은 필요의 충족이 아니라 이윤의 생산이므로, 그리고 자본은 생산량을 생산 규모에 적응시키는 방법—생산 규모를 필요한 생산량에 적응시키는 방법이 아니라—에 의하여 이 목적을 달성하기 때문에, 자본주의적 바탕 위에서의 제한된 소비 규모와, 이러한 내재적 한계를 끊임없이 돌파하려는 생산 사이에는 끊임없는 긴장이 존재할 수밖에 없다(『자본론』 제3권, 305쪽).

물론 자본가들이 생산을 무제한으로 확대하더라도 소비가 뒤를 받쳐 주면 고용이 증가하고 산업 예비군이 감소하는 호황으로 진입할 것이다. 그리고 확대 재생산이 순조롭게 진행되면 노동력 부족이 나타나서 임금 상승을 부채질할 것이다. 임금이 상승하는 한편 자본의 경쟁이 심화되어 자본의 유기적 구성이 고도화될 것이다. 이러한 과정에서 이윤율의 저하 경향이 나타나게 된다. 여기서 사회적 평균 이윤을 달성하지 못하는 자본이 나타나게 되는데 바로 과잉 자본이라고 한다. 과잉 자본이 누적되는 것이 바로 과잉 생산이다.

> 노동자의 착취 수단으로서 주어진 이윤율로 기능시키기에는 너무나 많은 노동 수단과 생활 수단이 주기적으로 생산된다. 상품의 가치와 이 속에 포함되어 있는 잉여 가치가 자본주의적 생산에 특유한 분배 관계와 소비 관계 아래에서 실현되어 새로운 자본으로 재전환되기에는 너무나 많은 상품들이 생산되고 있다. 즉, 이 과정을 반복되는 폭발없이 완수하기에는 너무나 많은 상품들이 생산되고 있다(『자본론』 제3권, 307쪽).

자본의 과잉 생산은 평균 이윤을 실현하지 못하는 자본이 증가하는 것이기 때문에 자본 축적은 제대로 이루어지지 못한다. 따라서 자본주의적 생산의 모든 영역이 경련을 일으키는 것이다. 이렇게 경제 공황은 자본주의적 생산의 모순이 뒤엉켜서 발생하는 것이기 때문에 어느 하나에서 원인을 찾는 것은 올바르지 못하다. 경제 공황은 자본주의적 생산 관계에서 주기적으로 발생하는 생산과 소비의 모순이 폭발하는 것이다. 자본의 과잉 생산을 담지 못하는 소비의 제한으로 자본이 스스로를 재생산하는 데 필요한 이윤율을 확보하지 못하기 때문에 발생하게 된다. 이러한 공황의 주기는 고정 자본의 갱신 기간에 의해서 규정된다는 것이 맑스의 생각인데 경험적으로 보면 10년 안팎이라고 볼 수 있다. 공황과 공황 사이에는 공황→불황→회복→호황→공황이라는 순환이 이루어진다. 따라서 공황은 자본주의적 생산의 모순이 폭발한 것이지만 자본주의를 직접 파국으로 몰고 가는 것은 아니며 자본 스스로 과잉 생산된 가치를 파괴해서 모순을 해소하고 이윤율을 회복해서 다시 잉여 가치가 생산될 수 있는 조건을 만드는 것이다. 그리고 미래의 새로운 공황을 향해서 전진하는 것이 자본주의가 안고 있는 숙명이다.

2.2

# 산 노동의 세상살이

> "그러면 임금과 이윤의 상호 연관에서 그것들
> 의 오르내림을 결정하는 일반적 법칙은 무엇
> 인가? 그것들은 반비례 관계에 있다. 자본의
> 몫, 이윤은 노동의 몫, 일당이 떨어지는 것과
> 같은 비율로 올라가고, 그 반대의 경우도 마찬
> 가지이다. 이윤은 임금이 떨어지는 것과 같은
> 정도로 올라가며 임금이 올라가는 것과 같은
> 정도로 떨어진다"(「임금 노동과 자본」, 『선
> 집』 제1권, 562쪽).

### 임금으로 사는 세상

자본주의 사회에서 대부분의 사람들은 임금으로 살아간다. 노동자
는 자본가를 위해서 일을 해 주고 대가로 임금을 받는 것이다. 사람이
공기만 먹고도 살 수 있다면 누가 임금 노동자가 되려고 하겠는가!
노동자는 노동력을 팔고 자본가는 노동력을 산다. 팔고 사기 때문에
당연히 가격을 갖는데, 이것이 바로 임금이다. 노동자는 임금을 받고
노동할 수 있는 능력인 노동력을 판매하는 것이다. 노동자는 자기의
노동력을 판 이후에는 공장에서 자본가를 위해 스스로의 노동력을 소
비한다. 이렇게 보면 노동력이라는 상품은 다른 상품들과 차이가 있

다. 모든 상품은 구입하는 사람이 소유하고 사용하게 되지만 노동력은 판매한 이후에도 여전히 소유는 노동자가 하고 자본가는 단지 사용만 하는 것이다.

이러한 노동력이 소비되는 과정을 노동이라고 한다. 따라서 자본가와 노동자가 거래하는 것은 노동이 아니라 노동력이다. 경제학자들이 노동자가 판매하는 것은 노동이 아니라 노동력이라는 사실을 이해하게 될 때까지는 상당한 시간이 걸렸다. 아직도 많은 사람들은 노동자가 파는 것은 노동이기 때문에 임금은 당연히 노동의 가격이라고 생각한다. 예를 들어 어느 공장 노동자가 하루에 10시간 일을 하는데 필요 노동 시간이 5시간이라면 노동자가 받는 임금은 5시간의 노동에 대한 대가이다. 그러나 임금은 5시간이 아니라 총노동 시간인 10시간에 대한 대가처럼 보인다.

이러한 착각은 자본가가 고의로 조작한 것이라기보다는 자본주의적 생산에는 임금을 노동의 가격처럼 보이게 하는 구석이 있기 때문에 생기는 것이다. 왜냐하면 임금은 오직 필요 노동 시간(5시간)의 가치를 표현하지만 노동자가 임금을 받으려면 하루에 10시간(필요 노동 5시간 ＋잉여 노동 5시간) 노동을 해야만 가능하기 때문에 5시간의 임금이 마치 10시간의 대가처럼 보이는 것이다. 그러나 정말 임금이 10시간 노동의 대가라면 잉여 노동은 전혀 없게 된다. 자본가는 잉여 가치를 얻지 못하기 때문에 존재 자체가 불가능해지는 것이다. 따라서 '무노동 무임금'이라는 선동은 이데올로기적 공세로서는 의미가 있을지 모르지만 과학적 의미는 전혀 없다. 임금이 노동의 대가라면 자본에게 이윤이 생길 여지가 없기 때문이다. 이윤이 사라질 때 자본이 어떻게 될 것인지는 짐작이 갈 것이다. 한편 노동자는 노동력을 외상으로 판매하고 노동한 후에 임금을 받기 때문에 마치 노동의 대가처럼 느껴지기도 한다. 더구나 임금의 크기는 일급이나 주급처럼 노동 시간의 길이에 따라 다르게 나타나기 때문에 노동의 대가처럼 오해를 불러일으키는 것이다.

만약 노동자가 받는 임금이 노동의 가격이라면 노동력이 상품이 아니라 노동이 상품이 되어야 한다. 그렇지만 자본가가 기계는 살 수 있지만 기계의 작동을 살 수는 없듯이 노동자의 노동력을 살 수는 있으나 노동은 살 수 없다. 노동은 상품이 될 수 없기 때문에 가격도 가질 수 없는 것이다. 왜냐하면 노동이 상품이 되려면 가치를 가져야 하는데 가치는 사회적 필요 노동 시간에 의해 결정되므로 10시간 노동의 가치는 10시간 노동이라는 어처구니없는 반복만 나오기 때문이다. 그리고 노동을 상품으로 팔려면 사전에 가지고 있어야 하는데 노동자가 미리 가지고 있는 것은 노동력이지 노동이 아니다. 더구나 노동의 판매는 화폐와 산 노동의 교환을 의미하는데 똑같은 가치로 팔고 산다면 노동을 구입한 자본가는 어디에서도 잉여 가치를 얻을 수 없는 것이다.

이와 같이 노동자가 자본가에게 파는 것은 노동이 아니라 노동력이라는 것이 명백하지만 노동인 것처럼 은폐되고 있을 뿐이다. 농노제 사회에서 농노의 노동은 스스로를 위한 노동과 영주를 위한 노동으로 시공간적 구분이 가능했다. 하지만 노예제 사회에서 노예가 스스로를 위해서 하는 노동조차 노예 소유자를 위한 것처럼 보였듯이 자본주의적 생산에서 임금 노동자의 잉여 노동은 마치 대가를 지불한 노동처럼 보이는 것이다.

## 착취하기 쉬운 임금 형태로

자본가가 노동자에게 임금을 주면서 일을 시키는 이유는 잉여 노동을 얻으려는 것이다. 그런데 잉여 노동은 별도로 떼어 낼 수 있는 게 아니라 총노동 속에 들어 있다. 따라서 어떻게 하든지 총노동을 더욱더 많이 끌어내려는 자본가들의 탐욕 때문에 임금은 다양한 모습으로 변화되어 왔다. 가장 쉽게 더 많이 착취할 수 있는 임금 형태는 어떤 것일까? 자본가는 골똘히 생각한다. 구체적인 임금의 형태는 노동 수단의 발전에 따라 바뀌었지만 시간급과 성과급이 탄력적으로 나타나고 있다. 자본주의 초기에는 단순한 시간급이 많았으나 노동 과정이 기계화되면서 성과급으로 바뀌었고 이 성과급은 노동 시간을 연장하고 노동 강도를 강화하는 데 이용되었다. 그렇지만 자동화 공장이 늘어나면서 성과급만으로 노동자를 몰아세우기가 어려워지자 다시 시간급으로 바뀌고 있다. 그리고 종래와는 달리 자동화 생산에 적합하게 변형된 복잡하고 발전된 직무급이 나타나게 되었다.

시간급이란 노동자가 스스로의 노동력을 하루나 일주일 또는 한달 동안 판매하고 대가로 일정한 금액을 임금으로 받는 것이다. 시간급도 당연히 총노동에 대한 지불처럼 나타나는데 이것의 기준은 노동력의 재생산 비용인 노동력 상품의 가치이다. 시간급을 통해서 자본가는 임금을 노동력 가치 이하로 떨어뜨려서 더 많은 잉여 가치를 만들려고 한다. 신자유주의가 우리 사회를 장악하면서 한층 증가된 비정규직 노동자들의 대부분은 시간급 노동자들이다. 급속하게 증가하고 있는 이주 노동자들도 시간급 노동자로서 노동력 가치 이하의 저임금에 허덕이고 있다. 노동력 가치 이하로 떨어진 임금을 받는 노동자들은 제대로 먹지도 쉬지도 못하고 노동을 하기 때문에 심각한 결과를 가져올 수 있다.

예를 들어 임금이 노동력 가치를 기준으로 하루에 30,000원이고 총노동이 10시간이라면 시간당 노동력 가치는 3,000원이다. 그런데 하루 임금을 고정시킨 채 하루의 노동 시간을 12시간으로 늘리면 시간당 노동력 상품의 가치는 2,500원으로 하락한다. 임금 총액은 변하지 않았지만 노동력 상품의 가격은 명백히 가치 이하로 떨어진 것이다. 그런데 시간급을 받는 노동자는 열심히 일하든 말든 시간을 기준으로 같은 임금을 받기 때문에 자본가는 노동자들을 감시하기 위해서 감독자나 별도의 관리자를 두고 노동 강도를 강화시키려고 한다. 그리고 기계 장치를 개발하고 작업 속도를 높여서 노동자가 쉼 없이 일하도록 만든다. 자본주의가 발전한 산업 국가들에서도 시간급 노동자들의 비중은 현격하게 증가하고 있다.

성과급이란 노동자가 생산한 상품의 개수 또는 작업한 양에 따라서 지불하는 임금이다. 그러니까 정해진 시간에 많은 물건을 만드는 사람이 임금을 더 받는 것이다. 그래서 시간급이 일정한 노동 시간에 대한 가격처럼 보이는 반면에 성과급은 당연히 노동자가 만든 상품의 수량이나 작업량에 대한 가격인 것처럼 보인다. 자본가는 성과급을 정할 때 시간급을 기준으로 정하기 때문에 궁극적으로는 노동력의 가치가 기준이 될 수밖에 없다. 예를 들어 노동력의 가치가 하루에 30,000원일 때 총노동 시간은 10시간이며 노동자는 10시간 동안에 아이스크림 20개를 만든다고 해 보자. 이러한 경우에 시간급이라면 시간당 임금이 3,000원(30,000원/10시간)이지만 성과급일 경우에는 아이스크림 한 개당 임금이 1,500원(30,000원/20개)이 될 것이다. 이렇게 성과급은 시간급을 단순하게 변형시킨 것처럼 보이지만 실제로는 노동자들을 훨씬 가혹한 자본의 포로로 만든다.

　성과급은 자본가가 시간급보다 훨씬 높은 노동 강도로 노동자를 착취할 수 있도록 해 주었다. 자본가들은 대부분 숙련 노동자들의 실적을 기준으로 성과급을 책정하기 때문에 일반 노동자들은 상당한 압박을 받게 되고 한 푼이라도 더 벌기 위해서 쉼 없이 일을 하게 되는 것이다. 따라서 자본가는 감독을 두지 않고도 일정한 잉여 가치를 안전하게 보장받게 된다. 그리고 성과급의 경우에는 자본가와 노동자 사이에 중간 착취자가 끼어 드는 것이 일반적인 모습이다. 중간 착취자는 자본가가 지불하는 단가와 중간 착취자가 노동자에게 실제로 지급하는 단가 사이의 차액을 차지한다. 자본가에 의한 노동자의 착취가 중간 착취자를 매개로 이루어지는 것이다. 또한 대부분의 노동자들이 건강을 잃어 가면서 일한 덕분에 생산성이 높아지면 자본가는 곧 단가를 낮춘다. 예를 들어 유리 구슬을 한 줄 꿰는 데 50원을 지불하다가도 노동자들이 노동 강도를 높여 하루에 200줄을 꿰어 10,000원을 받게 되면 자본가는 단가를 25원으로 낮추는 것이다. 이렇게 되면 노동자들은 종래의 임금을 유지하기 위해서 두 배로 일을 해야 한다. 성과급에서 노동자는 일을 많이 한 만큼 대가를 많이 받는 것이 아니라 적은 보수를 받게 되고 반면에 자본가는 그 만큼 더 많은 수입을 얻게 되는 것이다.

　이러한 성과급은 노동자들에게 고강도의 노동을 쉼 없이 강제하기 때문에 일정한 시간이 지나면 노동 능력을 상실하는 경우가 생길 수도 있다. 따라서 성과급은 지탄의 대상이 되고 있지만 자본가는 손쉽게 착취율을 증가시키고 노동 강도를 높일 수 있기 때문에 일반적인 임금 형태로 자리잡은 것이다. 우리 사회에도 일정한 작업량에 대해서 도급 임금을 주는 도급제, 총수입 가운데 일정한 부분을 할당받는 수입 배분제, 생산물의 일정 비율을 현물로 받는 현물 도급제, 기타 각종의 수당제 등의 변형된 성과급이 널리 활용되고 있다. 따라서 "성과급제 임금은 자본주의적 생산 양식에 가장 잘 어울리는 임금 형태라는 결론이 나온다"(『자본론』 제1권, 701쪽).

그러나 자본가는 자나깨나 노동자를 착취할 궁리를 하기 때문에 여러 가지 임금 형태가 나타나고 있다. 어떻게 하면 더 많이 착취하고 더 많이 축적할 수 있을까? 자본가들은 테일러 시스템이나 포드 시스템처럼 생산 과정에서 노동자들의 작업 과정을 정밀하게 분석하여 동작을 초 단위로 관리하고 마치 마른 수건을 쥐어짜듯이 노동자들의 노동 강도를 높이려고 한다. 그리고 시간급과 성과급을 혼합해서 사용하거나 직무급 또는 연봉제처럼 노동자들이 높은 실적을 올리도록 유인하는 장치도 마련하고 있다. 물론 우리 사주 조합처럼 노동자들을 이윤 배분에 참여시키는 경우도 늘어나고 있다. 그렇지만 자본주의적 생산에서 임금의 형태가 다르다고 임금의 본질이 바뀌는 것은 결코 아니다.


궁핍화 이론은 틀렸는가?


자본주의적 생산에서 자본가들은 더 많은 잉여 가치를 위해서 서로 경쟁하고 자본을 축적하는데 그 과정에서 노동자들도 함께 재생산하게 된다. 그런데 앞에서[5] 보았듯이 자본 축적의 다른 한편에서 노동자들은 빈곤을 축적하기 때문에 자본 축적은 노동자들의 삶에 커다란 파장을 주게 된다. 그런데 이와 관련하여 가장 큰 논란을 불러일으킨 것이 바로 궁핍화 이론이다. 자본주의가 발전할수록 노동자 계급의 처지가 나빠진다는 논리이다. 자본주의적 생산이 유례를 찾을 수 없을 정도로 생산력을 발전시켰지만 노동자들의 처지가 생각만큼 변한 것은 아니다. 왜냐하면 자본 축적이 진전될수록 경쟁은 치열해지고 자본의 유기적 구성이 고도화되면서 산업 예비군을 누진적으로 만들어 냈고 노동자들을 빈곤하게 만들었기 때문이다. 그러면 노동자 계급은 상대적으로 궁핍해지는가 아니면 절대적으로 궁핍해지는가? 아주 오래 전부터 있었던 논쟁이다.

물론 자본주의적 생산의 발전으로 국민 소득이 증가하는 경우 자본가들이 차지하는 비중은 점점 늘어나는 반면에 노동자들의 비중은 상대적으로 점점 감소한다는 상대적 궁핍화에 대해서는 별다른 논란이 없다. 부르주아 경제학에서 다루고 있는 상대적 박탈이나 분배 문제도 따지고 보면 상대적 궁핍화의 연장선에서 평가될 수 있는 것이다. 그런데 노동력의 가격인 임금이 노동력 가치에 미달하는 경우 노동자들은 자본가들의 비중에 미치지 못하는 것은 물론 정상적인 생활이 불가능해지고 때로는 고통을 참지 못해서 타락하는 경우도 생기는데 이것을 절대적 궁핍화라고 한다.

그런데 많은 사람들은 노동자들이 자본가만큼은 부유해지지 않았지만 점점 더 궁핍해지지는 않은 것으로 생각하는 경향이 있다. 즉 상대적 궁핍화는 수긍하면서 절대적 궁핍화는 받아들이려고 하지 않는다. 왜냐하면 십 년 전에 비해서 노동자들의 형편이 몰라보게 향상되었다는 것이다. 노동자들도 컴퓨터나 에어컨, 자동차를 가지고 있으며 영화나 연극, 음악 공연도 즐기고 좋은 음식을 먹으며 아들딸에게 교육도 시키고 있는 현실을 주목하기 때문이다. 따라서 노동자들은 절대적으로 궁핍해지는 것이 아니라 상대적인 박탈감만 느끼는 것으로 인식하게 된다. 그러나 노동자들의 궁핍화는 단순히 소비 영역에만 관련된 문제가 아니며 노동자들이 자동차나 이동 전화를 사용하는 것도 그들의 물질적 처지가 나아졌기 때문이라기보다는 노동 형태가 변화되면서 필수적인 노동 장비로 등장했기 때문이다. 무엇보다도 계급 문제는 소비나 분배의 문제가 아니라 바로 사회적 생산 관계의 문제인 것이다.

궁핍화는 자본주의적 생산이 발전하면서 역사의 화면에 나타나는 노동자 계급의 상태를 나타내는 것이다. 따라서 상대적 궁핍화 이론처럼 단순히 노동자들의 몫이 자본가들보다 상대적으로 적어지고 있다는 잉여 가치율의 문제로 이해하거나, 실질 임금이 노동력 가치에 미치지 못해서 발생하는 노동자들의 고통 지수로 생각하는 절대적 궁핍화는 모두 일면적일 수밖에 없다. 맑스가 언급했던 궁핍화의 본질은 자본 축적이 진행되면서 관철되고 있는 노동자 계급의 처지이다. 자본 축적이 지속되려면 자본가와 노동자가 재생산되어야 한다. 여기서 자본가와 노동자의 자본 관계를 상대적인 몫이나 실질 임금 문제로 한정하는 것은 너무 좁은 시각이라고 볼 수 있다.

맑스는 자본 축적이 새로운 사회를 위한 물질적 조건을 만드는 역사적 의의가 있지만 노동자 계급의 처지를 점점 더 어렵게 만든다고 지적했다. 왜냐하면 자본주의에서 노동 생산성을 높이는 방법은 어떤 것이든 노동자들의 착취를 강화해서 이루어질 수밖에 없기 때문이다. 맑스의 표현처럼 자본주의가 발전할수록 생산을 발전시키는 모든 수단들은 노동자를 지배하거나 착취하는 수단으로 바뀌고, 노동자를 기계의 부속물로 만들고, 노동을 혐오스러운 고통으로 전락시키고, 노동 과정에서 노동자들의 지적 잠재력을 억제시키고, 노동자의 전체 생활을 노동 시간으로 바꾸고, 노동자들의 가족을 자본에게 종속시킨다.

이로부터 자본이 축적됨에 따라 노동자의 상태는 그가 받는 임금이 많든지 적든지 간에 악화되지 않을 수 없다는 결론이 나온다. 끝으로 상대적 과잉 인구, 또는 산업 예비군을 언제나 축적의 규모 및 활력에 알맞도록 유지하고 있는 그 법칙은 벌컨 신(神)의 쐐기가 프로메테우스를 바위에 결박시킨 것보다도 더 단단하게 노동자를 자본에 결박시킨다. 그 법칙은 자본의 축적에 대응한 빈곤의 축적을 필연적인 것으로 만든다(『자본론』 제1권, 813쪽).

궁핍화는 자본주의적 축적의 총체적 과정에서 이해되어야 하는 것이다.

이러한 자본주의적 축적은 새로운 사회의 바탕을 만들어 간다. 자본 축적은 생산력을 발전시키는 한편으로 빈곤을 축적시키기 때문이다. 맑스는 자본가들의 치열한 경쟁으로 생산의 사회화가 진전되고 빈곤의 축적에 대한 노동자들의 저항이 조직화되는 과정에서 자본주의의 극복을 바라보고 있다. 자본 축적이 진전될수록 노동과 생산 수단이 사회화되면서 자본가는 옛날처럼 소상품 생산자를 수탈하는 것이 아니라 소수의 자본가가 다수의 자본가를 수탈하는 자본 집중이 나타난다. 이러한 자본가들의 경쟁 속에서 독점적 자본가들의 숫자는 줄어들지만 노동자들의 빈곤·억압·예속·타락·착취는 증가하는 것이다. 당연히 노동자들의 저항도 증대한다. 따라서 "생산 수단의 집중과 노동의 사회화는 마침내 그 자본주의적 외피와 양립할 수 없는 점에 도달한다. 자본주의적 외피는 파열된다. 자본주의적 사적 소유의 조종(弔鐘)이 울린다. 수탈자가 수탈당한다"(『자본론』 제1권, 959쪽). 이러한 맑스의 지적은 단순히 노동자들이 배가 고파져야 세상을 바꿀 수 있다는 뜻이 아니라 자본주의 발전의 역사적 흐름을 보여 주는 것이다.

## 노동자 책임론의 정체

자본주의적 생산은 잉여 가치 생산이다. 따라서 더 많은 잉여 가치를 얻기 위한 자본가들의 경쟁이 경제 위기를 잉태한다고 지적했다. 그런데 자본주의 사회에서 경제 위기가 폭발하면 자본가들은 '노동자 책임론'을 제기한다. 노동자들은 일을 열심히 안 하는데 임금만 인상되었기 때문에 위기가 왔다는 것이다. 자본가들의 논리에 따르면 임금이 오르는 경우 자연히 물가가 상승하고 국제 경쟁력이 떨어져서 경제 위기가 발생한다. 임금과 물가의 악순환이 반복된다는 이야기이다. 물가가 오르니 임금이 오르고 임금이 오르니 물가가 오른다는 주장이다. 이러한 자본가들의 공세에 대해서 임금이 상품의 제조 원가에서 차지하는 비중이 낮기 때문에 설사 임금이 오르더라도 물가의 인상 요인이 많지 않다는 주장이 있다. 임금 인상이 상품 가격에 미치는 영향이 미미한데도 불구하고 자본가들이 과대 포장하고 있다는 것이다. 이는 그럴듯한 분석이지만 임금을 잘못 이해한 것으로 보인다.

임금이란 노동력이라는 상품의 가격이기 때문에 임금도 다른 상품들과 마찬가지로 노동력을 다시 만들기 위한 사회적 필요 노동 시간에 의해서 결정된다. 이것은 노동자들에게 필요한 생계 수단의 가치를 말한다. 예를 들어 노동자가 현재의 기술 조건에서 어떤 상품을 생산하기 위해서 10시간 동안 일한다고 하자. 이 10시간 노동 가운데 필요 노동 시간이 5시간이고 잉여 노동 시간이 5시간이라면 필요 노동 시간에 해당하는 대가가 바로 임금이며 잉여 노동 시간인 나머지 5시간은 바로 자본가가 노동자를 착취한 이윤이다. 노동자는 임금으로 노동력을 재생산하기 위해서 생계 수단을 구입한다. 그런데 노동자가 임금 인상 투쟁을 통해서 임금의 몫을 5시간에서 6시간으로 증대시킨 경우에, 상품의 생산물 가치와 불변 자본의 크기가 불변이라면, 자본가의 몫인 이윤은 5시간에서 4시간으로 줄어들게 된다. 임금이 오른다고 해서 상품의 가치가 증대하는 것이 아니기 때문에 상품의 가격 상승을 유발하는 것은 아니다(『자본론』제3권, 234~239쪽). 상품의 가격은 이미 지적했듯이 노동 생산성과 연관된 것이며 상품 생산을 위한 기계 장치와 기술 수준에 따라 변동하게 된다. 다만 임금이 상승하면 자본가의 몫인 이윤은 감소하게 된다. 바로 이러한 이유 때문에 자본가는 임금 인상을 저지하려고 애를 쓰는 것이며 또한 감소된 이윤의 몫을 보충하기 위해 상품 가격을 상승시키는 것이다. 이로 인해 인플레이션이 발생하는 것은 당연하다.

자본가들은 임금 인상을 노동 생산성과 연결해서 생각하는 경향이 있다. 생산성 연동제가 바로 그것이다. 자본가들은 더 많은 잉여 가치를 얻기 위해서 노동 생산성을 끌어올려야 하는데 노동자들이 노동 생산성을 향상시키면 임금을 올리겠다는 것이다. 물론 노동 생산성이 향상되는 경우에 임금은 당연히 인상되어야 한다. 왜냐하면 노동 생산성을 향상시키려면 자본의 유기적 구성이 고도화되어야 하며 당연히 노동자들의 작업 속도가 빨라지고 작업 범위도 넓어짐으로 인해 노동 강도가 강화될 수밖에 없기 때문이다. 노동 강도가 강화되는 경우에는 노동이 강화된 만큼 임금을 인상해야 한다. 설사 노동 생산성이 향상되지 않더라도 물가가 상승하는 경우에는 노동력의 재생산을 위한 사회적 필요 노동 시간이 늘어나기 때문에, 즉 생계 수단의 가격이 상승하기 때문에 임금을 올려 주어야 한다. 그런데 노동 생산성이 향상되면 같은 시간에 더 많이 생산할 수 있기 때문에 상품의 가치는 떨어진다. 따라서 노동 생산성이 향상되면 노동자들은 앉아서 이익을 챙길 수 있다. 이러한 꿈 같은 일이 벌어지지 않는 이유는 바로 인플레이션 때문이다.

자본가들은 노동자들이 임금을 인상시켜 달라는 요구에 대해서는 여러 가지 이유로 회피하면서도 노동 생산성을 향상시키고 노동 강도를 강화하기 위해서는 다양한 방법을 동원하여 온 힘을 쏟는다. 특히 우리 사주나 국민주, 종업원 지주제는 노동자들의 귀를 솔깃하게 만든다. 노동자들에게 단순한 노동자가 아니라 기업을 함께 경영하고 참여하는 주주라는 환상을 심어 주는 것이다. 노동자들은 스스로 기업의 주인이라는 의식에 젖어 자본의 경쟁력 이데올로기의 포로가 되는 것은 물론이고 주식 소득을 기대하면서 반(反)노동자적 태도를 보이기도 한다. 하지만 우리 사주나 국민주를 통해서 노동자들이 기업을 지배하거나 경영 참여가 불가능한 것은 물론이다.

또한 자본가들은 비상시를 대비한 가계 준비금조차 주식 시장으로 유도해서 잉여 가치를 위한 자본으로 끌어들이지만 허가를 받은 투전판인(?) 주식 시장이 거대 자본과 기관 투자가들에 의해 조절되는 경우가 많기 때문에 소액 투자자들은 종자 돈을 유지하는 일조차 벅찬 현실이다. 그리고 조금 다른 경우이지만 기업 경영의 투명성과 전문성을 확립해서 기업의 지배 구조를 개선하겠다는 소액 주주 운동도 기업의 재무 구조와 경영을 합리화시킬 수 있는 계기가 될 수 있을지는 몰라도 그것 자체로 기업의 지배 구조나 성격을 바꿀 수 있는 것은 아니다.

그런데 자본가들은 때때로 지불 능력이 없기 때문에 노동자들에게 임금을 올려 줄 수 없다고 하는 경우도 있다. 더구나 경제가 침체하는 경우에는 아무리 임금을 올려 주고 싶어도 능력이 없어서 불가능하며 임금 인상 투쟁을 계속하면 공장을 닫을 수밖에 없다고 위협한다. 지불 능력을 고려해서 임금 협상을 하자고 떼를 쓰는 것이다. 그런데 임금은 자본가가 스스로의 주머니를 털어서 주는 것이 아니라 노동자들이 과거의 노동을 통해서 임금으로 받을 돈을 상품으로 만들어 주고 나중에 받는 것이다. 자본가가 말하는 지불 능력이란 어디까지나 스스로의 이윤을 빼고 남은 돈을 의미하며 이윤을 줄이는 경우에 임금 지불은 물론 임금 인상까지 가능할 수도 있다.

물론 자본가는 자본가들 사이의 피나는 경쟁으로 파산할 수도 있다. 자본은 쉬지 않고 경쟁하면서 자본을 축적하기 때문에 패배한 자본은 경기장 밖으로 쫓겨나는 것이다. 그리고 은행이나 금융 회사에서 자본을 대부받아 공장을 운영하기 때문에 경영에 실패하면 빚에 허덕이다가 부실 기업으로 전락하는 경우도 있다. 이와 같이 경쟁에서 패배하거나 부실해지면 현실적으로 지불 능력을 상실하게 된다. 이러한 상황에서 노동자들은 자본과 공장이 지불 능력을 가질 수 있도록 '무파업'을 선언하거나 임금 반납을 결의하고 무보수 순환 근무를 제안하는 경우조차 생긴다. 그러나 자본은 불리한 상황을 스스로의 주체적인 노력으로 바꾸기보다는 노동 강도나 착취를 강화해서 위기를 극복하고 이윤만 확보하기 때문에 노동자들의 조직적인 대응이 필요한 것이다.

사실 자본가는 잉여 가치를 위해서 생산하기 때문에 무임금으로 노동을 시킬 수 있다면 가장 즐거운 일이 될 것이다. 그렇지만 노동자 계급이 노동력을 재생산하려면 무작정 임금을 너무 적게만 줄 수도 없다. 물론 노동력 가치가 화폐로 표현된 것이 임금이기 때문에 자본가들은 노동력 가치보다 더 많은 임금을 지불하지 않을 뿐만 아니라 더 많은 이윤을 위해서 오히려 임금을 최저 한계로 끌어내리려고 한다. 따라서 노동자들은 임금을 인상시키기 위해서 자본가들과 투쟁하게 된다. 하지만 인플레이션이 항상화되어 있는 현실에서 임금 인상은 인플레이션으로 하락한 임금을 끌어올리는 수준에서 머무는 경우가 많다.

# 미완성을 넘어서

"대륙에서는 『자본』을 가끔 '노동자 계급의 성경'이라고 부른다. 노동 운동을 잘 아는 사람이라면 누구나 이 책에서 도달한 결론들이 비단 독일과 스위스에서뿐만 아니라 프랑스, 네덜란드, 벨기에, 미국, 심지어 이딸리아와 스페인에서도 나날이 더욱더 노동자 계급의 운동의 기본 원리로 되고 있다는 것, 모든 곳에서 노동자 계급은 이 결론들을 자기의 처지와 자기의 희망의 가장 정확한 표현으로 인정하고 있다는 것을 부인하지 못 할 것이다" (『자본론』, 제1권, 29쪽).

## 『자본』 이후의 맑스

1867년부터 맑스는 1865년에 써 놓은 『자본』 제2권과 제3권의 초고들을 다듬기 시작했다. 그는 『자본』을 되도록 빨리 완성하기 위해서 있는 정성을 다 쏟았지만 1864년 9월 28일에 설립된 제1인터내셔널을 지도하는 일이 바빠지면서 작업에 많은 지장을 받았다. 인터내셔널은 처음으로 만들어진 국제 노동자 계급의 대중 조직으로서 노동자들에게는 격려와 희망을 주었으며 자본가들에게는 놀라움을 안겨 주었다 (「칼 맑스」, 『선집』 제4권, 396쪽). 여러 나라 노동자들이 자발적으로 노력해서 만든 인터내셔널에서 맑스와 엥겔스는 중심적 역할을 수행했다.

그런데 맑스는 나날이 늘어나는 인터내셔널의 임무 때문에 피로를 느끼면서도 『자본』을 완성하려는 굳은 의지를 꺾지 않았다. "이미 런던에서 말씀드렸듯이 나는 가끔 총평의회에서 물러날 때가 되지 않았는지 자문하곤 합니다. 협회가 발전할수록 더 많은 시간을 들여야 하는데 나로서는 기필코 『자본』을 완성해야 하기 때문입니다"(*MECW* 44, 263쪽). 맑스가 『자본』을 완성하려고 했지만 여러 가지 어려움이 가로막고 있었는데 무엇보다도 궁핍한 생활과 쇠약해진 건강은 가장 커다란 장애물이었다. 더구나 자식들을 잃는 고통 속에서 맑스가 『자본』을 작업한 것은 정말 기적 같은 일이었다.

그런데 맑스는 인터내셔널에 관한 문제로도 상당한 곤란을 겪었다. 인터내셔널은 만들어질 때부터 공산주의자동맹처럼 하나의 이데올로기로 조직되거나 지배되는 정치적 결사가 아니었다. 이것은 다양한 요구와 이념을 가진 유럽 여러 나라의 노동자 계급이 모인 국제적인 연대 조직이었다. 따라서 인터내셔널에는 자본주의의 발전 정도가 다르고 이념적 지향에서 차이가 있는 영국의 노동 조합주의, 프랑스의 프루동주의, 독일의 라쌀레주의, 스위스와 이딸리아를 배경으로 하는 바꾸닌주의가 뒤섞여 있었다. 맑스는 이러한 흐름들과 인터내셔널 내부에서 또는 인터내셔널을 매개로 치열한 노선 투쟁을 벌였다. 그리고 급기야 인터내셔널로부터 바꾸닌 일파를 격리하기 위해서 총평의회를 미국으로 이전하기까지 하였다.

따라서 맑스는 인터내셔널 내부에서 다양한 국제적인 분파들과 싸우는 한편 인터내셔널을 통해서 여러 나라의 지배 계급들과 싸워야 하는 이중의 투쟁을 수행했다. 1871년에 맑스가 회고했던 것처럼 인터내셔널의 역사는 "인터내셔널 자체의 내부에서 노동자 계급의 진정한 운동에 맞서 자신을 주장하려 애쓴 종파들과 아마추어 시도들에 맞선 총평의회의 끊임없는 투쟁"(『선집』 제4권, 434쪽)이었던 것이다. 맑스는 인터내셔널을 통해 노동자 계급 운동의 모든 분파주의를 극복하고 국제적 연대를 만들어 내기 위해서 노력했다.

인터내셔널을 위해 헌신하던 맑스에게 가장 커다란 기대와 좌절을 동시에 안겨 준 것은 빠리꼬뮌이었다. 73일만에 무너진 노동자 국가에서 맑스는 프롤레타리아 독재의 원형을 찾으려고 했다. 그리고 꼬뮌 정부가 종래의 억압적인 통치 형태를 자율적이고 개방적인 체제로 바꾼 것을 탁월한 성과라고 평가했다. 물론 빠리꼬뮌 정부를 구성했던 대의원들의 이념적인 지향은 대부분 블랑끼즘이나 아나키즘의 영향을 받고 있었기 때문에 인터내셔널의 지도 노선이 관철될 수 있는 여지는 많지 않았다. 이러한 빠리꼬뮌에 대하여 맑스는 1871년 5월 30일에 인터내셔널 총평의회 담화문인 「프랑스에서의 내전」을 발표했는데 이것은 맑스주의의 근본적인 강령으로 평가될 수 있는 고전이다. 여기서 맑스는 프롤레타리아트 독재를 수립하려고 시도한 빠리꼬뮌의 세계사적 의미를 파악하고 꼬뮌의 교훈을 이론적으로 분석했으며 꼬뮌의 지향을 수호하고 승리와 패배의 원인을 치밀하게 검토했다. 그리고 프랑스 노동자들이 보여 준 과감한 혁명적 실천에도 불구하고 혁명 조직과 지도부가 없었기 때문에 빠리꼬뮌이 실패했다고 보았다.

빠리꼬뮌의 패배 이후 자연스럽게 국민 국가를 단위로 하는 혁명 조직 문제가 떠오르면서 노동 운동의 국제적 통일을 의도했던 인터내셔널 활동은 주춤하게 되었다. 다만 인터내셔널 강령에 바탕을 두면서도 노동자 계급을 국가 단위로 결합시키기 위해서 나라마다 사회주의 정당을 조직하려는 경향이 나타나게 되었다. 빠리꼬뮌에서의 혁명적 정당의 부재를 뼈저린 교훈으로 받아들인 것이다. 이 즈음에 독일의 사회주의 진영은 1875년에 고타 강령(Gotha Programme)을 채택하고 최초로 노동자 계급의 정당인 독일사회주의노동자당(이후에 독일사회민주당)의 깃발을 올렸다. 그러나 맑스는 통일된 사회주의 정당의 건설에는 동의하면서도 고타 강령을 라쌀레주의와 이념적으로 타협한 것이라고 비판했다. 그런데 라쌀레는 보통 선거권과 국가 보조를 받는 생산 연합이라는 합법적 수단을 통해서 사회주의 사회로 갈 수 있다고 보았다. 따라서 맑스는 고타 강령이 당을 사회 개량주의로 후퇴시킬 것이라고 우려하면서 "한 다스의 강령보다는 모든 단계에서 실제 운동이 훨씬 더 중요"(*MECW* 24, 78쪽)하다고 말했다.


## 엥겔스의 수고

1867년 9월 14일 『자본』 제1권이 출판된 이후 맑스가 『자본』 제2권, 제3권 작업에 집중할 수 없도록 시간을 빼앗은 데에는 인터내셔널과 빠리꼬뮌으로 이어지는 국제 노동 운동뿐만 아니라 학문적으로 엄격한 자기 비판도 한몫 거들었다. 『자본』이 탄생하는 과정[6]에서 느낄 수 있는 것은 맑스의 지적인 치밀함과 성실성이다. 그는 끊임없이 신행되는 연구 작업에도 불구하고 스스로 만족할 만한 수준에 도달할 때까지 내용과 형식을 몇 번이라도 되풀이해서 수정하였다. 이러한 맑스의 탐구 자세도 『자본』이 미완성으로 갈 수밖에 없는 하나의 이유라고 볼 수 있다.

이러한 『자본』을 미완성에서 완성으로 끌고 갈 수 있는 유일한 사람은 엥겔스뿐이었다. 물론 맑스는 진작부터 알아차리고 있었기 때문에 죽기 전에 딸 엘리너에게 『자본』 원고를 엥겔스에게 넘겨주면 '무엇인가를 만들어' 낼 것이라고 이야기했던 것이다. 맑스와 엥겔스의 우정은 『자본』의 역사에 듬뿍 담겨 있는데 주요한 문제에 대하여 두 사람이 끊임없이 편지를 교환하고 의견을 나누는 것이 오래된 습관이었다. 따라서 맑스는 엥겔스보다 더 신뢰할 수 있는 유언 집행인을 찾을 수는 없었던 것이다.

『자본』은 맑스가 출판한 제1권을 빼고 나머지는 맑스가 남겨 놓은 원고를 가지고 엥겔스가 편집하여 제2권은 1885년에 그리고 제3권은 1894년에 간행하였다. 이러한 작업은 엄청난 수고를 요구했는데 엥겔스는 남은 삶을 열정적으로 『자본』을 위한 작업에 바쳤다. 따라서 레닌이 『자본』 제2권과 제3권은 맑스와 엥겔스의 공동 저작이라고 지적한 것은 의미가 깊은 이야기이다. 엥겔스는 『자본』 제2권의 편집을 1884년부터 시작했다. 그런데 '상형 문자를 해독할 수 있는 살아 있는 유일한 사람'이지만 작업은 건강조차 나쁜 63세의 엥겔스에게는 엄청난 고행이었다. 그는 사람을 채용하여 낮에는 원고를 받아쓰게 하고 저녁에는 원고를 손질했다. 이러한 작업 상황을 엥겔스는 『자본』 제2권 서문에 상세하게 기록하고 있다. 그리고 스스로가 세운 원칙에 따라 "그 책을 완성된 일관적인 책으로 만들 뿐만 아니라 동시에 편자의 저작이 아니라 어디까지나 저자의 저작이 되도록 작업"(『자본론』 제2권, 3쪽)했다. 따라서 원고의 손질은 출판을 위해서 불가피하게 제한된 부분에서만 이루어졌으며 "원고를 될 수 있는 한 원문 그대로 재현하고, 문체에 있어서는 맑스 자신도 고쳤을 것이라고 생각되는 부분만을 고치고"(『자본론』 제2권, 3쪽) 스스로 재구성하거나 삽입하는 일은 형식적인 것으로 한정했다. 이러한 과정을 거쳐 『자본』 제2권이 세상에 나온 것은 1885년이었다.

　『자본』제2권의 작업 이후 엥겔스는 제3권의 빠른 출판을 예상했지만 원고의 상태가 "제3권을 위해서는 오직 하나의 매우 불완전한 초고"밖에 없었기 때문에 제2권보다 훨씬 힘든 작업을 감행할 수밖에 없었고 결국은 10년이라는 기나긴 시간이 소요되었다. 왜냐하면 제3권은 엥겔스가 부분과 부분을 연결하기 위해서 많은 글을 삽입한 것은 물론 상당한 부분은 직접 집필할 수밖에 없는 곳도 있었기 때문이다. 이렇게 하여『자본』제3권은 1894년에 어렵게 빛을 보게 되었다. 그런데 제3권의 작업이 끝나자 엥겔스는『자본』제4권인 잉여 가치 학설사의 편집 작업에 착수했지만 마무리하지 못하고 1895년 8월 5일에 맑스의 곁으로 떠나갔다. 그리고 제4권은『잉여 가치 학설사』라는 제목으로 칼 카우츠키에 의해서 1905~1910년에 발간되었다.


## 이론적인 곤란인가?


　맑스는『자본』을 통해서 자본주의를 하나의 전체로 파악하려는 의도를 가지고 작업했다. 그는 자본가들이 가치를 증식하기 위해서 자본을 축적하는 사회 경제적 과정을 입체적으로 조명하면서 자본주의의 운동 법칙을 분석했던 것이다. 맑스는 자본주의적 생산에서 자본가들은 자본을 축적하지만 노동자들은 빈곤을 축적할 수밖에 없는 것을 보여 주는 한편 가치 증식을 위한 자본가들의 노력이 오히려 가치 증식을 위기로 몰아넣는다는 자본주의적 생산의 한계도 과학적으로 분석하고 있다. 따라서 자본 축적이 진전되고 자본주의가 발전할수록 새로운 사회로 이행하는 데 필요한 물질적 요소들이 만들어지고 낡은 사회를 타도할 수 있는 계기들이 성숙된다는 것이 맑스의 논리이다.

맑스는『자본』을 작업하면서 스스로 결의를 다지듯이 엥겔스에게 편지를 띄웠다. "나는 사물의 전체를 내 목전에 놓게 되기 전까지는 아무것도 발표할 마음이 나지 않는다네. 나의 저술들은 어떤 결함이 있건 간에 하나의 예술적인 전체를 이룬다는 강점이 있네. 그리고 그러한 강점은 온전한 전체로서 내 목전에 놓이기 전에는 어떤 것도 출판하지 않는 나의 방식으로만 달성될 수 있네"(*MECW* 42, 173쪽).

그렇지만 맑스의 희망과는 달리『자본』은 '예술적인 전체'가 아니라 미완성으로 끝났다. 엥겔스의 수고에서 본 것처럼 맑스가 스스로 작업하여 출판까지 한 것은『자본』제1권뿐이며 제2권과 제3권은 맑스가 '최후의 가필'을 하지 못한 것이다. 따라서 제1권과 나머지 두 권을 비교하면 전체적인 구성이나 내용 전개에서 완성도가 현저하게 떨어지는 것을 볼 수 있다. 이것은 엥겔스의 진솔한 고백에서도 느낄 수 있듯이『자본』을 맑스의 정신과 원고로 출판하기 위해서 엥겔스가 단순한 편집 작업만 하고 세상에 내놓았기 때문이다. 맑스 자신이 직접 최후의 가필을 할 수 없었던 것은 물론 엥겔스도 맑스의 유고를 절대적으로 존중하고 더하거나 빼기보다는 '저자의 저작'으로 출판하는 것을 목표로 편집했기 때문에 명백하게 미완성인 것이다.

그런데 맑스는 1867년『자본』제1권을 출판한 이후 1883년 3월 14일에 그의 부인 예니의 곁으로 갈 때까지 쉬지 않고 국제 노동 운동을 지도하고 열정적으로 이론 활동을 벌였다. 따라서 비록 몸이 쇠약해지고 인터내셔널을 수호하기 위해서 많은 어려움을 겪은 것은 사실이지만 16년 동안 왜『자본』이 미완성으로 끝날 수밖에 없었는지는 여전히 의문으로 남을 수밖에 없다. 오로지『자본』을 쓰기 위해서 그토록 고통스러운 생활도 이겨 낸 맑스이다. 일체의 삶을 모두 바친『자본』을 왜 미완성으로 남겨 두었을까?

어쩌면 맑스의 기대와 다르게『자본』제1권을 발표했을 때 노동자 계급과 노동 운동가들로부터 커다란 호응을 얻지 못했기 때문에 작업을 뒤로 미루었을지도 모른다. 왜냐하면『자본』이 자본주의의 현상 형태인 착취, 억압, 불평등, 빈곤, 공황 등을 설명하는 데는 의미가 있었으나, 자본주의의 혁명적 지양과 사회주의 사회의 도래를 촉진하도록 노동자 계급에게 자기 의식을 광범하게 형성시키는 데는 성공하지 못했기 때문에 맑스가『자본』의 완성에 소극적이었을 것이라는 지적이다.[7] 그러나 이미 보았듯이 맑스는 최초의 국제적인 노동자 계급의 조직이며 스스로의 혼을 담고 있는 인터내셔널에 쏟는 시간을 줄여서라도『자본』을 완성시키고야 말겠다는 명백한 의지를 가지고 있었다.

그런데 맑스는 1873년에 경제 공황이 폭발하자 전개 과정이 종래와 다른 사실을 주목하고 경과를 최후까지 지켜본 이후에 이론적으로 해명하려는 계획을 갖게 되었다. 대불황에서 맑스의 주목을 끈 것은 공황의 상징처럼 여겨졌던 런던의 금융 시장이 위기에서 비껴가고 또한 공황의 타격이 예전보다 훨씬 강력하고 오래 지속된 것이다. 이러한 현실에서 맑스는 대불황의 파장을 면밀하게 지켜보면서 "저는 현재 영국의 공업 공황이 정점에 이르기 전에는 어떠한 일이 있어도 제2부를 공표하지 않을 것입니다. 이번에는 아주 독특해서 여러 가지 점에서 과거의 현상들과 구별됩니다"(『서한집』, 203쪽).

맑스는 1873년의 공황 이후의 대불황을 전반밖에 경험하지 못했기 때문에 영국의 경우를 국제 금융 시장과 연관시켜서 이해하는 것 이외에 이론적인 진전은 없었다. 다만 철도 건설을 계기로 자본주의 세계 경제의 발전을 주목하고 미국과 러시아의 사례를 통해서 불균등 발전을 의식하고 있었다. 그렇지만 대불황에 대한 이론적 규명을『자본』의 완성에 필수적인 현상으로 보았다는 사실은 기억할 필요가 있다. 그는 다른 편지에서도 "현재와 같은 독일 상황에서『자본』제2부는 출간될 수 없습니다만 바로 이 순간에 일정한 경제 현상들이 새로운 발전 단계에 들어섰고 이것의 정리가 필요하기 때문에 저로서도 전적으로 환영할 만합니다"(『서한집』, 209쪽)라고 했다.

그러나 1870년대~1880년대의 대불황에 대해서 맑스가 이론적으로 보완할 기회를 갖지 못했다고 해서『자본』의 지위가 위협받는 것은 아니다.『자본』이 출판되자 '침묵'으로 화답했던 독일 부르주아 학자들도 오이겐 뒤링의 비평을 시작으로 서서히 공개적인 관심을 갖기 시작했다. 따라서 엥겔스는『자본』제1권이 나오고 채 1년이 되지도 않았을 때 "어찌 되었든 묵살은 이제 지나갔고 이 책은 느리기는 하지만 확실하게 길을 나아가고"(*MECW* 43, 81쪽) 있다고 판단했던 것이다. 그리고『자본』은 부르주아 언론과 다르게 노동자 계급의 언론들로부터 커다란 관심과 환영을 받았다. 1868년 9월 인터내셔널 브뤼셀 대회에서는 모든 나라의 노동자들에게『자본』을 학습시키고 여러 나라 말로 번역하는 일을 지원하도록 권고하자는 결의가 채택되었다. 맑스는 1872년 3월 27일에『자본』의 러시아어 번역판이 3000부가 발간되어 5월 15일에 이미 1000부가 팔렸다고 기뻐했는데 연말쯤에는 거의 전부가 팔려 나갔다. 그리고 1872년부터 1875년까지『자본』의 프랑스어판 분책이 발간되면서 세계의 언어들로 번역되기 시작했다. 그렇지만 시간이 유난스럽게 더디게(?) 흘렀던 우리나라는 맑스의『자본』이 나온 지 100년도 훨씬 지난 1987년부터 한국어판『자본』이 이론과 실천을 통해서, 그리고 '자본론'이라는 제목을 달고 백의, 비봉출판사를 통해서 세상에 나오게 되었다.

임노동이 빠졌다!

『자본』이 근본적으로 미완성이라는 지적은 맑스의 경제학 연구 계획에서 비롯되고 있다.[8] 왜냐하면 맑스는 자본주의적 생산을 분석하기 위해서 오랫동안 고민한 후에 경제학 연구 계획을 자본, 토지 소유, 임노동, 국가, 국제 무역, 세계 시장의 6부작으로 계획하고[9] 작업을 추진했다. 그런데 실제로는 자본을 다룬 『자본』밖에 작업하지 못했기 때문에 이후에 맑스가 연구 계획을 변경했는지 또는 사정이 있어서 연구 계획을 제대로 수행하지 못했는지를 놓고 의견이 분분하게 되었다.[10] 그런데 앞에서[11] 보았듯이 『정치 경제학 비판 요강』이 공개된 이후에는 『자본』이 6부작의 일환이며 연구 계획을 변경했다기보다는 예정했던 연구가 계획대로 추진되지 못한 것이라는 견해가 유력해졌다.

이러한 이유로 마이클 A. 리보위츠는 맑스가 원래의 계획을 포기하지 않은 것으로 판단했다. 따라서 『자본』만 가지고 자본주의 세계를 분석하는 것은 불완전하기 때문에 임노동에 관한 이론서가 필요하다고 주장했다. 물론 맑스도 『자본』에서

임금 그 자체는 또 대단히 다양한 형태를 취한다. 이 사실은 오로지 물질적 측면에만 관심을 가짐으로써 모든 형태상의 차이들을 등한시하는 일반 경제학 원론에서는 나타나지 않는다. 그러나 이 모든 형태의 설명은 임금 노동에 관한 전문적 연구에 속하는 것이며 따라서 이 저서의 임무가 아니다(『자본론』 제1권, 685쪽).

라고 밝혔던 것이다. 리보위츠는 임노동에 대한 이론적 작업이 필요한 이유를 맑스의 방법을 통해서 제기했다. 맑스는 부르주아 사회를 분석

할 때 모든 것을 서로 연관된 하나의 전체로 파악하는 총체성에 바탕을 두고 있는데, 이 총체성은 변증법적인 논리를 통해서 풍부해진다. 따라서 자본주의를 분석할 때 맑스는 총체성과 변증법적인 논리를 가지고 풀어 갔기 때문에 모든 전제 조건들은 자본주의 자체에 의해서 생성된 것으로 그리고 전체 안에서 만들어지고 발전되는 것으로 설명되어야 한다.

자본주의적 생산에서 총체로 이해되는 자본은 물질적 생산물은 물론 사회적 관계도 재생산한다. 리보위츠는 『자본』이 총체로서의 자본을 설명하고 있지만 임노동이 자본에 의해서 재생산되는 것을 보여 주지 못하고 있다고 비판했다. 왜냐하면 『자본』은 임노동의 재생산을 노동자 계급의 본능으로 한정했던 것이다. "노동자 계급의 유지와 재생산은 언제나 자본의 재생산에 필요한 조건이다. 이 조건의 충족을 자본가는 안심하고 노동자의 자기 유지 본능과 생식 본능에 맡길 수 있다"(『자본론』 제1권, 725쪽). 따라서 리보위츠에게 『자본』에 그려진 총체성은 불완전한 것이었다. 왜냐하면 총체로서의 자본의 재생산을 보여 주고 있는 『자본』이 전제 조건이 되는 노동의 재생산 모습은 보여 주지 못했기 때문이다.

이렇게 임노동이 자본의 외부에 존재하는 한, 임노동을 분석하는 것은 필수적인 작업이다. 리보위츠에 따르면 임노동의 생산 과정을 자본의 생산 과정과 독립시켜서 보완해야 총체로서의 자본주의가 분석되는 것이다. 맑스는 일찍이 고전파 정치 경제학이 노동자를 일하는 동물로 간주하고 일하지 않을 때에는 노동자로 취급하지 않은 것을 비판한 적이 있다. 임노동의 재생산 문제도 주목했던 것이다. 따라서 임노동의 재생산이 자본의 경우처럼 총체적으로 조명되어야 한다는 것이 리보위츠의 주장이다. 자본의 정치 경제학은 노동의 정치 경제학

을 통해서 완전해지는 것이다.[12]

　전체로서의 자본은 생산 영역과 유통 영역의 통일이다. 그런데 임노동이 자본을 위해서 존재하는 것이 아니라 임노동 스스로를 목적으로 한다면, 임노동은 유통 영역에서 소비할 물품을 구해야 하고 다시 자신을 재생산하는 과정에서 물품을 소비함으로써 노동력의 판매자로 또 다시 유통 영역으로 들어가야 한다. 자본과 마찬가지로 전체로서의 임노동도 생산과 유통의 통일인 것이다. 이 지점에서 임노동의 계급 투쟁이 나타나게 된다. 왜냐하면 자본과 임노동은 각각 재생산의 목적이 다르기 때문이다. 자본은 노동력을 착취해서 잉여 가치를 확보하려고 하지만 임노동은 자기 계발에 대한 욕망을 충족시키려고 한다.

　따라서 노동자들은 스스로의 욕구를 충족시킬 수 있는 생활 수단과 여가를 요구하는 투쟁에 나서게 된다. 노동 시간을 절약해서 자유 시간을 증가시키려는 것이다.

> 이윤율의 실제적 정도의 고정은 자본과 노동 사이의 끊임없는 투쟁에 의해서만 확정된다. 자본가는 끊임없이 임금을 노동자의 육체적 최소치까지 감축하려는 경향이 있는 반면, 노동자는 끊임없이 반대 방향으로 압력을 가하려는 경향이 있다(「임금, 가격, 이윤」, 『선집』 제3권, 114쪽). 동등한 권리와 권리가 서로 맞서 있을 때는 힘이 문제를 해결한다(『자본론』 제1권, 298쪽).

자본과 노동의 세력 관계가 문제를 푸는 열쇠가 되는 것이다.

　그런데 『자본』에는 임노동이 스스로의 동력으로 자본에 대항하는 주체로 그려지고 있지 못하다. 리보위츠에 의하면 맑스가 『자본』을 통해서 노동일에 대한 계급 투쟁을 언급하고 있지만, 임노동의 방어적 투쟁만 있을 뿐 임노동이 주체적 입장에서 스스로의 전제 조건과 스스로의 재생산을 목적으로 하는 노동자 계급의 실천은 보이지 않는다고 지적했다. 따라서 노동자 계급이 스스로의 목적을 쟁취하기 위해서 투쟁한다는 것을 명백하게 밝히기 위해서라도 임노동에 대한 이론적 작업은 필요한 것이다.

리보위츠는 자본과 임노동이 통일된 순환을 <그림2-4>로 보여 주었다. 맑스의『자본』에 나타나는 자본의 순환은 $M—C(M_p, L_p)$ …… $P$ …… $C'—M'$이다. 리보위츠는 자본 순환을 화폐 자본($M$)—생산 수단($M_p$), 화폐 자본($M$)—노동력($L_p$), 생산 과정($P$), 가치 증식된 상품($C'$)—가치 증식된 화폐($M'$)라는 네 가지의 계기로 파악했다. 그리고 $M—L_p$는 임금에 관한 것이라고 지적하면서 자본과 임노동을 함께 담은 통일적 순환을 보여 주었다. 여기서 보면 $P_k$는 자본의 생산 과정이며 $P_w$는 노동의 생산 과정이다. 그런데 노동자의 생산 과정은 $L_p—M—A_c$(소비재) …… $P_w$(노동자의 생산 과정) …… $L_p$(노동력)로 이루어지고 있다.

이렇게 노동의 재생산 과정을 도입하면 노동력을 판매하는 노동 시장이나 노동력을 지출하는 생산 과정에서, 자본에 대항하면서 스스로의 목적을 위해 행동하는 주체로서 노동자가 선명하게 보이는 것이다. 노동자들은 노동 시장에서는 노동 조합을 통해서 노동 시간이나 임금 수준 같은 노동력의 판매 조건을 위해 투쟁한다. 그리고 생산 과정에서는 자본의 지휘나 감독에 대항하는 것이다. 그러나 더 많은 잉여 가치를 위해서 노동 생산성을 끌어올리려는 자본의 안간힘으로 자본의 유기적 구성이 고도화되고 상대적 과잉 인구가 늘어나면 노동자들의 저항은 위협을 받게 된다. 따라서 노동자 계급은 사회적으로 발달한 개인의 욕구를 충족하기 위해서 정치 권력을 장악하거나 정치

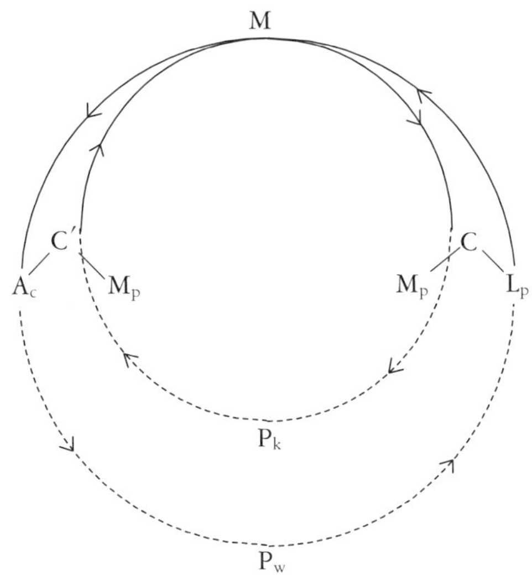


<그림2-4> 자본과 임노동의 순환

투쟁에 집중하게 되는 것이다. 이러한 논리를 바탕으로 리보위츠는 『자본』에서 유도될 수도 있는 경제주의나 결정론적인 경제 법칙이 사라질 것으로 기대했다. 이제 자본은 가치 증식 과정에서 노동 생산성을 향상시키는 한편 저항하는 노동자들을 효율적으로 통제하고 관리하기 위해서 고민하게 되는 것이다.

또한 노동자들이 임금 노동자일 뿐만 아니라 하나의 인간으로 살아갈 수밖에 없다는 측면을 통해서 노동 운동과 사회 운동, 예를 들면 여성 운동, 환경 운동, 소비자 운동 등이 하나의 대중 운동으로 결합될 수 있다고 지적했다. 왜냐하면 노동자들은 자본과 관계를 맺는 것은 물론이고 사회 관계와 가족 관계에서 스스로를 재생산하기 때문이다. 따라서 자본주의적 생산은 자본의 논리와 함께 동등한 차원에서 노동의 논리를 함께 고려해야 자본주의적 생산을 총체적으로 이해할 수 있는 것이다. 그러나 이러한 미완성에 대한 평가들이 자본주의적 생산을 분석하는 『자본』의 역할을 축소하는 것으로 볼 필요는 없다. 자본주의의 변화에 따라 이론적인 보완은 지속적으로 필요한 것이다. 그러나 『자본』은 아직도 자본주의라는 생산 양식이 운동하는 모습을 과학적으로 분석한 유일한 저서로 남아 있다. 맑스에게 '지긋지긋한 책'이었던 『자본』은 자본가들을 겨냥하는 '가장 무서운 돌멩이'로 100년이 훌쩍 지난 세월을 견디고 있는 것이다. 오늘도 『자본』은 자본주의 사회에서 착취당하는 노동자 계급에게 말씀(?)이 담긴 성경으로 살아 있다.

제3장

# 누가 '종말'을 선언하는가?

"자본주의적 생산 과정은, 그 계속적이고 상호 연관된 과정의 측면, 즉 재생산 과정의 측면에서 본다면, 상품과 잉여 가치를 생산할 뿐만 아니라 자본 관계 자체를, 즉 한편으로는 자본가를 다른 한편으로는 임금 노동자를 생산하고 재생산한다"(『자본론』 제1권, 732쪽).

3.1

# 자본은 위기로 숨쉰다

"근대 산업의 특징적인 진행 과정, 즉 평균 수준의 호황, 활황, 공황과 침체로 이루어지는 10년을 1주기로 하는 순환은 …… 천체가 일단 어떤 특정한 운동에 들어가면 끊임없이 그 운동을 반복하는 것과 마찬가지로, 사회적 생산도 일단 확대와 축소가 교체되는 이 운동에 들어가면 끊임없이 그 운동을 반복한다. 결과가 이번에는 원인이 되며, 그리하여 [자기 자신의 조건을 끊임없이 재생산하는] 전체 과정의 교체되는 국면들이 주기성의 형태를 취하게 된다"(『자본론』 제1권, 797~798쪽).

## 1825년 이후

자본주의는 변화의 동력이 강력한 생산 양식이다. 자본과 노동의 첨예한 대립이 바탕에 깔려 있기 때문이다. 이러한 자본주의는 생산의 사회화가 진전되는 방향으로 발전하기 때문에 모든 부문에서 사회적 성격이 강화되는 방향으로 나아간다. 잉여 가치를 취득하는 형태나 잉여 노동을 강제하는 방법, 투자 자금의 조달이나 상품의 가격 설정과 시장 관리에서도 자본주의적 생산이 점점 더 사회적으로 이루어지는 것을 관찰할 수 있다. 자본주의는 주기적인 위기를 극복하고 적응하는 과정에서 발전했는데, 자본주의의 발전[1]은 일반적으로 자유 방임 단계, 독점 자본 단계, 국가 독점 단계를 경과하는 것으로 설정되고 있다.

자본주의 역사는 평화롭지 못했다. 부르주아들은 자본주의 사회가 인간의 본성에 어울리는 조화로운 사회라고 했지만 진실은 곧 밝혀졌다. 자본주의적 생산이 성숙해지면서 모순이 쌓이고 피할 수 없는 '원죄'가 폭로된 것이다. 사람이 숨을 들이쉬고 내쉬듯이 자본주의는 호황과 불황을 반복했다. 자본주의적 생산은 공황을 통해서 주기적으로 세상을 공포의 도가니로 몰아넣지만 자본주의를 붕괴로 유도하는 것은 아니다. "공황은 항상 기존의 모순들의 일시적 폭력적 해결에 지나지 않으며, 교란된 균형을 일시적으로 회복시키는 강력한 폭발에 지나지 않는다"(『자본론』 제3권, 297쪽). 왜냐하면 공황은 종래의 자본 축적 과정에서 쌓인 모순 때문에 폭발하지만 다른 한편으로는 자본 축적 조건을 새롭게 만드는 역할도 수행하는 것이다.

공황이 발생하면 자본가들은 온갖 수단을 동원해서 위기를 극복하려고 노력한다. 무엇보다도 자본은 가치 증식에 유리한 환경 조건을 만들기 위해서 노동을 압박하여 자본 관계를 재편하고 축적 구조를 정비해서 위기를 벗어나려고 한다. 경제 위기의 폭과 깊이가 충격적인 경우에는 자본 순환을 재편하여 스스로의 한계에 대응하는 것이다. 공황의 주기적 폭발은 궁극적으로 자본주의의 한계를 보여 주는 것이다. 위기를 탈출하려는 자본의 노력은 자본주의를 변화시키는 한편 새로운 모순을 잉태하는 출발선이 되기 때문이다. 공황은 숙명이다!

물론 자본주의는 짧은 시간 동안에 생산력을 엄청나게 발전시켰다. "부르주아는 백 년도 채 안 되는 자신들의 계급 지배 기간 동안, 과거의 모든 세대들을 합친 것보다 더 많고, 더 거대한 생산력들을 창조하였다"(『선언』, 10쪽). 부르주아는 인간이 얼마나 거대한 역사를 이룩할 수 있는지 명백하게 보여 주었고, 이러한 생산력을 바탕으로 자본주의는 세계로 전진했던 것이다. 하지만 어느 날 갑자기 공황이 폭발하면 기계는 멈추고 공장은 문을 닫고 실업자는 증가하고 자본주의는 기나긴 불황과 정체의 늪에 빠져 들게 된다. 이러한 공황은 한 번으로 그치는 것이 아니라 주기적으로 발생하며 폭발할 때마다 더욱더 격렬해지는 모습을 보여 주었다.

자본주의 역사에서 공황(crisis)이 주기적으로 나타난 것은 1825년부터이다. 『자본』에 따르면 "영국의 면 공업은 1770년부터 1815년 사이에 단지 5년의 불황과 정체를 제외하고는 세계 시장을 독점했다. 이후 1815년부터 1821년까지 7년의 불황이 있었고 1822∼1823년의 번영에 이어서 1824년에 공장들이 전반적으로 확장하는 이상 팽창 그리고 1825년에 공황이 폭발했다." 1825년의 공황까지 영국 자본주의는 불황에서 번영으로, 번영에서 이상 팽창으로, 이상 팽창에서 공황으로 순차적인 과정을 보여 준 것이다. 이렇게 "산업의 생애는 중간 정도의 활황, 번영, 과잉 생산, 공황, 불황의 시기들의 하나의 계열로 된다"(『자본론』 제1권, 573쪽). 그리고 순환 과정에서

재생산 과정이 크게 촉진되어 활력이 넘치는 번영기 또는 큰 팽창기에는 노동자들이 완전히 고용된다. 대부분의 경우 임금의 인상도 일어나는데 이것은 산업 순환의 다른 국면에서 일어나는 임금의 하락—평균 수준 이하로의 하락—을 어느 정도 보상한다. …… 공황기에 사태는 정반대이다. I분야의 화폐 유통(소득의 지출)은 축소하고 가격은 하락하며 임금도 하락한다. 취업 노동자의 수는 감소하고 거래량도 감소한다(『자본론』 제3권, 549∼551쪽).

자본주의적 생산의 이러한 순환은 고정 자본의 가치량과 수명에 따라 차이가 있지만 평균적으로 10년을 하나의 주기로 발생했던 것이다(『자본론』 제2권, 210쪽). 물론 정확한 순환 주기를 파악하는 것도 중요하지만 자본주의적 생산이 순차적인 시기들을 주기적으로 통과할 수밖에 없다는 사실이 밝혀진 것은 무엇보다도 의미가 있다. 공황은 8~11년의 주기를 가지고 계속해서 폭발했지만 자본주의의 진로에 결정적인 영향을 주었던 위기는 1873년의 공황과 1920년대~1930년대의 공황, 1970년대~1980년대의 공황이라고 할 수 있다. 이러한 공황들은 자본주의적 생산이 새로운 단계로 진입할 수밖에 없을 정도로 파괴적인 충격을 가했다. 부르주아 경제학이 침묵으로 대응한 것은 물론이다.

최초의 자본주의적 공황은 1825년에 폭발했는데 생산 영역보다는 상업 부문과 신용 부문이 직접적인 타격을 받았다. 왜냐하면 당시에는 시장과 비교할 때 생산 단위들이 대체로 작았으며 숙련 노동자들을 중심으로 생산이 조직되었기 때문이다. 비교적 생산력 수준이 높지 않았던 자유 방임 단계에는 분업과 협업에 의존해서 노동 생산성을 향상시켰다. 1857년에 최초의 세계 공황이 발생하기 전까지는 자본주의가 가장 발달한 영국이 항상 공황의 중심에 있었다. 때때로 공황은 자본주의적 생산의 발전을 나타내는 지표가 되기도 했다.

그런데 19세기에 급속하게 팽창하던 자본주의적 생산은 1873년의 공황에 이은 대불황(Great Depression)으로 인해 발전 속도가 눈에 띄게 떨어졌다. 19세기 최대의 위기인 1873년의 공황은 급속하게 성장한 노동자 계급과 자본가 계급 사이의 모순 그리고 발달한 산업 국가들 사이의 모순 때문에 폭발했다. <표3-1>에 나타나듯이 자본주의에서는 불균등 발전이 일어날 수밖에 없는데 후발 주자이지만 빠르게 발전한 독일과 미국의 자본주의가 영국을 대신해서 공황의 중심에 서게 되었다. 1873년의 공황에서 1882년, 1890년의 공황을 거쳐 1890년대에 이르는 일련의 순환을 보면 번영 국면이나 공황이 격렬한 모습으로 나타나지는 않았으며 마치 순환 자체가 사라지고 만성적인 침체에 빠져든 것처럼 보이기도 했다. 왜냐하면 기선이나 기차 등의 운송 수단이 발달한 이후 값싼 곡물이 유입되면서 오랫동안 농업 생산이 정체하여 번영의 성과를 잠식했기 때문이다.

<표3-1> 산업 국가들의 공업 생산 비중 추이(1870~1938년)

(단위: %)

| 구 분 | 영국 | 프랑스 | 독일 | 러시아<br>(소련) | 미국 | 일본 | 기타 |
|---|---|---|---|---|---|---|---|
| 1870년 | 32 | 10 | 13 | 4 | 23 | – | 18 |
| 1881~1885년 | 27 | 9 | 14 | 3 | 29 | – | 18 |
| 1886~1890년 | 20 | 7 | 17 | 5 | 30 | 1 | 20 |
| 1906~1910년 | 15 | 6 | 16 | 6 | 35 | 1 | 22 |
| 1913년 | 9 | 7 | 12 | (4) | 42 | 3 | 23 |
| 1936~1938년 | 9 | 5 | 11 | (19) | 32 | 4 | 20 |

출처: Michel Beaud, *A History of Capitalism 1500-1980*, 125쪽.

대불황을 겪었지만 독일과 미국의 자본주의는 위기를 극복하고 빠르게 성장했다. <표3-1>을 보면 1881~1885년과 1896~1900년 기간에 미국의 공업 생산이 세계에서 차지하는 비중은 각각 29%, 30%로 상승하여 영국을 추월하게 되었으며, 독일도 같은 기간에 14%, 17%로 영국을 바짝 뒤쫓게 되었다. 하지만 당시까지 영국은 세계의 공업 생산에서 절대적인 지위를 차지하고 있었으며 해외 투자나 무역도 증가했던 것이다. 다만 대불황을 통해서 독일이나 미국의 자본주의가 추격을 시작하자 영국 자본주의는 상대적으로 낮은 지위로 전락하기 시작했다. 프랑스 자본주의도 비슷한 처지를 맞게 된 것은 물론이다.

　1873년의 공황 이후 자본주의적 생산은 깊고 깊은 불황의 늪에 빠져 들었다. 당연히 경제는 정체하게 되었고 자본가들의 경쟁은 치열해질 수밖에 없었으며 노동자들의 저항도 점점 강도가 높아졌다. 자본주의적 생산의 앞날을 어둡게 느끼기 시작한 자본가들은 비상구를 찾기 시작했다. 자본가 계급은 노동자 계급에 대한 지배 양식이나 지배 관계를 새롭게 정립하는 한편 산업 자본의 집중과 집적, 트러스트 및 독점 자본의 형성 그리고 무역과 자본 수출을 통한 자본 운동의 공간적 확장, 세계를 분할하는 식민지 건설 등으로 대응하게 되었다. 1870년대~1880년대의 대불황을 통해서 자본주의는 제국주의[2]로 이행한 것이다. 이후에 자본주의적 생산은 철도 건설과 중화학 공업의 성장, 군수품 생산, 제국주의 국가들의 세계적 지배와 자본 수출 등으로 번영 국면이 강화되었기 때문에 일정 기간 동안은 공황이 짧게만 나타나게 되었는데 그나마 제1차 세계 대전으로 지체되기도 했다. 다만 1900년에 발생한 공황부터는 자본주의적 생산이 성숙해진 러시아와 일본이 발달한 산업 국가들과 함께 주기적인 공황을 경험하게 되었다.

　그러나 자본주의 역사에서 최대의 공황은 1929년에 폭발했는데 모든 산업 국가들은 물론 세계의 모든 나라들이 공황의 영향에서 벗어나지 못했다. 불기둥이 솟구치는 화산처럼 온 세상을 뒤덮었다. 진정한 의미에서 최초의 세계 공황이 폭발한 것이다. 일반적으로 1920년대~1930년대 위기는 1929년 10월 24일의 월스트리트 증권 파동에서 시작되었다고 하지만 공황은 이미 산업 영역에서 숙성되었던 것이었다. "경기는 주식 시장의 붕괴 오래 전부터 계속 악화되고 있었다."[3] 주식이 폭락하기 이전에 이미 공업 생산이 위축되었다는 지적이다. 그런데 공업 생산이 위축되는 과정에는 발달한 자본주의 국가들 사이의 모순도 한몫 거들었다. 자본주의 중심부에서는 불균등 발전이 심화되었고 제1차 세계 대전 이후의 채무 관계가 개별 국가들을 제약했으며 해외 시장에 대한 경쟁도 격렬해지는 상황이었다.

1929~1933년에 걸쳐서 나타난 공황은 깊이와 넓이에서 유례를 찾아볼 수 없을 정도로 거대한 폭발이었다. 무엇보다도 생산이 절대적인 규모로 감소했다. 공황 이전의 최고점인 1929년에서 최저점인 1932년 사이에 미국의 공업 생산은 46.2%가 떨어졌으며 세계적으로는 30.0%가 감소했는데 특히 생산 수단을 만드는 제I부문의 생산이 급격하게 하락했다. 공업 부문은 일반적으로 1908~1909년 이전 수준으로 후퇴했으며 세계 무역은 65%나 감소되었다. 그리고 세계의 실업자는 4,000만 명에 이르렀다.

두번째로 주목할 점은 거대한 농업 공황이었다는 사실이다. 밀의 도매 가격이 70%나 폭락했으며 면화, 사탕, 커피, 양모 등의 가격도 50%까지 떨어졌다. 그리고 이 공황은 격렬한 금융 공황을 동반했는데 은행 파산으로 시작된 국제 단기 자본의 이동은 영국과 독일을 강타했다. 따라서 국제 금융 시장의 중심인 영국은 1931년에 금 본위제의 이탈을 결정할 수밖에 없었으며 미국도 1933년에 영국의 뒤를 따르게 되었다. 최후까지 금 본위제를 고수하고 있었던 프랑스 역시 1936년에는 어쩔 수 없이 관리 통화제로 바꾸게 되었다.

세계 공황의 태풍이 휩쓸고 지나간 이후에도 자본주의 세계는 과잉 자본과 수많은 실업자들 때문에 시달렸다. 개별 국가들이 불황을 극복하기 위해서 관세를 높이고 환율을 절하하자 세계 시장은 한층 좁아지게 되었다. 더구나 1937년에는 새로운 공황까지 폭발했던 것이다. 그런데 독일과 이딸리아, 일본은 전쟁을 수행하면서 경제를 군사화하여 공황을 비껴갔지만 미국은 공황에 노출될 수밖에 없었다. 미국이 1930년대의 위기에서 확실하게 탈출하게 된 것은 결국 제2차 세계 대전이 일어나고 군수품 생산이 본격화된 이후부터이다. 이러한 1930년대의 불황으로 자본주의 세계를 조화롭게만 바라보던 세계관은 사라지게 되었으며, 경제의 군사화를 촉진했고, 경제에 대한 국가의 공격적인 개입이 본격적으로 시작되었다. 세계 공황을 계기로 자본주의 사회는 빠르게 변화된 것이다.

'비 온 뒤에 땅이 굳어진다'고, 최대의 경제 위기를 겪은 이후 자본주의적 생산은 유례가 없이 안정적으로 성장했다. <표3-2>에서 보듯이 자본주의 국가들의 경제적 성과는 자본의 역사에서 예외로 기록될 정도의 수준이었다. 이렇게 자본주의가 대약진하게 된 원인에 대해서는 두 가지의 시각이 팽팽하게 맞서고 있다. "1945~1965년에 걸치는 '장기 파동'에서 '항구적인 군수 경제(permanent arms economy)'가 자

<표3-2> 산업 국가들의 장기 연평균 성장률 추이(1820~1973년)

(단위: %)

| 구 분 | 생산 | 1인당 생산 | 고정 자본 스톡 | 수출 |
|---|---|---|---|---|
| 1820~1870년 | 2.2 | 1.0 | – | 4.0 |
| 1870~1913년 | 2.5 | 1.4 | 2.9 | 3.9 |
| 1913~1950년 | 1.9 | 1.2 | 1.7 | 1.0 |
| 1950~1973년 | 4.9 | 3.8 | 5.5 | 8.6 |

출처: 루이 암스트롱 외, 김수행 옮김, 『1945년 이후의 자본주의』, 183쪽.

본 축적을 가속하는 데 실질적으로 기여"[4]한 것으로 보는 시각이 있는 한편 세계 대전에서 마련된 생산 수단들이 노동 생산성을 향상시킨 것이 원인이라고 보는 주장이 있다. 이 시기에 자본주의적 생산은 숨이 막힐 정도로 팽창했기 때문에 주기적인 공황이나 자본 관계의 모순은 낡은 시대의 유물로 치부되었다. 노동자들의 계급적 후퇴와 노자 관계의 제도화, 사회적 지출의 증가, 임금 상승과 구매력의 증가, 투자 수준의 상승, 미국에 의한 자본주의 세계의 조직화 등이 이루어졌다. 이제 자본주의는 질적으로 달라진 것처럼 보였다.

그러나 자본은 스스로의 한계를 노출했다. 자본주의가 고도 축적을 실현했다고 하여 주기적 순환마저 피할 수 있었던 것은 아니다. 왜냐하면 자본주의적 생산은 스스로의 심장을 정지시킬 모순도 함께 성숙시키기 때문이다. 제2차 세계 대전 이후 최대의 위기는 1970년 대~1980년대에 폭발한 세계 공황이다. 전후의 '사회적 합의'에 바탕을 두었던 혼합 경제가 성장과 고용을 지속적으로 담보해 줄 것이라는 기대는 무너졌다. 자본주의적 생산에서 주기적인 공황은 계몽된 국가가 개입해도 조절될 수 없다는 것이 입증되었다.

세계 공황이 폭발한 것은 'OPEC 책임론'을 제기하는 이데올로기적 공세를 예외로 한다면 이윤율이 급속하게 하락하면서 발생한 전형적인 과잉 생산 공황이라는 점에 대해서 대체로 이견이 없다. 다만 이윤율이 떨어진 이유에 대해서는 자본가들이 세계 단위에서 벌이는 경쟁 때문에 세계적 수준에서 과잉 생산을 낳았고 이것이 상품 가격을 하락시키고 이윤율을 압박한 것으로 파악하는 경우가 있는가 하면,[5] 안정적 성장에 따라 자본 축적이 진전되었고 고용 수준이 늘어나면서 이것이 노동자 계급의 사회적 영향력을 강화시켜 임금 인상을 가져왔고 임금 인상이 이윤율을 저하시킨 것으로 해석하는 논리가 있다.[6]

이는 자본주의적 생산의 위기를 자본가들의 경쟁을 통해서 바라보는 논리와 자본과 노동의 관계를 통해서 평가하는 논리가 대립하는 것이다. 그런데 일반적으로 이윤율은 잉여 가치의 착취 수준, 기초 기술과 공정 기술의 변화에 의한 자본의 가치 구성과 유기적 구성, 계급 투쟁의 역관계에 의해서 장기적으로 파동을 그리게 된다. 따라서 자본주의적 생산에서 이윤율에는 자본과 노동의 이해 대립이 반영될 수밖에 없으며 전후의 '사회적 합의'처럼 계급 관계가 후퇴하는 국면에서는 자본가들의 치열한 경쟁이 주목될 수밖에 없을 것이다.

1970년대~1980년대 세계 공황은 이윤율 하락, 노동자 계급 운동의 증가에 따른 생산 조건의 변화 그리고 중심 국가들의 불균등 발전으로 세계 단위에서 심화된 자본들의 경쟁이 복합적으로 반영되고 있다. 자본주의 중심 국가들은 철강, 자동차, 조선 등의 선도 산업에서 기술 혁신과 신제품 개발이 부진하여 생산 설비의 가동률이 낮아졌고 노동 생산성은 정체되었으며, 안정적인 성장으로 실업자가 감소했고, 노동자 계급의 세력이 증대하여 임금 인상과 사회적 지출 압력이 강화되는 상황이었다. 그리고 주변 국가들의 공업화가 진전되었고 중심 국가들의 불균등 발전으로 경제적 각축전이 심화되었다. 왜냐하면 자본주의 세계를 조직했던 미국의 경제력이 낮은 노동 비용과 높은 노동 생산성으로 무장한 독일과 일본의 추격을 받으면서 미국의 상대적인 지위가 낮아지기 시작했던 것이다.

미국 자본주의의 지위가 흔들리자 달러를 통해서 세계 경제를 견인했던 브레튼우즈 체제는 변화가 필요했다. 특히 달러의 국제 유동성의 창출과 국제적 신용 사이의 모순인 '트리핀 딜레마(Triffin dilemma)' 현상이 가속된 것이다. 즉 자본주의 세계 경제가 발전하면서 국제 유동성에 대한 수요가 늘어났는데, 이 수요에 부응하여 국제 유동성이 증가되려면 미국의 국제 수지가 적자를 기록해야 한다. 그런데 적자가 계속되는 경우에는 달러의 가치가 떨어져서 달러의 국제적 신인도가 떨어지게 된다. 세계 경제를 견인하는 미국 자본주의는 압박을 느끼기 시작했다. 자본주의 세계 경제에 어두운 그림자가 나타난 것이다.

<표3-3>은 전후의 고도 축적 이후 자본주의 산업 국가들의 이윤율 추이를 보여 주고 있다. 정점 이후 1973년까지 대부분의 국가에서 이윤율은 지속적으로 낮아졌다. 산업 일반의 이윤율은 1966년에 19.5%로 정점을 이루었으나 계속 떨어져서 1975년의 11.7%, 1982년에는 정점의 절반 수준인 10.6%를 기록했던 것이다. 세계 대전 이후 자본주의 세계 경제를 주도해 온 미국과 일본이지만 1982년에는 정점의 절반에도 미치지 못하는 7.9%와 15.9%로 이윤율이 급속하게 떨어진 것이다. 이러한 이윤율은 제조업의 경우 한층 심각한 수치를 보여 주고 있었다. 제조업 이윤율의 정점은 29.1%를 기록한 1965년이었지만 이후에는 지속적으로 하락하여 1982년에는 정점의 1/3수준인 10.2%에 머무르게 되었다. 따라서 1982년의 제조업 이윤율은 대부분의 산업 국가들에서 정점의 절반에도 못 미친 것이다. 특히 미국, 일본, 영국은 정점의 1/3수준에도 미달했다.

자본주의 세계는 두 차례의 공황 이후 정점 수준을 회복하지 못하고 장기적인 침체를 경험했다. 그런데 1990년대 초반에 또다시 경제 공황이 폭발했기 때문에 끝없는 불황의 나락으로 떨어지게 된 것이다. 불황의 깊이와 폭이 심각할수록 자본의 대응도 치열할 수밖에 없다. 두 차례의 세계 공황 이후 급속하게 추진된 기술 혁신, 자본 운동의 세계화, 노동의 유연화는 바로 심각한 불황에서 벗어나려는 자본의 전략에서 비롯된 것이다.[7] 정보 기술과 자동화 생산으로 상징되는 기

<표3-3> 산업 국가들의 이윤율 추이(1964~1982년)

(단위: %)

| 구 분 | 전체 | 미국 | 영국 | 프랑스 | 독일 | 캐나다 | 이딸리아 | 일본 |
|---|---|---|---|---|---|---|---|---|
| 산업 일반 | | | | | | | | |
| 정점* | 19.5 (1966년) | 19.9 (1965년) | 11.8 (1964년) | 29.0 (1967년) | 15.9 (1968년) | 17.8 (1965년) | 27.0 (1969년) | 34.8 (1970년) |
| 1970년 | 17.1 | 11.9 | 7.5 | 27.1 | 14.5 | 14.7 | 23.5 | 34.8 |
| 1973년 | 15.4 | 13.2 | 8.0 | 27.0 | 12.2 | 16.3 | 19.6 | 21.6 |
| 1975년 | 11.7 | 11.0 | 3.3 | 20.7 | 9.2 | 14.2 | 13.5 | 14.5 |
| 1982년 | 10.6 | 7.9 | 6.7 | 16.3 | 9.0 | 12.3 | 15.6 | 15.9 |
| 1975년/ 정점 | 0.60 | 0.55 | 0.28 | 0.71 | 0.58 | 0.80 | 0.50 | 0.42 |
| 1982년/ 정점 | 0.54 | 0.40 | 0.57 | 0.56 | 0.57 | 0.69 | 0.58 | 0.46 |
| 제조업 | | | | | | | | |
| 정점 | 29.1 (1965년) | 36.4 (1965년) | 12.9 (1964년) | 24.9 (1969년) | 21.4 (1969년) | 18.3 (1969년) | 17.9 (1969년) | 53.6 (1969년) |
| 1970년 | 21.9 | 18.0 | 9.7 | 23.2 | 18.5 | 11.9 | 16.0 | 52.7 |
| 1973년 | 21.9 | 22.0 | 8.9 | 23.3 | 15.2 | 17.5 | 15.2 | 38.8 |
| 1975년 | 13.1 | 16.2 | 2.4 | 13.0 | 11.0 | 13.2 | 7.8 | 15.2 |
| 1982년 | 10.2 | 8.5 | 3.3 | 12.0 | 8.8 | 6.5 | 16.6 | 13.9 |
| 1975년/ 정점 | 0.45 | 0.45 | 0.19 | 0.52 | 0.51 | 0.72 | 0.44 | 0.28 |
| 1982년/ 정점 | 0.35 | 0.23 | 0.26 | 0.48 | 0.41 | 0.36 | 0.93 | 0.26 |

*: 이윤율이 지속적으로 하락하기 이전의 연도.
출처: 암스트롱 외, 김수행 옮김, 『1945년 이후의 자본주의』, 부록에서 다시 작성함.

술 혁명이 생산 현장은 물론 일상적인 생활 공간으로까지 광범하게 파급되면서 기술 경쟁을 촉발시키고 있다. 이러한 기술 진보는 사회적 생산의 세계화를 객관적으로 촉진하고 자본의 집중과 동맹을 세계적으로 강화하게 된다. 경제 위기를 벗어나려는 자본의 대응이 새로운 경제 현실을 만들어 가는 것이다. 변화된 경제 현실이 새로운 경제 위기를 잉태하게 되는 것은 물론이다.

### 저하 경향과 상쇄 요인을 주목하라!

자본주의적 생산을 위기로 몰아가는 공황을 이론적으로 규명하려는 노력은 고전파 정치 경제학자들이 시작했다. 그러나 자본 운동을 총체적으로 이해하지 못했기 때문에 경제 공황을 체계적으로 분석하는 작업은 맑스에게 넘겨질 수밖에 없었다. 물론 맑스도『정치 경제학 비판 요강』,『잉여 가치 학설사』,『자본』등에서 공황을 다루었지만 명쾌하게 정리하지는 못했다. 따라서 맑스 이후에는 여러 가지 공황 이론들이 대립하게 되었는데 과소 소비론과 불비례론 그리고 이윤 압박론과 이윤율 저하론 등이 그것이다. 그런데 공황이란 자본 순환이 갑작스럽게 중단되는 현상이기 때문에 유통 영역과 생산 영역에서 원인을 찾게 된다. 앞의 두 가지 이론은 유통 영역을 주목하는 상품 과잉 공황 이론들이고, 뒤의 것들은 생산 영역을 중심으로 바라보는 자본 과잉 공황 이론들이다.

과소 소비론은 공황의 원인을 상품에 대한 유효 수요의 부족에서 찾고 있다. 자본주의적 생산에서 자본가들은 노동자들에게 가급적 낮은 임금을 주려고 하는 한편, 다른 자본가들과의 경쟁을 위해서 끊임없이 노동 생산성을 끌어올리려고 투자한다. 따라서 과소 소비론은 생산이 확대되는 경향에 비추어 볼 때 유효 수요가 상대적으로 낮아지기 때문에 공황이 발생한다는 것이다. 이러한 논리에 따라 공황 발생 경로를 보면 소비재의 유효 수요 부족→소비재 생산 규모의 축소→생산재에 대한 수요 감소→생산재의 생산 규모 축소→공황 폭발로 이어진다. 자본주의는 항상 유효 수요가 부족하기 때문에 외부의 자극이 없으면 불황에 시달릴 수밖에 없다는 것이다.

따라서 과소 소비론은 유효 수요를 증가시킬 수 있는 요소들을 주목하게 되는데, 지주나 관리 같은 비생산적 계층이나 소득만 창출하고 생산물은 판매되지 않는 군수품 생산 그리고 빈민 구제, 실업 수당 등의 사회적 지출을 유효한 수단으로 평가하고 있다. 하지만 과소 소비론은 유효 수요 부족이라는 공황의 형태를 원인으로 혼동하고 있는데, 사실 자본주의적 생산은 만성적으로 유효 수요가 부족하다. 또한 공황 직전인 호황 말기에 실업이 감소하고 임금도 상승하며 소비가 증가하는 현상도 설명하지 못한다. 결국 과소 소비론에 의하면 자본주의는 외부에서 유효 수요가 주입되는 동안에는 호황이 유지되며 주입이 멈추면 불황이 시작된다는 것이다.

불비례론은 자본주의적 확대 재생산에서 제I부문과 제II부문의 균형이 맞지 않아서 공황이 발생한다는 이론이다. 생산 수단을 생산하는 제I부문과 소비 수단을 생산하는 제II부문은 균형이 이루어져야 하는데 확대 재생산이 진행되면서 두 부문의 비례 관계가 어긋난다는 것이다. 물론 자본주의적 확대 재생산이 원만하게 이루어지기 위한 조건으로서 I부문과 II부문의 균형과 비례를 주목한 것은 의미 있는 일이다. 그러나 자본주의적 생산에서 균형의 의미를 유념한다면 불비례론은 새삼스러운 것이다. "자본주의적 생산의 자연 발생적 성격 때문에 균형은 그 자체가 하나의 우연이다"(『자본론』 제2권, 590～591쪽). 자본주의적 확대 재생산에서 불비례는 일반적인 모습이며 오히려 비례나 균형이 예외적인 것이다.

　공황에 대한 자본 과잉 이론의 하나는 이윤 압박론이다. 이 이론은 임금 수준과 이윤율이 반비례 관계에 있다는 것을 주목하는 것이다. 호황이라면 노동에 대한 수요가 증가하고 노동자들의 임금 인상 요구도 받아들여질 여지가 많다. 또한 생산 규모가 확대되고 신설 기업이 증가해서 실업이 줄어들고 완전 고용에 이르게 되면 임금 수준이 상승하여 이윤율은 하락하기 시작한다. 이러한 과정을 거쳐서 이윤율이 일정 수준까지 떨어지면 자본가들은 생산 활동에 대한 의욕을 잃어버리고 생산이 감퇴하면서 공황이 폭발하는 것이다.

　따라서 이윤 압박론에서 제시하는 공황의 발생 경로는 생산 확대 →완전 고용 →임금 상승 →이윤율 저하 →공황 폭발→실업 증가 → 임금 하락 →이윤율 상승→생산 확대로 나타나게 된다. 그런데 이윤 압박론이 자본주의적 생산에서 노동자 계급의 투쟁을 중심에 놓고 생각하는 것은 의미가 있지만 임금 인상이라는 분배 영역의 투쟁은 일면적인 성격을 가질 수밖에 없다. 그리고 임금 인상만을 이윤율 저하의 원인으로 제시하는 것은 지나치게 협소한 논리인데, 왜냐하면 생산 방법과 상품 가격이 불변이라는 전제 하에서만 이윤과 임금은 반비례 관계에 있기 때문이다.

　공황 이론 가운데 가장 주목받는 이론은 무엇보다도 이윤율 저하론이다. 자본주의적 생산에서 자본가들은 더 많은 잉여 가치를 얻기 위해서 노동 생산성을 끌어올리려고 한다. 이러한 과정에서 생산 수단에 지출하는 불변 자본은 노동력에 지출하는 가변 자본보다 빠르게 증가하게 된다. 바로 자본의 유기적 구성이 고도화되는 것이다. 자본의 유기적 구성이 고도화되면 이윤을 만드는 가변 자본이 이윤을 만들지 못하는 불변 자본에 비해서 상대적으로 감소하기 때문에 이윤율을 저하시키는 압력으로 작용하게 된다.

> 자본주의적 생산은 불변 자본에 비한 가변 자본의 점진적인 감소와 함께 총자본의 유기적 구성을 점점 더 고도화시키는데, 이것의 직접적인 결과로 노동의 착취도가 불변이거나 심지어는 증대하는 경우에도 잉여 가치율은 계속 하락하는 일반적 이윤율로 표현된다. 따라서 일반적 이윤율의 점진적인 저하 경향은 노동의 사회적 생산력의 점진적 발달의 표현——자본주의적 생산 양식에 특유한 표현——에 불과하다(『자본론』 제3권, 253쪽).

자본 축적의 진전에 따라 노동 생산성이 향상되면 자본주의적 생산 양식의 법칙인 이윤율 저하 경향이 나타난다는 것이다.

자본주의적 생산은 잉여 가치 생산이다. 잉여 가치야말로 자본주의적 생산의 유일한 목적이며 동력이다. 따라서 이윤율 저하 경향은 단순히 자본 순환에 경련을 일으키는 것일 뿐만 아니라 자본주의적 생산의 과도기적 성격을 증명하는 치명적 결함이다.

> 총자본의 가치 증식율[즉 이윤율]은 자본주의적 생산에 대한 박차이기 때문에, 이윤율의 저하는 새로운 독립적인 자본의 형성을 완만하게 하며 이리하여 자본주의적 생산 과정의 발달을 위협하는 것으로 나타난다. 이윤율의 저하는 과잉 생산과 투기 및 공황을 촉진하며 과잉 인구와 과잉 자본의 병존을 야기한다. …… 그런데 이 독특한 한계는 사실상 자본주의적 생산 양식의 제한성 그리고 그것의 역사

적이고 일시적인 성격을 입증하는 것이며, 자본주의적 생산 양식이 부의 생산을 위한 절대적 생산 양식이 아니라 일정한 단계에서는 부의 가일층의 발전과 충돌한다는 것을 증명하는 것이다(『자본론』 제3권, 288쪽).

그런데 자본주의적 생산에는 이윤율을 저하시키는 경향이 있지만 반대로 이것을 반전시키려는 상쇄 요인도 함께 작용하고 있다. 이윤율을 결정하는 잉여 가치율(s/v)과 자본의 가치 구성(c/v)이 기계화나 노동 생산성의 영향을 받기 때문이다. 자본의 유기적 구성이 고도화되거나 노동 생산성이 향상되면 잉여 가치율이 높아질 수도 있다. 기계화의 진전으로 실업자가 늘어나면 현역 노동자들의 임금 수준을 떨어뜨리는 압력으로 작용하고, 한편에서 임금재의 가치를 하락시켜 잉여 노동 시간이 증가하며 노동 강도를 강화하여 잉여 가치율을 상승시킬 것이다. 또한 생산성 향상에 의해서 자본의 가치 구성이 하락하면 이윤율은 상승하는 경향이 있다. 따라서 공황의 원인을 자본의 유기적 구성의 고도화에 따른 이윤율 저하 경향 때문이라고만 한다면, 공황을 겪은 이후에 자본주의적 생산이 다시 회복되고 번영하는 이유는, 공황이나 불황을 겪으면서 자본의 유기적 구성이 낮아졌기 때문에 가능하다는 오류가 생긴다. 오히려 현실에서는 위기 이후 기술 진보가 높게 나타나는 것이다.

이와 같이 이윤율의 저하가 자본주의적 생산의 일반 법칙이지만 상쇄 요인들에 의해서 법칙은 억제되고 약화되어 하나의 경향으로만 나타난다. 이윤율 저하 경향과 상쇄 요인을 함께 고려하면서 공황을 바라보아야 한다. 맑스가 지적하는 상쇄 요인은 잉여 가치율의 증가, 노동력 가치 이하로의 임금 인하, 불변 자본 요소들의 저렴화, 상대적 과잉 인구, 대외 무역, 주식 자본의 증가 등이다. "이윤율의 저하 경향을 낳는 그 요인들이 또한 그 경향의 실현을 완화한다"(『자본론』제3권, 280~281쪽). 따라서 자본 축적에서 이윤율 저하 경향과 상쇄 요인은 기계적으로 분리될 수 있는 것이 아니라 상호 결합되어 나타난다. 이윤율 저하 경향은 생산 영역에서 축적의 결과로 나타나며 상쇄 요인은 생산 영역은 물론이고 교환 영역과 분배 영역에서도 효과가 나타난다.

이윤율이 저하함과 동시에 자본량은 증대하고, 또 이것에 수반하여 기존 자본의 가치 감소가 진행되는데, 이 가치 감소는 이윤율의 저하를 저지하고 자본 가치의 축적에 촉진적인 자극을 준다. 생산력의 발달과 동시에, 자본 구성의 고도화, 불변 자본 부분에 비한 가변 자본 부분의 상대적 감소가 진행된다. 이러한 각종의 영향들은 때로는 주로 공간적으로 서로 나란히 작용하며, 때로는 주로 시간적으로 서로 뒤를 이어 작용한다. 그런데 어떤 특정한 지점에서는 상반되는 요인들의 충돌은 공황에서 출로를 찾는다(『자본론』제3권, 296쪽).

맑스에게 공황이란 자본주의적 생산에서 이윤율 저하 경향과 상쇄 요인의 모순을 나타내는 방식이며 모순을 해결하는 방식인 것이다.

자본주의적 생산 양식은 생산력을 절대적으로——가치와 이것에 포함되어 있는 잉여 가치에 상관하지 않고, 그리고 심지어는 자본주의적 생산이 진행되는 사회적 관계에도 상관하지 않고——발달시키는 경향을 포함하고 있는데, 다른 한편으로는 자본주의적 생산 양식은 기존 자본 가치의 유지와 그것의 가능한 최고도의 증식을 목적으로 하고 있다는 점에 있다. 여기에서 특징적인 것은, 기존 자본 가치를 수단으로 이용하여 그 가치를 가능한 최고도로 증식시키려고 한다는 점과, 이 목적을 달성하는 방법들이 이윤율의 저하, 기존 자본의 가치 감소 그리고 이미 생산된 생산력을 희생으로 하는 노동 생산력의 발달을 내포하고 있다는 점이다(『자본론』 제3권, 297쪽).

맑스가 볼 때, 자본주의적 생산은 스스로 내적인 한계를 극복하려고 하지만 한계를 극복하려는 수단들이 오히려 한계를 더욱 커다란 규모로 만들어 간다. 자본주의적 생산의 한계는 자본에 있기 때문이다. 따라서 자본과 노동의 대립 관계를 담고 있는 자본 축적은 필연적으로 이윤율 저하 경향과 상쇄 요인들을 모순적으로 발전시킨다. 그리고 이것이 순조로운 자본 축적을 불가능하게 만들면서 공황이 발생하는 것이다. 그러나 노동자 계급이 상대적 과잉 인구나 노동 조건의 악화를 감수하는 한 자본주의는 공황 때문에 흔들리지는 않을 것이다.

## 자본주의의 인구 법칙

자본 축적의 진전으로 발생하는 공황은 노동자 계급에게 직접적인 타격을 주게 된다. 자본 축적은 노동 생산성을 통해서 이루어지며 노동 생산성이 향상되면 잉여 가치가 증대하는 한편 이윤율이 저하되고 경제 위기가 뒤따른다. 따라서 노동 생산성의 향상 자체로도 상대적 과잉 인구가 만들어지지만 위기가 폭발하면 거대한 산업 예비군이 새롭게 창출된다.

상대적 과잉 인구의 창조는, 이윤율의 저하로 표현되는 노동 생산력의 발전과 분리시킬 수 없으며 또한 이것에 의하여 촉진된다. 한 나라에서 자본주의적 생산 양식이 발전하면 할수록, 상대적 과잉 인구는 더욱 현저히 나타난다(『자본론』 제3권, 281쪽).

이러한 맑스의 지적은 <표3-4>에도 반영되고 있다. 발달한 산업 국가들의 실업률은 1952～1964년에 3.28%이었으며 1965～1973년에는 2.6%로 낮아졌다. 그러나 1970년대 중반의 경제 공황으로 실업률이 5% 수준을 뛰어넘은 이후에는 지속적으로 상승하고 있다. 그리고 1981～1982년에 경제 공황을 겪으면서 8.51%로 상승했다. 그러나 1990년대 초반의 경제 공황으로 인해 1993년에 8.81%를 기록한 이후 지속적으로 8% 수준을 유지하고 있다. 특히 독일, 프랑스, 이딸리아를 비롯한 유럽 국가들의 실업률은 좀처럼 낮아지지 않고 있다.

<표3-4> 산업 국가들의 실업률 추이(1874～1999년)

(단위: %)

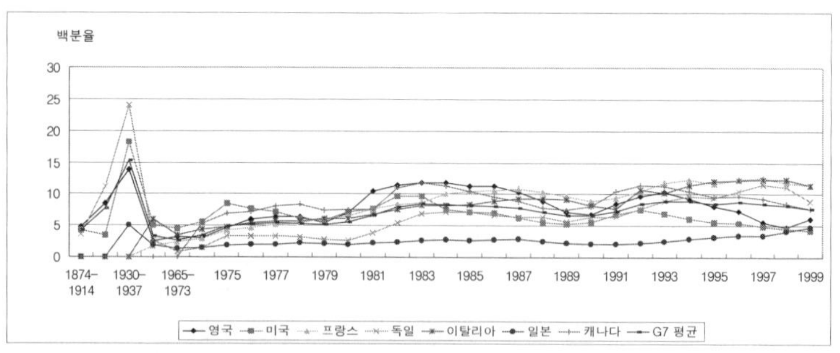


출처: 1973년 이전은 Matthews et al, British Economic Growth 1856-1973, 94쪽
      (스웨덴은 삭제, 캐나다는 삽입), 1974～1998년까지는 통계청(www.nso.go.kr),
      1999년은 OECD, *Main Economic Indicators*, OECD.

그런데 자본주의 사회에서 실업률은 한계를 가질 수밖에 없는데, 바로 실업자로 공인되는 것이 어렵기 때문이다. 실업률의 측정 방식은 나라마다 차이가 있다. 우리나라와 미국, 일본은 노동력 접근 방식을 사용하고 독일, 프랑스, 영국은 직업 안정소 방식을 채택하고 있으며 기초 자료 역시 표본 조사와 구직 등록으로 양쪽은 차이가 있다. 우리나라는 매월 특정한 주일(15일이 속한 주일)에 3만 가구를 상대로 조사한다. 그런데 1주일 동안 명백하게 구직 활동을 했는데도 1시간 이상 노동을 못한 경우라야 비로소 공인 실업자가 되는 것이다. 따라서 노동 시간이나 수입 정도, 근로 조건이 고려되지 않는 것은 물론이고 비자발적 단기 취업자나 '실망 실업자'도 당연히 제외된다. 정리 해고가 경영 전략의 하나로 자리잡았기 때문에 노동자들이 공장에서 쫓겨나기는 쉽지만 공인 실업자가 되는 길은 멀고도 험하다.

그런데 부르주아 경제학은 실업을 노동 공급과 임금의 상관 관계로 해석하여 자발적 실업과 비자발적 실업으로 나누고 있다. 현재의 임금 수준에서 취업을 원하지 않는 경우를 자발적 실업이라 하고 일자리를 원하지만 구하지 못한 경우를 비자발적 실업이라고 한다. 물론 실업률은 비자발적 실업자의 통계이다. 더구나 자연 실업률 이론에 따르면 그나마 실업이 사회적으로 문제가 되려면 실업률이 일정 수준을 넘어야 한다. 미국의 경우에는 1970년 이후 자연 실업률을 6% 수준으로 추산하고 있다.[8] 부르주아 경제학의 논리에 따르면 실업은 노동자들의 선택의 문제이며 실업자들의 절규도 그저 게으른 자들의 사회적 응석이다.

자본주의적 생산의 목적은 필요의 충족이 아니라 이윤의 획득이다. 자본가들은 더 많은 이윤을 획득하기 위해서 끊임없이 노동 생산성을 끌어올리고 잉여 가치율을 높이면서 자본을 축적하게 된다. 그런데 "자본주의적 축적은 자기 자신의 정력과 규모에 비례해서 상대적으로 과잉인 노동 인구를 끊임없이 생산해 낸다"(『자본론』 제1권, 794쪽). 이미 지적했듯이 자본 축적을 위한 노동 생산성의 상승이 자본의 유기적 구성을 고도화시켜서 상대적 과잉 인구를 만들게 된다. 따라서 노동자 계급은 잉여 노동을 통해서 자본 축적을 실현하는 한편, 스스로를 상대적 과잉으로 만드는 수단도 함께 생산하는 것이다. 이것이 바로 '자본주의적 생산 양식의 고유한 인구 법칙'이다.

자본 축적에 따른 자본의 유기적 구성의 고도화는 이윤율 저하 경향을 통해서 주기적인 공황을 불러온다. 이러한 공황이 상대적 과잉 인구를 대량 생산하는 것이다.

> 근대 산업의 특징적인 진행 과정, 즉 평균 수준의 호황, 활황, 공황과 침체로 이루어지는 10년을 1주기로 하는 순환은 산업 예비군 또는 과잉 인구의 끊임없는 형성, 다소간의 흡수 및 재형성에 의거하고 있다. 반대로 이번에는 산업 순환의 국면들의 교체가 과잉 인구를 보충하며, 또 그것의 재생산을 위한 가장 강력한 요인들 중의 하나로 된다(『자본론』 제1권, 797쪽).

상대적 과잉 인구는 기술 진보에 따른 노동 생산성의 향상과 주기적 공황이 깊은 관련을 지니고 있다. 따라서 상대적 과잉 인구는 자본 축적의 필연적 산물이며 동시에 자본 축적을 위한 지렛대이고 자본주의적 생산 양식의 존재 조건이 된다. 자본주의적 생산은 팽창과 수축을 반복하기 때문에 자본은 팽창에 필요한 노동을 제때에 활용하기 위해서 노동자 계급의 일부를 끊임없이 생산 현장에서 유리시킨다. 왜냐하면 상대적 과잉 인구는 자본 축적이 급속하게 이루어질 때 자본이 필요한 노동력을 인구 증가와 상관없이 적절하게 공급해 주는 저수지 역할을 하기 때문이다. 자본의 요구에 언제라도 부응할 수 있는 '산업 예비군'인 것이다.

한편 상대적 과잉 인구는 현역 노동자의 저항을 약화시키고 자본이 노동 강도를 강화시킬 수 있도록 거든다.

상대적 과잉 인구는 침체기와 평균 정도의 호황기에는 현역 노동자들에게 압박을 가하고, 과잉 생산과 열광적인 확장기에는 현역군의 요구를 억제한다. 따라서 상대적 과잉 인구는 노동의 수요와 공급의 법칙이 작용하는 배경을 이룬다(『자본론』 제1권, 805쪽).

현역 노동자들이 과도한 노동을 하게 되면 산업 예비군을 증가시키지만 반대로 산업 예비군이 경쟁을 통해서 현역 노동자에게 압박을 가하게 되면 현역 노동자들은 과도한 노동에 시달리게 되고 자본에 절대적으로 굴종할 수밖에 없게 된다. 산업 예비군의 존재는 노동자 계급의 단결을 약화시키는 것은 물론 노동자 계급 사이에 갈등을 유발하고 자본의 노동에 대한 통제력을 강화시킨다. 따라서 자본주의가 발전할수록 노동은 더욱더 자본에 결박되고 궁핍해지는 것이다. "따라서 한쪽 끝에서의 부의 축적은 동시에 맞은 편 끝[즉, 자기 자신의 생산물을 자본으로서 생산하는 노동자 계급의 측]에서의 빈궁, 노동의 고통, 노예 상태, 무지, 야만화 및 도덕적 타락의 축적이다"(『자본론』 제1권, 813쪽).

빼앗긴 일터에 봄은 오는가?

<표3-4>에서 보듯이 발달한 산업 국가들은 상대적 과잉 인구의 비율이 높게 나타나기 때문에 '아스팔트의 저항'에 시달리고 있다. 실업 문제는 러시아는 물론이고 계획적 상품 경제를 외치는 '인민의 나라' 중국도 예외가 아니라는 데 문제의 심각성이 있다. 세계의 노동자들은 착취당할 기회마저 박탈당한 채 거리로 쫓겨나고 있는 것이다. 상대적 과잉 인구는 부르주아 이데올로그들이 말하듯이 자연스러운 현상인 것이 아니라 자본 운동의 필연적인 구성물이다. 따라서 산업 예비군에 대한 치유는 자본주의적 생산 양식의 역사성과 맞물리는 문제일 수밖에 없다.

그렇지만 상대적 과잉 인구가 대량 생산되는 공황과 불황 때에는 무엇보다도 노동자 계급의 생존권이 위협을 받게 되며 노동 운동 역시 커다란 시련을 맞게 된다. 왜냐하면 부족한 일자리를 서로 차지하려는 노동자들의 경쟁이 심화되고, 현역 노동자와 공장에서 쫓겨난 산업 예비군들의 갈등도 증가하며, 자본의 나팔수로 전락한 노동 귀족들은 경제 위기를 빌미로 타협과 협력을 선전하고, 사회적 박탈감에 빠진 노동자 계급은 급기야 룸펜 프롤레타리아로 전락하는 경우까지 발생하기 때문이다. 이러한 현실에서 각성한 노동자 계급은 스스로의 이해를 바탕으로 투쟁을 조직하려고 노력하게 된다. 무차별한 정리 해고가 난무하지만 노동자 계급은 스스로의 생존권을 확보하기 위해서 투쟁하고 노동자들의 파편화를 극복하고 연대를 꾸리며 조직 강화를 통해서 정치 투쟁에 나서는 것이다. 위기를 기회로 반전시키는 일은 노동자 계급에게도 절실하다.

자본주의적 생산에서 위기가 발생하면 자본가들도 고통스럽기는 마찬가지이다. 과잉 축적에 따라 이윤율이 저하하기 때문에 자본가들의 경쟁은 한층 격렬해지는데, 경쟁에서 패배한 자본은 당연히 경기장을 떠날 수밖에 없다. 따라서 공황 이후에는 자본의 재편이 활발하게 일어나며 자본과 노동의 세력 관계는 자본 축적에 유리한 지형으로 재배치되고 노동 시간이 늘어나며 노동 강도는 강화되고 생산 공장에 대한 자본의 지배력은 강력해진다. 위기를 통해서 자본은 생산 관계의 재편을 의도하는 것이다. 왜냐하면 공황은 이윤율 저하 경향과 상쇄 요인의 모순을 일시적인 폭력으로 해결하는 것이기 때문에 자본에게는 축적 조건을 새롭게 정비하는 계기가 되고 있다. "자본에게는 단 하나의 충동이 있을 따름이다. 즉, 자신을 가치 증식시키며, 잉여 가치를 창조하며, 자기의 불변 부분인 생산 수단으로써 가능한 한 많은 양의 잉여 노동을 흡수하려는 충동이 그것이다"(『자본론』 제1권, 296쪽). 따라서 자본가들은 경제 위기의 곤란을 노동자들에게 전담시키려고 골몰한다. 자본은 노동자들에게 채찍과 당근이라는 이중 전술을 구사하면서 고통 분담론이나 합법적 노동 운동을 유포하여 노동자 계급의 투쟁을 사회적으로 고립시키려고 애를 쓴다.

이렇게 경제 위기는 자본과 노동에게 동시에 고통으로 다가오기 때문에 스스로의 계급적 이해 관계를 담아 내려는 자본과 노동의 대립은 격렬해질 수밖에 없다. 가장 큰 쟁점은 노동 시간을 단축하는 문제이다. 왜냐하면 자본은 위기에서 탈출하기 위하여 노동자들에게 장시간 노동을 강요하지만 반면에 상대적 과잉 인구가 증가하고 일자리가 현저하게 줄어든 노동자들은 노동 시간을 단축하여 일자리를 나누어 가지려고 하기 때문이다. 자본주의 역사에서 노동 시간을 둘러싼 자본과 노동의 대립은 자본 관계가 발생한 첫날부터 시작되었다. "자본주의적 생산의 역사에서 노동일의 표준화는 노동일의 한계를 둘러싼 투쟁, 다시 말하면 총자본[즉, 자본가 계급]과 총노동[즉, 노동자 계급] 사이의 투쟁으로서 나타나는 것이다"(『자본론』제1권, 298쪽). 노동자 계급의 유일한(?) 명절인 메이데이도 앞에서 보았듯이 1886년에 미국 노동자들이 8시간 노동을 위해서 총파업에 돌입한 것에서 비롯되었다.

노동일은 필요 노동과 잉여 노동으로 구성된다. 이러한

노동일은 불변적 크기가 아니라 가변적 크기이다. 노동일의 두 부분 가운데 하나가 노동자 자신의 노동력의 재생산을 위하여 필요한 노동 시간에 의하여 규정되는 것은 사실이지만, 노동일의 전체의 길이는 잉여 노동의 길이 또는 지속 시간에 따라서 변동한다(『자본론』 제1권, 294쪽).

노동 시간에 대한 노동자 계급의 투쟁은 영국의 '공장법'의 역사가 실감나게 기록하고 있다. "1833년부터 1864년까지의 영국의 공장법들의 역사 이상으로 자본의 정신을 더 잘 나타내고 있는 것은 없다"(『자본론』 제1권, 356쪽). 물론 자본가들은 잉여 노동을 통해서 잉여 가치만을 추구하지만 현실의 노동 시간은 자본과 노동의 세력 관계에 의존하는 것이다. 노동자 계급의 쉼 없는 노동 시간 단축 투쟁으로 국제노동기구는 1919년에 주당 48시간을 그리고 1935년에는 주당 40시간을 원칙으로 결정했다.

미국에서도 노동 시간을 단축하려는 노력은 1930년대에 구체화된 경험이 있다. 1920년대~1930년대 공황으로 대량 실업이 발생하면서 고용 수준을 유지하기 위한 방법으로 노동일을 주당 30시간으로 단축했으며 법제화 작업도 진행했던 것이다. 그들의 논리에 따르면 노동 시간이 짧을수록 노동자 계급의 능률과 사기가 오르고 사고율과 보험

률이 개선되며 단위당 생산비도 낮아져서 하루에 6시간을 노동하더라도 종래의 8시간 노동만큼의 임금을 줄 수 있는 여유가 생기게 되었다.[9] 현재 유럽의 노동자 계급은 높은 실업률을 의식하면서 노동 시간 단축을 통한 일자리 나눠 갖기(work sharing)를 위해서 투쟁하고 있다. 프랑스 노동자들은 주당 35시간 동안 일하고 있으며 독일 노동자들은 주당 32시간 노동을 주장하는 것이다. 그렇지만 잉여 가치를 위해서 노동 시간을 늘이려는 자본가와 노동 시간을 단축하려는 노동자의 대립은 자본주의적 생산에서 가장 첨예한 전선으로 남아 있을 수밖에 없다.

노동이 사회의 모든 노동 가능 인구들 사이에 더 균등하게 분배되어 있으면 있을수록, 또한 노동의 부담을 자기의 어깨로부터 다른 사회 계층의 어깨로 전가시키는 특수 계층의 권력을 더욱 많이 박탈하면 할수록, 한 사회가 물질적 생산에 바쳐야 할 시간은 더 짧아지며, 따라서 개인의 자유로운 정신적·사회적 활동을 위해서 쓸 수 있는 시간은 더욱 증가할 것이다. 노동일 단축의 절대적 최단 한계는, 이러한 측면에서 보면, 노동의 보편화에 있다. 자본주의 사회에서는 어떤 한 계급의 자유로운 시간은 대중의 모든 생활 시간을 노동 시간으로 전환시킴으로써 얻어지는 것이다(『자본론』 제1권, 666~667쪽).

앞에서 지적했듯이 산업 예비군이 자본 축적의 필연적 산물이고 자본주의적 생산 양식의 존재 조건이라면 고용 창출이나 노동 시간 단축이 근본적인 대안이 될 수는 없다. 하지만 사람은 노동하는 동물이다. 노동은 인간 존재의 출발선이기 때문에 구체적인 현실에서 노동할 권리를 확보하는 일은 한시도 늦출 수 없다. 여기서 '실업자 운동'을 주목할 필요가 있다. 프랑스를 중심으로 한 유럽에서는 장기 실업자의 비중이 증가하고 초기 실업자가 결국에는 구직 활동 자체를 포기하는 실망 실업자로 전락하기 시작하면서 실업자 운동이 활기를 띠게 되었다. 생존권에 위협을 느끼는 사람들이 늘어나면서 1990년대 들어 실업자 운동은 조직화의 길로 들어섰고 유럽을 관통하는 실업자 운동 네트워크도 탄생하게 되었다. 실업자 운동이 가장 활발한 프랑스에서는 궁극적으로 고용과 소득을 분리하고 임노동과 무관하게 기본 소득을 제공해서 실업자를 해소하려는 노력을 기울이고 있다. 이렇게 되면 '실업도 직업'이 되는 것이다.[10]

실업자 운동은 실업자들이 주체로 나설 수밖에 없기 때문에 어려움이 있다. 실업자들은 오랜 기간 동안 경제적으로 곤란을 겪었으며 사회적으로 소외되어 있고, 더구나 자기 책임을 강조하는 지배 이데올로기로 인해 패배 의식에 젖어 있는 경우가 많기 때문이다. 즉 실업을 사회 구조적 차원에서 바라보는 것이 아니라 개인적인 문제로 간주하려는 경향이 있는 것이다. 프랑스에서도 실업자 운동은 무엇보다도 실업자들이 스스로 주체 의식을 형성하는 데 상당한 시간이 필요했다. 삶이 해체되는 아픔을 겪고 있는 실업자들에게서 자생적인 실업자 운동이 일어나 주기를 기대하는 것은 애초부터 무리인 것이다.

그런데 자본주의적 생산에서 현역군과 예비군은 동전의 앞뒤와 같다. 오늘의 현역군은 내일의 예비군이며, 오늘의 예비군은 어제의 현역군이다. 현역군과 예비군의 관계와 마찬가지로 노동 운동과 실업자 운동은 대립되거나 배치되는 것이 아니라 보완적 관계가 될 수 있다. 장기 불황에 따르는 생존권의 위협은 현역군이나 예비군 모두에게 공통된 사안으로 제기된다. 따라서 실업자 운동은 사회적 취약성이나 조직화의 어려움을 고려할 때 장기적으로는 독자적인 세력화가 가능하더라도 기존의 조직 노동자 운동과 다양한 형식으로 연대하면서 광범하게 주체를 형성하는 것이 필요하다.

　실제로 프랑스 실업자 운동의 핵심적인 운동 방식은 가두 행진과 점거 농성인데, 이것은 상대적 과잉 인구는 물론 사회적 소외 계층, 조직 노동자 계급을 포함한 운동 단체들과 결합하는 데 효율적인 전술이 되었다. 즉 실업자들은 운동 과정에서 사회적으로 낮은 계층들의 요구를 접목시킴으로써 많은 사회 계급들이 참여하고 연대할 수 있도록 열린 자세를 가졌던 것이다. 이러한 과정을 통해 실업자 운동에서 중심적인 역할을 수행하게 된 AC(Agir ensemble contre le Chômage)를 건설하게 되었다. 실업자 운동의 조직화는 지역적으로 분산되어 있는 실업자들을 실업자 운동 단체로 통합시키는 것이 핵심 과제일 수밖에 없다.

　실업자 운동이 조직 노동자 운동에 비해서 상대적으로 취약한 점을 가지고 있는 것은 분명하지만 나름대로 충분한 잠재력도 가지고 있다. 자본주의적 생산에서 상대적 과잉 인구는 필연적으로 존재할 수밖에 없기 때문에 실업자 운동은 그 자체로 자본주의적 질서에 대한 전면적인 문제 제기인 것이다. 그리고 조직 노동 운동이 계급 화해주의나 사회적 합의에 바탕을 두는 타협주의로 기우는 것을 제어하는 역할도 기대할 수 있다. 이러한 실업자 운동은 궁극적으로 실업이 없는 완전 고용 세상을 지향해야 하지만 '노동 시간 단축을 통한 일자리 창출'과 '실질 생계비 지급'과 같은 구체적인 목표를 가지고 전개되어야 한다. 우리 사회에서도 사회적 소외에 대항하는 투쟁으로서 실업자 운동이 강화되어야 할 것이다.

3.2

# 주변부의 멍에

"한 나라가 다른 나라를 희생시켜 부유해질 수 있는가를 자유 무역론자들이 이해하지 못한다고 해도 이에 놀랄 필요는 없다. 왜냐하면 이 신사분들은 일국 내에서 어떻게 한 계급이 다른 계급을 희생시켜 부유해질 수 있는가 하는 것 역시 이해하려고 하지 않기 때문이다" (「자유 무역 문제에 관한 연설」, 『선집』 제1권, 358쪽).

### 폭력과 약탈, 학살의 나날들

세계 시장 그것은 자본주의적 생산 양식의 기초를 이룬다. 다른 한편으로 점점 더 큰 규모로 생산하려는 이 생산 양식의 내재적 필연성은 세계 시장의 끊임없는 확대를 강요하게 되며(『자본론』 제3권, 399쪽) 자신의 생산물의 판로를 끊임없이 확장하려는 욕구는 부르주아지를 전 지구상으로 내몬다. 부르주아지는 도처에서 둥지를 틀어야 하며, 도처에서 정착하여야 하고, 도처에서 연계를 갖추어야 한다 (『선언』, 8쪽).

자본이 해외로 뻗어나가려는 것은 자본의 본성이기 때문에 자본주의가 발전하면서 한결 뚜렷해지는 것이다. 발달한 산업 국가에서 자본 축적이 확대되면서 독점이 나타나기 시작했는데 그러한 자본주의적 생산에 대한 독점적 지배와 팽창을 계기로 자본 운동은 국제적 차원으로 전진했다.

물론 자본주의의 국제화는 자유 방임 자본주의나 이전의 중상주의에서도 광범위하게 이루어지고 있었다. 왜냐하면 발전 수준이 낮은 주변부에서는 노동력이 값싸고 풍부하며 원료나 자원도 쉽게 확보할 수 있기 때문이다. 그리고 주변부는 산업 국가들이 생산한 상품들의 시장이 되고 투자 기회도 제공한다. 따라서 독점 자본들은 주변부 사회로의 진출을 통해서 이윤율 저하 경향을 상쇄하거나 더 많은 이윤을 얻으려고 하는데, 경제 불황을 탈출하려는 의도가 작용하는 것은 물론이다. 자본주의의 국제화는 1870년대~1880년대의 대불황이 현실적인 계기를 제공했다. 독점 자본에 의해서 이루어진 자본주의의 국제화는 예전처럼 유통 영역에서만 진행된 것이 아니라 생산 영역으로도 확장되었다. 그리고 국제 경제 관계도 자유 경쟁이 아니라 독점적 지배 또는 독점적 경쟁으로 나타나게 되는데 이것을 제국주의라고 부르고 있다.

자본주의적 생산은 1873년에 공황이 폭발한 이후 대불황을 겪으면서 자유 방임 자본주의에서 독점 자본주의로 이행했다. 이러한 과정에서 제국주의가 탄생한 것이다. 제국주의는 종래의 자본주의와 몇 가지 차이를 보인다. "가장 간단한 말로 제국주의를 규정하라고 하면 제국주의란 자본주의의 독점 단계라고 말할 수 있다. …… ① 경제 생활에 있어 가장 결정적인 역할을 하는 독점체들을 창출할 만큼 고도의 단계에까지 생산과 자본의 집중화가 진행되었다는 점. ② 은행 자본과 산업 자본의 병합, 그리고 그러한 '금융 자본'에 기초한 금융 과두제의 등장. ③ 상품 수출과 구별되는 자본 수출이 특히 중요성을 획득했다는 점. ④ 세계를 분할하고 있는 국제적인 독점 자본주의 연합체들의 형성(구성). ⑤ 최대의 자본주의 열강들 사이에 세계 영토의 분할이 완결되었다는 점."[11] 이러한 특징들은 엄밀한 검증을 필요로 하겠지만 제국주의는 자본주의가 내적 논리에 따라 스스로 변화하고 발전한 것임을 보여 주고 있다.

제국주의의 특징은 산업 자본이 아니라 금융 자본이다. 금융 자본이 자본주의를 지배하게 되면서 상품 수출보다 자본 수출의 비중이 커지게 되었다. 자본 수출이 활발해지는 것은 독점의 형성과 발전에 따른 것이다. 영국 자본주의의 압도적 지위가 흔들리는 20세기에 들어서면서 영국은 물론 프랑스와 독일, 미국 등 발전한 산업 국가들에는 독점 자본이 형성되고 자본 축적의 규모가 커지면서 자본주의 세계에서 절대적인 지위가 강화되었지만 반면에 과잉 자본에 시달리게 되었다. 과잉 자본은 이윤율을 감소시키기 때문에 중심 국가들 안에서 투자되지 못하고 더 높은 이윤율을 기대하면서 주변 국가들에게 수출되었다.

"자본이 해외로 보내진다면, 그 이유는 그 자본이 국내에서 절대적으로 사용될 수 없기 때문이 아니다. 오히려 그 자본이 해외에서 더 높은 이윤율로 사용될 수 있기 때문이다"(『자본론』 제3권, 304~305쪽). 자본 수출을 통해서 중심 국가들은 주변 국가들에서 각종 이권을 확보하고 상품 수출을 촉진했으며 한편으로 자본 수출 국가들 사이에는 치열한 경쟁이 벌어지게 되었다. 이러한 과정에서 금융 자본은 세계적인 연결망을 구축하게 되는데 이는 경제적 차원에서의 세계 분할을 뜻하는 것이다. 자본 수출을 바탕으로 제국주의와 식민지라는 세계 분할의 관계가 마련되었다. 하지만 자본 수출에서 얻는 이익은 "한줌도 채 안 되는 소수의 부국들이 누리는 자본주의적 기생 활동을 유지하기 위하여 세계의 수많은 민족과 국가에 대한 제국주의적 억압과 착취를 가능하게 하는 강고한 기초가 된다.”[12]

이때 제국주의 국가들의 국제 독점 자본들이 자본주의 세계의 패권을 장악하기 위해서 격렬하게 부딪쳤던 것은 당연하다. 개별 국가에서 경쟁이 독점으로 ‘성장’한 것과 똑같은 현상이 국제적 차원에서 일어났던 것이다. 자본주의적 생산의 집적·집중을 바탕으로 독점이 형성되고 자본 수출이 증대하면서 국제 독점 자본이 발생하게 되었다. 이러한 독점은 제국주의적 세력 관계 및 지배 관계로 전개되었다.

자본가들은 그 어떤 특정한 악의(惡意)를 갖고서 세계를 분할하고 있는 것이 아니라, 이익을 계속해서 얻기 위해서는 그러한 방법을 취할 수밖에 없도록 발전된 자본의 집중에 그 원인이 있는 것이다. 그리고 그들은 세계를 ‘자본에 비례해서’, 그리고 ‘힘에 비례해서’ 분할한다. 왜냐하면 상품 생산과 자본주의 하에서는 또 다른 어떤 분할 수단이나 분할의 원칙을 찾아볼 수 없기 때문이다.[13]

이렇게 국제 독점 자본들이 세계를 경제적으로 분할하자마자 제국주의에 의한 세계의 영토적 분할은 한층 빠르게 진행되었다. 독점 자본주의가 성숙해지는 것은 세계 분할이 완료된 것을 의미하지만 역설적으로 재분할을 위한 반목과 대립을 예고하는 것이기도 했다. <표 3-5>를 보면 1876년 이후 식민지가 거대한 규모로 늘어나고 있으며 제국주의 국가들 사이의 불균등도 심화되는 것을 볼 수 있다. 그리고 자본주의의 발전 속도를 반영하듯이 식민지 확보에서도 독일, 미국, 일본이 빠르게 추격하고 있음을 알 수 있다. 자본주의적 생산의 발전이 식민지 규모에 반영되는 것이다. 이러한 불균등 발전은 곧이어 세계의 영토적 재분할을 위한 제국주의 국가들의 대립과 전쟁을 불러일

<표3-5> 제국주의 국가들의 식민지 비교(1876~1914년)

(면적: 백만㎢, 인구: 백만 명)

| 구 분 | 식민지 | | | | 종주국 | | 합계 | |
|---|---|---|---|---|---|---|---|---|
| | 1876년 | | 1914년 | | 1914년 | | 1914년 | |
| | 면적 | 인구 | 면적 | 인구 | 면적 | 인구 | 면적 | 인구 |
| 영국 | 22.5 | 251.9 | 33.5 | 393.5 | 0.3 | 46.5 | 33.8 | 440.0 |
| 러시아 | 17.0 | 15.9 | 17.4 | 33.2 | 5.4 | 136.2 | 22.8 | 169.4 |
| 프랑스 | 0.9 | 6.0 | 10.6 | 55.5 | 0.5 | 39.6 | 11.1 | 95.1 |
| 독일 | - | - | 2.9 | 12.3 | 0.5 | 64.9 | 3.4 | 77.2 |
| 미국 | - | - | 0.3 | 9.7 | 9.4 | 97.0 | 9.7 | 106.7 |
| 일본 | - | - | 0.3 | 19.2 | 0.4 | 53.0 | 0.7 | 72.2 |
| 6대 열강 합계 | 40.4 | 273.8 | 65.0 | 523.4 | 16.5 | 437.2 | 81.5 | 960.6 |
| 기타 열강(벨기에, 네덜란드 등) | | | | | | | 9.9 | 45.3 |
| 반(半)식민지 국가(페르시아, 중국, 터키) | | | | | | | 14.5 | 361.2 |
| 기　타 | | | | | | | 28.0 | 289.9 |
| 세계 영토 종합 | | | | | | | 133.9 | 1657.0 |

출처: 레닌, 박세영 옮김, 『제국주의』, 106쪽.


으키게 되었다.

자본주의적 생산에서 불균등 발전이 나타나는 것은 불가피하다. 독점 자본주의 이전에는 자본 축적의 속도에 따라 산업 부문들이 불균등하게 발전하였다. 반면에 독점 자본주의가 성립되고 세계 분할이 완료된 제국주의에서 불균등은 높아진 생산력 수준과 자본 축적 사이에 나타나게 되는데, 독일 자본주의에서 볼 수 있듯이 급속한 자본 집중은 경쟁 관계에 있는 제국주의 국가들의 독점 자본들과 국제적 차원에서 각축을 벌이게 되었다. 그리고 영토적인 분할이 완료된 세계에 대해서 주기적인 재분할 도전이 일어나면서 제국주의 전쟁이 불가피해졌다. "문제는 다음과 같다. 자본주의 하에서, 한편으로는 생산력의 발전과 자본의 축적과의 불균등, 다른 한편으로는 금융 자본이 영향력을 행사하는 지역과 식민지의 분할 사이의 불균등을 극복하기 위해서 전쟁을 제외한 그 어떠한 수단이 존재할 수 있겠는가?"[14] 제국주의 전쟁은 독점 자본의 팽창 욕구와 침략성에서 시작된 것이었다. 이것은 제1차 세계 대전이 증명하고 있다.

이러한 제국주의적 팽창으로 산업 국가들이 사회 경제적 변화를 겪는 것은 물론이지만 폭력과 약탈에 시달리게 된 식민지 역시 말할 수 없을 정도로 심각한 곤란을 경험할 수밖에 없었다. 제국주의의 전위인 국제 독점 자본은 식민지의 경제 구조를 제국주의 국가에 필요한 원료와 농업 생산에 편향되도록 왜곡하여 모노컬처(mono-culture) 구조로 만들고 다양한 경제 발전의 진로를 방해했다. 또한 식민지에서 추출된 막대한 이윤도 제국주의 국가로 이전되어 식민지 경제의 성장에 기여하지 못한 것은 사실이다. 한편 발달한 산업 국가에서는 제국주의적 진출로 자본 수출과 값싼 임금재의 유입, 식민지 경영에 따르는 고용 증대를 기대할 수도 있다. 그러나 제국주의적 각축전이 가열되면서 부르주아지는 스스로의 이윤을 희생시키지 않기 위해서, 산업 국가의 노동자들에게도 임금 인하와 노동 강화를 압박하게 되었으며 군사 시술의 승가 역시 노동자들이 담당해야 할 몫으로 돌렸다. 따라서 제국주의가 팽창하면서 반자본주의적 노동 운동이 유럽을 휩쓸게 되었다.


제국주의는 살아 있다!


제국주의의 모순은 국제 독점 자본들의 경쟁이 치열해지고 중심 국가들이 전면적으로 개입하면서 한층 심화되었는데, 제2차 세계 대전이 끝난 이후에는 자본주의 세계에 커다란 변화를 가져왔다. 19세기 이후 완결된 정치적·국가적 체제를 이루며 강화되었던 제국주의 식민지 체제가 붕괴된 것이다. 비록 개별적인 주변 국가들이 획득한 정치적 독립의 수준이 다르고 사회 경제적 문제도 차이가 있지만 의미가 과소 평가될 수는 없다. 이제 주변 국가들은 스스로의 사회 경제적 과제를 해결하고 제국주의적 착취가 낳은 굴절과 파행을 극복하기 위한 토대를 마련할 수 있게 되었다. 당연히 제국주의 중심 국가들의 세력은 눈에 띄게 약화되었다. 그들은 식민지 초과 착취의 경제적 근거를 잃어버렸으며 정치적인 지배 도구도 유지할 수 없게 된 것이다. 국제적 차원에서도 주변 국가들은 식민지의 굴레를 떨치고 국제 관계에 주체적으로 참여하려고 노력하게 되었다.

이러한 주변 국가들의 탈식민지화로 자본주의 세계 경제는 커다란 영향을 받았다. 발달한 산업 국가들이 중심이 되었던 국제 분업 체계가 무너졌으며, 에너지 부문에서 국제 독점 자본의 패권이 제약받게 되었으며, 제국주의적 원료 독점이 후퇴할 수밖에 없었고, 제국주의 중심 국가들이 이윤율 저하 경향을 상쇄할 수 있는 요인들도 약화되었다. 결국 자본주의 중심 국가들의 외연적 영역이 축소된 것은 물론이고 국제 독점 자본들도 경제 외적 강제를 통해서 손쉽게 획득했던 식민지 이윤을 위협받게 되었다. 그리고 주변 국가들은 제2차 세계 대전 이후 동유럽 국가들과 아시아 국가들이 가담해서 세계 사회주의권을 형성하면서 전혀 다른 역사적 기회도 갖게 되었다. 이제 제국주의를 토대로 자본 관계를 국제적 차원에서 관철시켰던 고전적인 식민지는 사라지고 중심과 주변의 관계도 국가가 전면적으로 개입하는 자본 운동에 걸맞게 변화되었다.

　제2차 세계 대전 이후 자본주의 세계에서 중심과 주변의 관계가 새롭게 만들어진 것은 자본 운동의 모순 때문이지만, 고전적 제국주의라는 객관적 조건이 무너진 현실에서 세계적인 가치 증식망을 잃어버리지 않으려는 국제 독점 자본의 이해가 반영된 것이기도 했다. 국제 독점 자본은 주변 국가들이 처한 현실을 냉철하게 파악하고 활용했다. 주변 국가들은 제국주의적 지배로부터 정치적인 해방을 이루었지만 경제적으로 저발전된 상태에서 자본주의 세계 경제와 결합되어 있었기 때문에 식민지 초과 이윤을 유지하고 오히려 확대시킬 수 있는 여지조차 충분했던 것이다.[15] 이것은 주변에 대한 중심의 '경제 정책'으로 포장되고 있지만 자본주의적 생산의 사회화가 국제적 차원으로 진전되면서 나타난 것이며, 종래와 마찬가지로 발달한 산업 국가들과 국제 독점 자본들이 저발전 국가들을 경제적으로 착취하려는 것이다. 국제 독점 자본들은 가치를 증식할 수 있는 유력한 조건을 확대시키고 안정적으로 착취하기 위한 토대를 확보하게 된 것이다.

　자본주의 중심 국가들이 주변 국가들을 경제적으로 압박하는 방식은 상황에 따라 다르지만, 국제 독점 자본의 이해를 위해서 중심 국가들은 정치적인 간섭은 물론이고 군사적인 개입도 흔하게 행하고 있으며 자국의 군산 복합체들의 이익을 확보하기 위해서 보이지 않는 전쟁도 불사하고 있다. 그리고 예전의 식민지에 대해서는 정치적 독립을 인정하면서도 착취 관계를 유지하기 위해서 경제적 관계를 새롭게 창출했다. 즉 개발 원조의 형태로 국가 자본을 수출하거나 공적 자본과 민간 자본을 진출시키고, 국제 금융 기관을 앞세우기도 하며 국제 독점 자본의 이해를 위해서 사회를 조절하거나 이데올로기적으로 침투하는 경우까지 나타나고 있다. 국제 독점 자본들의 이해를 거스르거나 제국주의 중심부에 맞서는 저발전 국가들은 경제 봉쇄라는 선물(?)을 받게 된다.

　이러한 중심과 주변의 관계를 창출하고 강화하는 역할을 수행하는 국제 독점 자본들의 핵심은 국제 산업 콘체른과 국제 은행 자본이다. 이들은 제국주의 중심 국가들의 엄호 아래 직접 투자나 기술 이전 형태로 자본을 수출하는 것은 물론이고 대부 자본을 수출해서 거대한 초과 이윤을 획득한다. 그리고 국제 무역 콘체른과 농업 독점 자본들도 저발전 국가들을 착취하는 데 커다란 비중을 차지하고 있다. 국제 독점 자본들의 경제적 착취는 상업이나 금융뿐만 아니라 산업 이전을 통해서도 나타났다. 역동적이고 생산성이 높은 성장 산업과 선진 과학 기술은 제국주의 중심 국가들이 독점하는 반면에 노동 강도가 심하고 생산성이 낮으며 기술적으로 하위이고 공해가 많은 산업과 공정은 저발전된 주변 국가들에 남겨 두거나 이전시키는 것이다.

　제국주의 중심 국가들과 주변 국가들의 경제적 격차가 좁혀지는 것은 고사하고 불균등한 발전이 심각한 수준에 이르고 있다. <표 3-6>을 보면 1820년에 아시아의 1인당 평균 GDP는 서유럽 국가들의 42.6%이었으나 1900년에는 22.0%로 떨어졌으며 1970년에는 13.9%로 낮아지다가 1970년대 중반 이후 동아시아의 신흥 공업 국가들과 중국의 성과를 바탕으로 조금씩 증가하기 시작해서 1980년에 14.0% 그리고 1990년에는 15.5%로 나타났다. 아프리카의 경우에는 상황이 더욱 심각하다는 것을 보여 주고 있다. 1820년에는 서유럽 국가들의 34.8%였으나 지속적으로 떨어져서 1900년에 16.2%, 1950년에 15.5%, 1970년에 10.9% 그리고 1980년에는 드디어 한자릿수인 9.8%로 감소하였고 1990년에는 8.0%를 기록했다.

　1820년 이후 자본주의 세계에서 중심 국가들에 비해서 주변 국가들의 경제적 후진성이 개선된 모습을 찾는 것은 쉽지 않다. 특히 자본

<표3-6> 1인당 평균 GDP 비교(1820~1992년)

(단위: 1990년 기어리-카미스 Geary-Khamis 달러)

| 구 분 | 서유럽 | 서구 연안 | 라틴아메리카 | 아시아 | 아프리카 |
|---|---|---|---|---|---|
| 1820년 | 1,292 | 1,205 | 715 | 550 | 450 |
| 1900년 | 3,092 | 4,022 | 1,134 | 681 | 500 |
| 1950년 | 5,123 | 9,255 | 2,614 | 727 | 792 |
| 1970년 | 11,080 | 14,372 | 4,195 | 1,537 | 1,208 |
| 1980년 | 14,186 | 17,782 | 5,656 | 1,992 | 1,402 |
| 1990년 | 17,269 | 21,261 | 5,159 | 2,997 | 1,382 |
| 1992년 | 17,384 | 20,850 | 5,294 | 3,239 | 1,318 |

1) 서유럽(12개국): 오스트리아, 벨기에, 덴마크, 핀란드, 프랑스, 독일, 이딸리아, 네덜란드, 노르웨이, 스웨덴, 스위스, 영국.
2) 서구 연안(4개국): 오스트리아, 캐나다, 뉴질랜드, 미국.
3) 라틴아메리카(7개국): 아르헨띠나, 브라질, 칠레, 꼴롬비아, 멕시코, 뻬루, 베네수엘라.
4) 아시아(11개국): 방글라데시, 미얀마, 중국, 인도, 인도네시아, 일본, 파키스탄, 필리핀, 한국, 대만, 태국.
5) 아프리카(10개국): 꼬띠드부아르, 이집트, 에티오피아, 가나, 케냐, 모로코, 나이지리아, 남아프리카, 탄자니아, 자이레.
출처: Maddison, *Monitoring the World Economy 1820-1992*, OECD, 1995, 212쪽.


운동의 세계화가 진전되는 1980년대 이후 라틴아메리카나 아프리카 등 주변 국가들은 한층 어려운 상황으로 몰리게 되었다. 제2차 세계 대전 이후 자본주의 세계는 급격하게 팽창했지만 부유한 나라와 가난한 나라 사이의 뿌리 깊은 불균형을 세계적 차원에서 확인시켜 주었을 뿐이다. 국제 독점 자본들의 끊임없는 팽창으로 저발전 국가들은 제국주의적 착취와 파괴의 멍에를 벗어나지 못하고 있는 것이다. 자본의 폭력은 본원적 축적으로 끝난 것이 아니라 "…… 근대 식민 정책을 통해 오늘날까지도 훨씬 더 큰 규모로 같은 임무를 수행한다. …… 힘은 자본이 선택할 수 있는 유일한 해결책이다. 하나의 역사 과정으로 파악되는 자본 축적은 발생에서 오늘까지 폭력을 영구적인 무기로 사용한다."[16] 저발전 국가들에 대한 국제 독점 자본의 원시적 폭력은 자본 운동의 세계화를 통해서 관철되는 것이다.


빈곤의 세계화

1980년대 이후 자본주의적 생산의 화두는 세계화이다. 세계화는 자연 법칙으로 신비화되어 모든 나라 사람들의 생활 조건이나 노동 조건, 생산 관계가 똑같아지거나 비슷해지는 것으로 기대하는 경향이 팽배하고 있다. 그러나 세계화는 세계 대전 이후에 발생한 자본주의의 과잉 축적에 따른 위기의 산물이다. 이것은 자본 운동이 세계적 차원으로 팽창하고 자본 분파들의 지구적 경쟁이 가속되었다는 것을 뜻한다. 세계화는 초국적 자본(transnational capital)들이 경제적으로 세계를 재분할하고 착취를 제고하려는 과정인데 마치 '지구 마을'이라도 탄생할 것처럼 신비롭게 치장되고 있다.

이러한 세계화를 뒷받침하는 것이 신자유주의이다. 모든 나라들이 초국적 자본의 가치 증식을 위해서 시장을 활짝 열게 하고, 자본과 경쟁의 논리에 따라 세계를 재편하려는 것이다. 그렇지만 저발전 국가들은 자본주의적 생산에서 전통적으로 가지고 있던 '숙명적인 역할'에서 벗어나지 못하고 있다. 그 역할이란 초국적 자본들에게 노동력과 원료 자원을 헐값에 제공하고 상품을 비싸게 사 주는 것이다. 물론 신자유주의자들에 따르면 세계화로 시장의 원리가 정착되면서 주변 국가의 제조업 상품들이 중심 국가로 재수출되는 등 국제 노동 분업에 변화가 일어나고 있다. 그러나 주변은 농업 중심의 산업 구조를 가지고 있으며 제조업 생산품도 노동 집약적으로 만들어진 낮은 수준의 완제품뿐이다. 세계화를 통해서 발달한 산업 국가들 사이의 경제적 의존 관계는 심화되는 한편 저발전 국가들은 자본주의 세계 경제에서 구조적으로 배제되고 있는 것이다. 따라서 세계화는 자본주의적 생산에서 중심과 주변이라는 구조를 해체하는 것이 아니라 오히려 세계 경제를 절대적으로 제국주의 중심부에 집중시키는 결과를 가져오고 있다.

이러한 자본주의의 모습은 세계화를 통해서 가파르게 증가한 것으로 나타나는 해외 직접 투자에도 반영되고 있다. 해외 직접 투자는 자본 순환에서 보면 생산 자본이 국제화되는 것인데, 1980년대 중반 이후 중심 국가들은 자본 수출을 급속하게 증가시켰다. 그러나 <표 3-7>에서 보듯이 주변 국가들에 대한 해외 직접 투자는 1967년 30.6%에서 1980년 22.0% 그리고 1989년에는 19.2%로 감소하고 있다. 반면에 제국주의 중심 국가들 사이의 상호 투자는 같은 기간에 69.4%에서 78.0% 그리고 80.8%로 증가했다. 일반적으로 생각하는 것과 달리 해외 직접 투자의 절대적인 부분은 발전 수준이 낮은 주변부가 아니라 제국주의 중심부로 향하고 있다. 물론 제2차 세계 대전 직후에 자본 수출은 원료 자원과 1차 생산물에 집중되었고 값싼 노동력을 이용하거나 주변 국가들의 토착 수요를 겨냥하면서 이루어졌으나, 풍부하고 다양한 시장을 가지고 있는 중심과 비교하면 자본 흡인력은 상당히 낮은 수준이었다. 더구나 주변부 사회의 토착 자본과 경쟁하게 되

<표3-7> 해외 직접 투자 누적 비율

(단위: %)

| 구 분 | 1967년 | 1973년 | 1980년 | 1989년 |
|---|---|---|---|---|
| 발전된 국가들 | 69.4 | 73.9 | 78.0 | 80.8 |
| 저발전된 국가들 | 30.6 | 26.1 | 22.0 | 19.2 |

출처: US Department of Commerce, International Trade Administration, *Trends in International Direct Investment*, staff paper No. 91-5, July, 1991. Magdoff, "Globalization — to what end?," Part I, *Monthly Review*, February 1992, 14쪽에서 재인용.

면서 국제 독점 자본은 자본 수출의 형태를 바꾸거나 자회사를 설치하려는 욕구를 갖는 한편, 자본 흡수력이 높고 자본 순환이 빠르며 자본 거래가 활발하고 독점 자본 사이의 매수 합병이 끊이질 않는 중심 국가들 사이의 자본 수출에 관심을 기울이게 되었다.

또한 OECD 국가들의 수출과 수입도 OECD 비회원국들과의 거래에서보다는 회원국들 사이의 거래에서 빠르게 증가하는 것은 물론이다. 그런데 <표3-8>에 나타난 주변 국가들의 국제 수지는 주목할 필요가 있다. 만약 어떤 국가에서 경상 수지가 적자라면 이 국가는 균형을 회복하기 위해서 자금을 보충해 주어야 한다. 부유한 중심부는 물론 가난한 주변부도 경상 수지 적자가 누적되어 달러 같은 경화가 충분하지 못하면 해외에서 차관을 들여오거나 외국 자본이 유입되어야 적자를 메울 수 있다. 신흥 공업국과 석유 수출국을 제외한 주변 국가들의 경상 수지를 보여 주는 <표3-8>의 첫째 줄은 세계은행이나 국제통화기금 등을 포함한 은행이나 외국 회사로 유출되는 것을 제외

<표3-8> 주변 국가들의 국제 수지(단위: 10억 달러)

| 구         분 | 1986년 | 1987년 | 1988년 | 1989년 | 1990년 |
|---|---|---|---|---|---|
| 외국에 대한 이자, 배당금 및 외국인에 대한 보수를 제외한 경상 수지 | +5.8 | +14.9 | +16.8 | +12.4 | +18.9 |
| 외국에 대한 이자, 배당금 및 외국인에 대한 지출 | -41.0 | -41.8 | -46.1 | -49.5 | -50.3 |
| 경상 수지 | -35.2 | -26.9 | -29.3 | -37.1 | -31.4 |

출처: Bank of International Settlements, *61st Annual Report*, 1991, Basle, 10 June. Magdoff, "Globalization − to what end?," Part Ⅱ, *Monthly Review*, March 1992, 15쪽에서 재인용.

한 국제 수지를 정리한 것이다. 이러한 경우 1986~1990년 기간의 국제 수지는 모두 흑자로 나타나고 있다. 둘째 줄은 국제 독점 자본들이 모국으로 보내는 각종 이윤, 로열티, 외국인에게 지급하는 보수와 외국 은행의 부채 및 증권 소유자나 외국 은행에 대한 이자를 보여 주고 있다. 여기서 주변 국가들은 첫째 줄의 잉여를 초과하는 엄청난 적자를 기록하고 있음을 알 수 있다.

따라서 주변 국가들은 적자를 메울 수 있는 외환 준비금이 부족하거나 없다면 해외에서 추가로 자금을 들여오게 된다. 이때 국제 채권자들이 추가로 자금을 빌려 주는 것은 단지 종래의 빚을 회수하기 위해서 새로운 빚을 제공하는 것일 뿐이다. 이듬해에는 적자 폭이 더욱 늘어날 수밖에 없으며 계속해서 누적되면 1980년대에 일어났던 외채 위기처럼 걷잡을 수 없는 상황이 벌어지는 것이다. 이때 국제통화기금이나 세계은행은 외국 자본을 빌린 채무국들의 구원병을 빙자하지만 사실은 자금을 빌려 주고 원금과 이자를 안정적으로 회수해야 하는 채권 은행들의 대리인 역할을 충실하게 수행하는 것이다.

국제 금융 기관들은 채권 회수를 위해서 "반민중적이고 대량 학살을 가져오는 구조 조정 프로그램"[17]을 채무국에 강요한다. 외환 위기가 심각해질수록 국제 채권자들이 자금을 빌려 주는 조건이 까다롭고 제한도 많아지는 것은 당연하다. 즉 외채는 채무자인 주변 국가들이 대외 거래에서 더 많은 잉여를 착취당할 수밖에 없는 정책을 도입한다는 조건으로 제공되는 것이다. "세계은행이 대부한 자금으로 제3세계가 경제 발전을 이룩할 것이라는 전통적인 사고 방식과는 달리 실제로 그것의 역할은 제3세계 국가에서 사적 외국 자본의 운동을 촉진하는 것이다."[18] 국제통화기금이나 세계은행은 국제 독점 자본의 집행 기구에 지나지 않는 것이다.

이러한 국제 독점 자본들의 돈놀이에 휘말린 주변 국가들에게 남은 것이라고는 눈덩이처럼 불어난 외채뿐이다. 더구나 국제 채권자들이 앞장서서 주변 국가들의 외채를 감소시키려고(?) 외채 상환 일정을 변경하거나 구조 조정, 외채 전환 계획 등을 추진했지만 1980년대 초반 이후 주변 국가들의 외채는 오히려 누적된 것으로 나타났다. 외채 감소 계획은 구조 조정 프로그램을 수행한다는 조건으로 제공되는 국제통화기금이나 세계은행의 정책 담보 차관과 결합되면서 외채의 이자는 신속하게 갚았지만 원금은 거꾸로 증가하는 결과를 낳은 것이다. 주변 국가들이 상환하지 못한 공공 차관과 상업 차관 등의 외채 규모는 1970년에 약 620억 달러이었으나 1980년에는 4,810억 달러에 이르렀다. 그리고 단기 외채를 포함한 외채 규모는 1996년에 2조 달러를 넘은 것으로 추정되는데 1970년과 비교할 때 32배나 증가한 수치이다.[19]

그런데 주변 국가들은 국제 독점 자본들이 처 놓은 그물 망을 벗어나고 저발전이라는 숙명적인 멍에를 떨쳐버리기 위해서 '네 마리의

용’이라는 아시아 국가들을 주목하는 경향이 있다. 이 국가들은, 경제 발전이 사회 구성원의 삶과 어떻게 결합되고 어떠한 변화를 가져왔는 지를 제외하고 생각한다면, 생산력이 상당한 수준으로 발전했으며 제 조업 생산품의 수출이 국민 경제를 이끌어 왔던 것이 사실이다. 그렇 지만 신흥 공업국들은 자본주의 세계 경제가 전후의 안정적 성장에서 일정 수준의 휴지기에 들어서고 투자와 무역을 통한 제국주의 중심부 와의 연결 고리가 가장 약한 상태에서 경제 발전에 나섰기 때문에 용 들의 경험을 일반화하기는 쉬운 일이 아니다.

1997년의 경제 위기를 통해서 신흥 공업국들의 실체가 폭로된 이 후에 중심 국가들은 ‘반주변부’로 치켜세우며 주변 국가들을 질책하 는 데 활용했던 ‘모범적인 용들’을 잃어버리게 되었다. 주변 국가들은 자본의 세계화를 빈곤의 세계화로 경험하고 있을 뿐이다. 초국적 자본 의 이해를 대변하는 국제 경제 기구들조차 우려할 정도로 심각한 상태 로 전락한 것이다.


## 가치가 이전되는 것이다!


자본주의 세계에서 주변 국가들의 경제적 현실은 ‘종속’이라는 한 마디에 담겨 있다. 세계 시장에서 중심 국가들의 상품은 비싸게 팔리 는 대신 주변 국가들의 상품은 값싸게 팔리기 때문에 중심은 더욱 부 유해지고 주변은 한층 가난해지는 것으로 알려져 있다. 이것이 사실이 라면 제국주의 중심부는 어떤 과정을 통해서 주변 국가들을 착취하는 것일까? 경제적 종속이라는 문제를 단순히 민족 단위의 문제로 이해 하거나 격렬한 이데올로기로 치유하려 든다면 올바른 자세가 아닐 것이다. 더구나 부르주아 경제학은 생산 요소 이론을 바탕으로 자본주의적 국제 분업을 정당화하고 고착화하려는 논리를 전개하고 있다. 이러한 문제를 과학적으로 설명하려는 논리를 국제 가치론이라고 한다. 국제 가치론은 맑스의 『자본』에 근거를 두고 중심과 주변의 문제를 접근하려는 것이다.

맑스의 논리에 따르면 종속이란 생산력 발전이 국제적으로 불균등할 수밖에 없는 자본주의에서 생산력이 발전한 자본주의적 사회 구성체가 생산력이 낮은 수준에 머물고 있는 사회 구성체를 경제적·경제 외적 방법을 동원해서 지배하고 수탈하는 것이다. 국제적으로 가치가 이전되는 것이라고 말할 수 있다. 왜냐하면 맑스는 생산력이 발전한 나라에서 1시간 노동으로 만들어진 상품이 더 많은 노동 시간으로 생산된 주변 국가의 상품과 교환되는 경우에는 동일하지 않은 노동량이 교환되는 것이기 때문에 가치가 가난한 국가에서 부유한 국가로 이전하는 것으로 보고 있다.[20]

그러나 가치 법칙은 그것이 국제적으로 적용되는 경우에는 더욱이 다음과 같은 사정에 의하여 수정된다. 즉 세계 시장에서는, 더 생산적인 국민이 경쟁으로 말미암아 그들의 상품의 판매 가격을 그 가치의 수준으로 인하시키지 않을 수 없는 한, 더 생산적인 국민적 노동은 더 강도가 높은 노동으로서 계산된다는 사정이 바로 그것이다. 어떤 나라의 국민적 노동 강도와 노동 생산성은 그 나라의 자본주의적 생산이 발전하면 할수록 그만큼 국제적 수준 이상으로 상승한다. 따라서 상이한 나라들에서 같은 노동 시간에 생산되는 동종 상품의 상이한 분량은 서로 다른 국제적 가치를 가지는데, 그 가치는 상이한 가격, 즉 국제적 가치에 따라 상이한 화폐액으로 표현된다(『자본론』 제1권, 707~708쪽).

맑스는 국민 국가 단위에서 동일한 노동량의 교환에 기초하는 가치 법칙이지만 세계 시장에서는 수정되는 것으로 이해한다. 가치 법칙이 수정되는 과정에서 국제적인 가치 이전이 발생하는 것이다. 그리고 국민 국가에서 개별 자본들 사이에 불균등 발전이 나타나듯이 세계 시장에서도 개별 국가의 자본들 사이에 불균등 발전이 일어난다. 이러한 생산력의 국제적 격차가 세계 시장에서 가치 법칙의 수정을 계기로 국제적 가치 이전으로 나타나는 것이다.

이러한 맑스의 논리를 토대로 국제적인 상품 교환 질서를 설명하는 국제 가치론은 국제 생산 가격론과 국제 시장 가치론으로 나누어질 수 있다. 종속 이론과 함께 널리 알려진 국제적 생산 가격론은 중심과 주변의 불평등 교환을 이윤율의 국제적 균등화에 기초한 가치와 생산 가격 사이의 괴리로 인한 부등가 교환으로 규정했다. 그러나 국제 가치론에서 논쟁의 불씨를 이어가는 국제 시장 가치론은 불평등 교환을 부등 노동량의 교환으로 바라보고 있다. 세계 시장에는 자본과 노동의 이동이 불완전하여 세계적으로 평균 이윤율이 성립하지 않기 때문에 국제적 생산 가격은 성립되지 못하지만 동일한 부문들 사이의 경쟁을 통해서 국제 시장 가치는 성립한다고 보는 것이다. 국제 시장 가치론은 '세계적 노동'이라는 가치 실체를 인정하는 국제 가치 실체론과 그것을 인정하지 않는 국제 가치 관계론으로 구별되고 있다.

그런데 국제 생산 가격론은 이론적 결함을 가지고 있다. 바로 세계 시장에서의 가치 법칙의 수정에 관한 명제와 시장 가치론에 대한 인식을 결여한 것이다. 국제 생산 가격론이 전제하는 이윤율의 국제적 균등화도 타당하지 않다. 가치가 주변에서 중심으로 이전되어 불평등교환이 발생하는 까닭은 균등화 이전의 이윤율이 중심보다는 주변이 높기 때문인데, 국제 생산 가격론은 이를 주변의 임금이 중심의 임금보다 낮다는 사실로 설명하기 때문이다. 이윤율을 구성하는 것은 임금 수준이 아니라 자본의 유기적 구성과 잉여 가치율인 것이다.

따라서 국제 시장 가치론인 국제 가치 실체론과 국제 가치 관계론을 통해서 가치 이전 문제를 분석해 보자.[21] 국제 가치 관계론은 세계 시장에서의 가치 법칙의 수정과 세계 시장의 특수성을 주장했다. 세계 시장이 비록 시장이기는 하지만 자본, 노동, 경쟁 등이 제한을 받기 때문에 세계 시장은 특수하다는 것이다. 더구나 노동의 이동이 자유롭지 못하기 때문에 질적으로 동일한 노동은 성립할 수가 없다. 국제 가치 관계론에 따르면 가치는 국민 경제 내부의 범주로 나타난다. 따라서 개별 국가의 국민적 가치를 직접 비교하는 것은 불가능하고 국민적 가치를 국민적 노동의 생산성 격차로 환산한 이후에 개별 국가들의 노동 및 가치를 비교하는 것이다. 즉 국민적 가치와 다른 국제적 개별 가치가 구해진 이후에 개별 국가들의 가치를 비교한다.

<표3-9> 국제 가치 관계론의 국제적 시장 가치

| 구분 | 국민적 가치* | | 국제적 개별 가치 | | 국제적 시장 가치 | | 국민적 생산성 격차** |
|---|---|---|---|---|---|---|---|
| | A | B | A | B | A | B | |
| 중심 | 10시간 | 20시간 | 30시간 | 60시간 | 35시간 | 55시간 | 3 |
| 주변 | 40시간 | 50시간 | 40시간 | 50시간 | | | 1 |

*: A, B 1단위를 생산하는 데 필요한 노동 시간.
**: 중심부와 주변부 간의 생산성 격차를 가중 평균한 비율.

예를 들면, <표3-9>에서 중심과 주변의 국민적 생산성의 격차가 3 : 1이기 때문에 상품 A의 국민적 가치가 중심과 주변에서 모두 1시간이라 해도 세계 시장에서는 중심부의 상품 A의 가치는 3배인 3시간이 되고 주변의 상품 A의 가치는 여전히 1시간이라는 것이다. 이와 같이 세계 시장에서 국민적 생산성의 격차에 따라 달라진 국민적 가치를 국제적 개별 가치라고 한다. 국제 가치 관계론에서 볼 때 국제적 시장 가치의 결정에 참여하는 것은 국민적 가치가 아니라 당연히 국제적 개별 가치이다. 따라서 <표3-9>에서 상품 A의 국제적 시장 가치는 국민적 가치의 평균이 아니라 국제적 개별 가치의 평균, 즉 (30시간 ＋40시간)÷2＝35시간이다.

국제 가치 관계론에서 국민적 가치를 보면 중심은 주변보다 상품 A와 B 모두에서 생산성이 높다. 개별적인 부문들의 생산성 격차를 평균한 국민적 생산성 격차는 중심과 주변이 3 : 1이다. 따라서 중심의 국민적 가치는 세계 시장에서 3배의 국제적 개별 가치로 나타난다. 이렇게 되면 중심부에서 상품 B부문은 국제적 개별 가치가 주변부보다 높게 되어 중심부는 우위를 상실하게 되었다. 다시 말하면 모든 부문에서 주변 국가는 상대적으로 생산성이 낮지만 B부문에서는 우위를 확보하여 중심 국가에게 수출할 수 있게 된다. 국제적 시장 가치는 국제적 개별 가치의 가중 평균치이지만 국민적 가치가 결정되는 것처럼 상품 생산에 필요한 노동 시간으로 규정할 수는 없다. 국제 가치 관계론에 의하면 세계 시장에서 평균적인 노동이나 노동 강도가 현실로 존재하는 것은 아니기 때문이다.

이러한 과정에서 국제적인 불평등 교환이 발생한다. 중심과 주변의 생산성 격차에 따라서 국민적 가치가 국제적 개별 가치로 전화되는 과정에서 불평등 교환이 발생하는 것이다. 중심의 생산성이 3배 높다는 이유만으로 중심의 1시간은 주변의 3시간과 교환된다. 그리고 국제적 시장 가치와 국제적 개별 가치의 항상적인 괴리에서 불평등 교환이 발생한다. 물론 국제 가치 관계론에서는 <표3-9>에서 볼 수 있듯이 주변 국가들이 불평등 교환의 이익을 누리는 경우도 발생할 수 있는 것이다.

한편 국제 가치 실체론은 세계 시장도 국민 경제와 마찬가지로 자본 사이의 경쟁이 이루어지는 하나의 시장이라는 세계 시장의 단일성을 주목한다. 따라서 가치 법칙은 국민 경제뿐만 아니라 세계 시장에서도 똑같이 적용되는 것으로 보고 있다. 국민 경제와 세계 시장을 논리적 차원에서 동일하게 보기 때문에 가치 실체로서의 세계적 노동과 양적 규정으로서의 세계적 필요 노동 시간을 제기한다. 왜냐하면 가치 법칙의 작용 범위가 국민 경제에서 세계 시장으로 확대되면서 가치를 규정하는 노동이 사회적 (국민척) 필요 노동 시간에서 세계적 필요 노동 시간으로 바뀌기 때문이다.

따라서 <표3-10>을 보면 국제적 시장 가치가 나타나는 방식은 국제 가치 관계론과 달리 국제적 개별 가치가 아니라 국민적 가치에서 직접 유도되고 있다. 국제 가치 관계론에서는 국민적 가치에서 절대적

<표3-10> 국제 가치 실체론의 국제적 시장 가치

| 구 분 | 국제적 가치 | | 국제적 시장 가치 | |
|---|---|---|---|---|
| | A | B | A | B |
| 중심부 | 10시간 | 20시간 | - | - |
| - | - | - | 25시간 | 35시간 |
| 주변부 | 40시간 | 50시간 | - | - |

우위에 있는 중심부가 국제적 개별 가치로 환원되는 과정에서는 경쟁력이 떨어지는 부문도 나타났다. 하지만 국제 가치 실체론에 따르면 <표3-10>에서 보듯이 국제적 시장 가치가 성립된 이후에도 중심의 절대적 우위가 변하지 않고 있다. 이러한 국제 가치 실체론에서 불평등 교환은 국제적 시장 가치로부터의 국민적 가치의 항상적인 괴리로 나타난다. 생산성이 낮은 주변의 국민적 가치는 국제적 시장가치보다 높게 되므로 가치의 일부는 실현되지 못하고 중심부의 자본가에게 초과 이윤으로 이전된다는 것이다.

이러한 국제 가치론은 노동 생산성의 변화를 반영한 교역 관계를 가치 법칙에 바탕을 두고 해명하려는 것이다. 따라서 경제적 종속 문제를 올바르게 바라보기 위해서는 종속의 밑바탕에 깔려 있는 개별 국가들의 생산력의 격차를 주목해야 한다. 개별 국가들이 만나는 세계 시장에서 자본주의적 생산의 불균등 발전에 따른 생산력의 격차는 종속 문제를 발생시키기 때문이다. 생산력이 발전한 나라는 생산력이 낮은 나라와 국제 거래를 통해서 가치를 이전시키면서 초과 이윤을 얻는 것이다.

# 디지털 혁명은 비상구인가?

> "도구는 인간 유기체의 왜소한 도구로부터 인간이 창조한 기계 장치의 도구로 전환되면서 그 규모도 커지고 그 수도 증가한다. 자본은 이제는 노동자로 하여금 손 도구를 가지고 일하게 하는 것이 아니라 스스로 조종하는 기계를 가지고 일하게 한다"(『자본론』 제1권, 494쪽).

이제는 온라인이다!

지구에 살고 있는 사람들이 디지털을 향해서 달려 가고 있다. 정보 기술 산업의 발전으로 기술 혁신이 이루어지고 인터넷이 생활 속에 깊숙이 자리하면서 폭과 깊이를 알 수 없는 변화를 맞은 것이다. 이러한 디지털 혁명을 '바퀴'의 발명 이후 최대의 성과라고 보는 경우도 있으며, 생산의 합리화나 공정 기술의 변화 정도로 낮게 평가하는 사람도 상당수가 존재한다. 그렇지만 디지털 혁명이 사람들의 소통 체계나 상품 거래 방식, 노동 형태 등에 커다란 변화를 주고 있는 것은 분명하다. 이러한 디지털 혁명은 곧잘 산업 혁명과 비교되기도 하는데 이는 사회적 파급이나 진행 과정에서 산업 혁명과 유사한 점을 주목하는 것이다. 디지털 혁명은 1946년에 컴퓨터가 세상에 나타나기 시작한 이후 1960년대의 대형 컴퓨터 보급과 1971년의 마이크로프로세서의 발명으로 본격화되었다. 더구나 정보 기술 산업이 급속하게 성장하고 통신과 컴퓨터가 결합된 인터넷이 확산됨에 따라 디지털 혁명은 한 차원 높은 단계에서 이뤄지고 있다.

그런데 자본주의적 생산에서 과학 기술의 진보는 본질적으로 자본가들이 노동 생산성을 향상시켜서 더 많은 잉여 가치를 확보하려는 경쟁에서 시작되었다. 이러한 자본의 경쟁은 앞에서 지적했듯이 경제 위기가 폭발한 이후에는 한층 치열해질 수밖에 없는 것이다.

산업의 생애는 중간 정도의 활황, 번영, 과잉 생산, 공황, 불황의 시기들의 하나의 계열로 된다. 기계제 생산이 노동자의 고용과 따라서 생활 형편에 주는 불확실성과 불안정성은 산업 순환의 이러한 주기적 교체가 발생하게 됨에 따라 정상적인 현상으로 된다. 번영기를 제외하고는 자본가들 사이에서는 시장에서의 각자의 몫을 둘러싸고 맹렬한 투쟁이 벌어진다. 시장에서의 각자의 몫은 생산물이 얼마나 싼가에 정비례한다. 이 때문에 노동력을 대체하는 개량된 기계의 사용과 새로운 생산 방법들의 도입에서 경쟁이 일어날 뿐만 아니라 어느 산업 순환에서도 임금을 노동력의 가치 이하로 강제적으로 인하함으로써 상품을 싸게 하려고 노력하는 시점이 나타나게 된다(『자본론』 제1권, 573쪽).

디지털 혁명도 자본이 1970년대~1980년대의 위기에서 벗어나려는 과정에서 한층 강화된 것이다.

자본 운동의 위기에서 빠르게 성장한 정보 기술은 디자인과 마케

팅은 물론 경영이나 회계에 이르기까지 기업의 모든 영역에 침투하여 효율성을 증가시키고 있다. 종래의 증기나 전기, 철도의 생산성은 공업 제품의 제조나 유통에 집중되었다. 그러나 인터넷은 의료와 교육은 물론 금융과 국가 부문에 이르기까지 서비스 부문의 생산성도 향상시키는 기술 혁명이다. 또한 정보 기술은 사람들이 정보에 쉽게 접근할 수 있도록 도와주기 때문에 거래 비용이나 진입 장벽을 낮추어 시장이 효율적으로 작동할 수 있는 환경도 제공한다. 거꾸로 정보를 독점하는 디지털 혁명의 '악당'이 생겨날 수도 있다. 그런데 정보 기술은 통신 비용을 절감시켜서 세계적인 네트워크를 가능하게 만들고 세계를 결합시키는 한편 스스로 기술 혁신을 가속하여 자기를 강화시키고 있다.

이러한 정보 기술의 진보로 제조업의 생산 방식은 혁명적으로 바뀌게 되었다. 생산 현장은 설계, 엔지니어링, 부품 구매, 제조 등의 다양한 영역이 맞물려 있는데, 종래와 달리 정보 기술이 도입되면서 각각의 기능들이 긴밀하게 결합해서 제품 생산의 시간과 비용을 절감하고 있다. 특히 컴퓨터의 지원을 받는 설계(Computer Aided Design)와 컴퓨터의 지원을 받는 생산(Computer Aided Manufacture) 등의 기술은 제품의 설계부터 생산에 이르기까지 여러 가지 기능을 통합적으로 조정할 수 있기 때문에 종래의 순차적인 작업보다 짧은 시간 안에 작업을 끝낼 수 있다. 그리고 생산 공장에서는 단순히 노동자를 대체하는 자동화나 유연 생산 시스템(Flexible Manufacture System) 생산 라인을 넘어서 CAD/CAM과 FMS가 하나로 결합되는 생산 방식으로 생산 과정을 컴퓨터가 통제하고 관리하는 컴퓨터 통합 생산(Computer Integrated Manufacture)이 이루어지고 있다. 이러한 생산 방식의 변화로 종래의 테일러주의적인 노동 통제나 컨베이어벨트에 의한 표준적인 제품의 대량 생산 체제가 유연한 다품종 소량 생산 체제로 전환되고 있는 중이다. 물론 생산 방식의 변화에 따라서 수직적이고 관료적인 기업 조직도 수평적이고 유연한 조직으로 변화되고 있다.[22]

이와 같이 공장의 생산 방식과 조직 방식의 변화를 불러일으키는 정보 기술은 대체 에너지 기술, 생명 공학 기술과 함께 종래의 어떤 기술 혁명보다도 훨씬 강력하고 파급 효과가 클 것으로 평가된다. 당연히 경제적인 변화도 일어날 수밖에 없는데, 이러한 변화를 함축적으로 표현한 '디지털 경제(digital economy)'[23]라는 말이 널리 쓰이게 되었다. 인터넷의 확산과 함께 한층 빠르게 이루어지게 된 디지털 혁명으

<표3-11>세계의 인터넷 이용자 및 전자 상거래 추이

| 구 분 | 1997년 | 1998년 | 1999년 | 2000년 | 2001년 | 2002년 | 2003년 | 성장률(%) |
|---|---|---|---|---|---|---|---|---|
| 인터넷<br>이용자 수<br>(백만 명) | 86.8 | 144.2 | 196.1 | 256.4 | 327.3 | 398.6 | 502.4 | 29 |
| 전자 상거래<br>이용자 수<br>(백만 명) | 15.0 | 30.8 | 48.0 | 71.5 | 99.7 | 133.9 | 182.6 | 43 |
| 전자 상거래<br>규모<br>(10억 달러) | 15.45 | 50.43 | 111.36 | 217.81 | 398.12 | 733.63 | 1317.34 | 92 |
| 1인당<br>전자 상거래<br>규모<br>(달러) | 1,029 | 1,635 | 2,321 | 3,046 | 3,994 | 5,479 | 7,216 | 35 |

출처: International Data Corporation(1993. 3). 정보통신종합정보센터,『주간 기술 동향』933호에서 재인용.

로 인해서 자본주의적 생산의 세계화는 급물결을 타고 있다. 상품 자본은 전자 상거래를 통해서 신속하고 효율적으로 거래되고 있고, 생산 자본은 세계적인 네트워크를 통해서 최적의 입지를 선택할 수 있게 되었으며, 화폐 자본은 실시간(real time)으로 이동이 가능해져서 세계 경제의 소통이나 결합이 상상할 수 없는 속도로 이루어지게 되었다.[24] 1970년대～1980년대 경제 위기 이후 자본 운동의 공간적 재편과 자본 분파들의 지구적 경쟁이 촉발되는 현실에서 디지털 혁명은 초국적 자본들에게 빠른 소통 수단을 제공하는 것이다.

앞에서 지적했듯이 디지털 경제는 학문적으로 합의된 개념은 없지만 인터넷을 바탕으로 한 전자 상거래(electronic commerce)와 그것을 가능케 만든 정보 기술 산업으로 구축된다.[25] 세계적 차원에서 바라볼 때 전자 상거래의 매출은 전체 경제 규모와 비교하면 아직은 작은 규모이지만 발전 속도는 <표3-11>이 보여 주듯이 폭발적이다. 세계의 인터넷 사용자는 1997년에 8,680만 명에서 2000년에는 2억 5,640만 명으로 증가했으며 2003년에는 5억 240만 명으로 예상된다. 전자 상거래의 규모는 인터넷의 이용자보다도 훨씬 빠른 속도로 성장하고 있다. 세계에서 전자 상거래 이용자는 1997년에 1,500만 명이었으나 2003년에는 무려 1억 8,260만 명이 될 것으로 추정된다. 또한 세계적인 전자 상거래의 규모는 1997년에는 154.5억 달러 그리고 2000년에는 2,178.1억 달러를 기록했으며 2003년에는 1조 3,173억 달러에 이를 것으로 전망된다. 1인당 전자 상거래 규모도 빠른 속도로 증가하고 있다. 1997년에 1,029달러에서 2003년에는 7,216달러 수준을 예상하는 것이다.

이러한 전자 상거래에서 주목할 것은 규모나 이용자 수의 가파른 상승도 있지만 무엇보다 인터넷 산업이든 굴뚝 산업이든 원가 절감, 서비스 개선과 생산성 향상을 위해서 영업 방식을 모두 전자 상거래로 바꾸려 한다는 사실이다. 물론 전자 상거래는 접속을 위한 비용이나 속도가 제약으로 작용할 수도 있다. 그런데 고속 네트워크에 대한 투자 규모를 고려하면 상황은 훨씬 좋아질 것으로 예상된다.

자본주의 세계를 견인하는 미국 경제도 디지털 경제에서 동력을 제공받고 있기 때문에 당연히 정보 기술 산업에 집중하고 있다. 미국에서 정보 기술 산업의 비중은 1970년대 후반에서 1980년대 중반까지 4~5% 수준에 머물렀으나 컴퓨터가 보급되면서 1993년에 6.4%, 1998년에는 8.2%로 성장했다. 무엇보다도 정보 기술 산업은 <표3-12>에 나타나듯이 1993년에서 1998년 사이에 미국 경제가 실질적으로 성장하는 데 3분의 1 이상 기여했다.[26] 물론 정보 기술 산업이 차지하는 비중도

<표3-12> 경제 성장에 대한 정보 기술 산업의 기여 추이

| 구 분 | 1993년 | 1994년 | 1995년 | 1996년 | 1997년<br>(추정) | 1998년<br>(추정) |
|---|---|---|---|---|---|---|
| ① 국내 소득*의 변화 | 2.2 | 4.1 | 3.5 | 4.2 | 4.2 | 4.1 |
| ② 정보 기술 산업의 공헌 | 0.6 | 0.6 | 1.5 | 1.2 | 1.2 | 1.2 |
| ③ 다른 산업 | 1.6 | 3.5 | 2.0 | 3.0 | 3.0 | 2.9 |
| ④ 정보 기술 산업의 기여분(②/①) | 26 | 15 | 42 | 38 | 38 | 29 |

*: 국내 소득은 물자와 서비스의 생산에 의해서 발생하는 소득으로, 미국 내의 노동이나 자본에 의한 것을 가리킨다.
출처: BEA의 1993~1996년 통계 자료에 입각한 ESA의 추정. DOC의 "Industry and Trade Outlook 99"을 이용한 1996~1998년 ESA의 추정. 미상무성 전자 상거래국, 신동기 옮김, 『디지털 이코노미』, 278쪽에서 재인용.

점점 증가하는 추세이다. 이에 따라 미래를 정보 사회나 지식 자본주의라는 개념으로 전망하고 분석하려는 논리들이 출현하게 되었다.

정보 기술 산업은 서비스 수출입에도 높게 반영되고 있지만 무엇보다도 이 산업이 경제 구조의 전환을 촉진하는 엔진으로서 노동 생산성과 관련되어 있는 측면을 주목할 필요가 있다. 자본가들은 더 많은 잉여 가치를 얻기 위해서 언제나 노동 생산성을 향상시키려고 노력하기 때문에 정보 기술 산업에서도 당연히 노동 생산성의 진보를 기대한다.

> 기계는 노동 생산력을 발전시키는 다른 모든 수단과 마찬가지로 상품의 값을 싸게 하며, 노동일 가운데 노동자가 자기 자신을 위하여 필요로 하는 부분을 단축하며, 노동일 가운데 자본가에게 공짜로 제공하는 다른 부분을 연장해야 할 것이다. 기계는 잉여 가치를 생산하기 위한 수단이다(『자본론』 제1권, 475쪽).

정보 기술 산업과 노동 생산성의 관계에 대해서 신중하게 평가하는 경향도 있었다. 왜냐하면 디지털 혁명은 종래의 산업 혁명과 같은 기초 기술 혁명이 아니며 인터넷의 활용은 이미 존재하는 것들을 대체하는 측면이 강하다고 보기 때문이다. 그렇지만 정보 기술 산업은 스스로 정보 기술 산업에 대한 투자를 늘려서 한 사람마다의 자본 장비율을 높이거나 기술 진보를 통해서 정보 기술 생산 부문의 노동과 자본을 포함한 생산성인 총요소 생산성(total factor productivity) 성장률을 높이고 있다. 그리고 정보 기술 산업과 전자 상거래의 성장은 생산 방식의 유연화와 경영 조직의 네트워크화를 가져왔다. 이것을 바탕으로 자본은 세계를 단위로 경쟁하게 되었다. 정보 기술의 진전은 노동 형태의 변화를 가져올 수밖에 없기 때문에 노동자들은 새로운 대응을 고민하게 되는 것이다.

### 노동자 계급은 사라지는가?

　자본주의적 생산에서 과학 기술의 발전을 생산 현장과 결합해서 생각하면, 증기 기관을 생산에 적용한 것은 기계화이고, 공장 자동화는 전기 기술을 생산에 적용한 것이며, 전자 기술을 생산에 적용한 것은 정보화라고 할 수 있다. 이러한 생산의 진보는 노동자 계급에게 커다란 영향을 미치는 것은 물론이고 노동의 성격도 변화시켜 왔다. 정보화에 바탕을 두고 있는 생산 공장에서는 노동자들이 육체적으로 힘을 쓰지 않더라도 작업이 이루어질 수 있는 소프트웨어의 명령 체계에 의해서 돌아가고 있는 것이다. 이제 생산 공장에서 노동자들이 사라지는 날이 점점 다가오는 것처럼 보인다.

　정보 기술을 바탕으로 이루어지는 디지털 공장은 대량 생산을 지향했던 포드주의의 노동 과정이나 노동 통제와 다른 모습을 보여 주고 있다. 테일러주의나 포드주의는 생산 과정의 대규모화와 노동력의 탈숙련화를 통해서 노동자를 컨베이어벨트의 부속품으로 전락시켰다. 노동을 과학적으로 조직하고 작업을 단순화하여 노동자가 가지고 있는 숙련 기술을 제계적으로 기계 장치에 이전시킨 것이다. 그리고 숙련 노동을 해체하는 한편 생산 공장의 주변에 머물러 있던 많은 사람들을 노동 과정 속으로 흡수하여 노동자 계급을 재구성했다. "여성 노동과 아동 노동은 자본가에 의한 기계 사용의 첫번째 결과였다!"(『자본론』 제1권, 503쪽). 이제 노동자 계급은 광범하게 형성되었으며 사회화가 진전되면서 노동자 계급의 자율성도 높아지게 되었다.

　이러한 과정에서 폭발한 1920년대~1930년대 자본주의의 위기에

대한 해결사로 등장한 사람은 존 M. 케인스이다. 그는 강력한 노동
규율에 바탕을 두는 테일러주의나 포드주의로는 위기를 벗어나기 어
렵다고 판단했다. 케인스는 국가를 주체로 유효 수요를 창출하는 한편
자본의 통제를 넘지 않는 범위 내에서 노동자 계급의 자율성을 승인하
고 노동자 계급이 자본의 논리 안에서 행동하도록 유인했다. 노동자
계급을 순화시켜서 자본주의 발전의 동력을 마련하려는 것인데, 국가
가 자본과 노동의 타협을 유도해서 테일러주의와 포드주의의 결함을
보완한다는 계획이다. 이에 따르면 국가는 완전 고용을 추진하고 노동
자들은 노동 조합을 통해서 스스로의 요구를 관철하며 자본은 생산과
분배에 대한 지배력을 갖는 것이다. 바로 국가와 자본과 노동의 사회
적 합의에 바탕을 둔 복지 국가나 혼합 경제를 의미하는 것이다. 물론
사회적 합의란 노동자 계급이 '전통'으로부터 후퇴했다는 것을 의미
한다.

　　그런데 제2차 세계 대전 이후에 발생한 과잉 축적에 따른 1970년
대~1980년대의 위기는 생산 체계를 전자 기술 중심으로 변화시켰기
때문에 자본주의적 생산은 기계 체계에서 정보 체계로 바뀌게 되었다.
이제 노동자 계급은 스스로의 숙련된 기술과 지식을 쓸모 없는 것으로
만들어 버린 정보 체계에 긴박되어 한층 낮아진 지위에 만족하며 자본
을 위해서 생산하고 소비하게 되었다. 그리고 사회는 자본의 이데올로
기로 통합되면서 점점 하나의 '거대한 공장'으로 바뀌어 가게 되었다.
노동자들은 스스로를 기계에 묶어 버리는 직접적인 통제는 물론이고
사회적인 통제까지 받게 된 것이다. 따라서 인간이 창조한 신이 인간
을 지배하듯이, 노동자가 생산한 기계가 노동자를 지배하듯이, 노동자
가 만든 컴퓨터가 노동자를 생산에서 축출하게 되었다.

　　디지털 혁명으로 정보 기술 산업과 전자 상거래가 발전하면서 노

동자 계급은 점점 생산 공장에서 사라지게 되었다. 당연히 노동자 계급에게 안녕(?)을 외치는 사람들이 나타났다. 그런데 노동자 계급은 언뜻 생각하듯이 공장에서 힘든 일을 하고 있는 육체 노동자만을 뜻하는 것이 아니라, 스스로의 생활 조건으로 인해서 자기의 노동력을 판매할 수밖에 없는 사람들을 말하는 것이다. 노동자 계급은 그들이 수행하는 구체적인 노동의 종류와 상관없이 생산 관계에서 차지하는 위치로 확인된다. 따라서 정보 기술 혁명으로 노동자 계급이 사라지는 것이 아니고 단지 노동의 성격이 육체 노동에서 지식 노동 또는 과학적 노동으로 바뀌는 것이다. 그리고 노동자 계급의 구조도 바뀌게 되는데, 모두 자본주의적 생산이 발전한 결과이다.

그런데 자본은 무인 공장을 가동시킬 수 있는 정보 기술 체계를 구입할 수는 있지만, 정보 기술 체계의 개발이나 운영 자체를 살 수는 없다. 노동자들의 노동에 의존할 수밖에 없는 것이다. 따라서 우리는 전통적인 공장에서 사라지는 노동자들을 인터넷 산업이나 정보 기술 산업, 컴퓨터 통합 생산 과정이나 소프트웨어 산업에서 만나게 된다. 이제 노동자들은 정보 체계를 설계하거나 개발하고 운영하면서 지시 노동에 종사하게 된 것이다. 자본주의적 생산이 발전해서 생산 방식을 변화시키게 되면 노동 형태가 바뀌는 것은 당연하다. 물론 노동자 계급은 작입 조직이나 노농 과정에 정보 기술이 도입될수록 자본에게 더욱 종속될 것이며 노동 통제나 노동 강도도 강화될 것이다. 왜냐하면 기계는 자본의 지배에 대항하는 노동자 계급의 저항을 억누르는 무기이기 때문이다.

기계는 임금 노동자를 '과잉'이게 만들 준비가 언제나 되어 있는 우세한 경쟁자로서만 작용하는 것이 아니다. 기계는 노동자의 적대 세력이며, 자본은 이 사실을 소리 높이 또 의식적으로 선언하며 또 그렇게 이용한다. 기계는 자본의 독재를 반대하는 노동자들의 주기적 폭동, 파업 등을 진압하기 위한 가장 유력한 무기로 된다(『자본론』 제1권, 552쪽).

더구나 정보 기술이 발달하면서 자본주의 세계에는 상대적 과잉 인구가 대량으로 생산되고 있다. 생산 공장이 정보 기술을 바탕으로 자동화되면서 많은 노동자들이 현장에서 쫓겨나고 있으며 서비스 산업에서도 실업자들이 증가하고 있다. 기계 체계는 육체 노동을 감시 노동으로 바꾸었으나 정보 체계는 감시 노동을 무인 노동으로 대체하는 것이다. 물론 기술 진보는 방물장수를 전자 상거래 종사자로 그리고 대장장이를 무인 공장 디자이너로 대체했다고 볼 수도 있지만 그것이 '사라지는 직업'에 종사하던 노동자들에게 위로가 되는 것은 아니다. 왜냐하면 정보 기술 혁명으로 없어지는 직종은 단순 노동에 집중되고 있지만 새로운 직업은 대부분 높은 교육과 기술 수준을 요구하기 때문이다.

새로운 기계의 생산이 더 많은 수의 기계 제작 노동자를 취업시킨다고 가정하더라도, 그것이 길거리로 내쫓긴 융단 제조 노동자들에 대한 보상으로 될 수 있겠는가? 기껏해야 기계의 제작에는 기계의 사용으로 말미암아 쫓겨나는 노동자보다 적은 수의 노동자가 고용될 뿐이다. 그 이유는 다음과 같다. 전에는 해고된 융단 제조공들의 임금만을 대표하던 1,500원의 금액은 이제 와서는 기계의 형태로 (1) 기계 제작에 사용된 생산 수단의 가치, (2) 그것을 생산하는 기계 제작 노동자들의 임금, (3) 이들의 '주인'에게 가는 잉여 가치를 대표한다. 그뿐만 아니라 기계는 한번 제작된 후에는 그것이 사멸할 때까지 갱신될 필요가 없다. 따라서 추가적인 기계 제작 노동자들이 계속 취업할 수 있기 위해서는 융단 공장주들은 차례 차례로 노동자를 기계로 대체하여야만 한다(『자본론』 제1권, 556~557쪽).

이러한 현실은 노동자 계급을 양극화시키게 된다. 디지털 경제는 근육보다 지식을 중심으로 움직이기 때문에 고도의 지식 노동에 대한 수요는 증가하지만 단순 노동자들의 일자리는 줄어들고 지위는 불안정해지며 임금 격차는 커지게 된다. 따라서 기업 경영의 중심은 지식 노동자들이 장악하고 주변은 단순 노동자들에게 맡기거나 외주를 주어 비용을 줄이기 때문에 노동자 계급은 서로 갈등하고 분열될 가능성이 한층 높아지는 것이다.[27] 즉 디지털 혁명으로 정보 체계를 디자인하고 운용하는 지식 노동자 계급은 중심으로 떠오르는 반면에 생산 방식과 기업 조직의 변화 과정에서 밀려난 노동자들은 주변에 머무르게 되어 노동자 계급이 양극화되고 소득의 불평등도 심화된다.

그런데 디지털 경제를 바탕으로 맑스의 자본주의 분석을 비판하는 경향이 등장하고 있다. 노동 가치론의 타당성 문제나 노동 형태 및 계급 구조의 변화와 관련된 논쟁들이 떠오르는 것이다.[28] 디지털 경제에서 노동 가치론의 타당성 문제, 무인 공장에 따른 노동 시장의 변화 전망, 지식 노동자들의 성격, 노동력의 재생산 문제, 계급 투쟁과 노동 운동의 변화가 주목을 받게 되었다. 하지만 자본주의에서

인격화된 자본으로서만 자본가는 역사적 가치와 역사적 생존권을 가지고 있다. 그런 한에 있어서만 그 자신의 일시적 존재의 필연성은 자본주의적 생산 양식의 일시적 필연성에 포함되는 것이다. 그러

나 자본가가 인격화된 자본인 한, 그의 활동의 동기로 되는 것은 사용 가치와 향락이 아니라 교환 가치와 그것의 증대이다. 가치 증식의 광신자로서, 그는 인류를 무자비하게 강요해서 생산을 위한 생산을 하게 하며, 이리하여 사회적 생산력을 발전시키며, 또 각 개인의 완전하고도 자유로운 발전을 그 기본 원칙으로 삼는 더 높은 사회 형태의 유일한 현실적 토대로 될 수 있는 물질적 생산 조건을 창조해 낸다(『자본론』 제1권, 749쪽).

자본주의에서 자본의 논리로부터 자유로운 것은 없다. 디지털 혁명은 자본주의적 위기에 대한 자본의 대응으로 가속되었기 때문에 자본의 이해를 담고 있으며 자본 관계가 관철되는 것은 당연하다. 따라서 과학 기술 혁명의 진보적 성격을 유의하면서 자본 관계가 관철되는 모습을 풀어 가야 할 것이다. 왜냐하면 경제 위기는 자본뿐만 아니라 노동에게도 변화를 강제하기 때문이다. 자본주의가 발전하면서 사회의 계급 구성[29]은 달라지지만 자본 관계는 끊임없이 재생산되는 것이다. 따라서 디지털 경제에서 맑스주의의 합리적 핵심들이 어떻게 관철되는지 파악하는 작업은 무엇보다도 의미가 있는 것이다.

## 디지털의 신화들

디지털 혁명을 바탕으로 정보 기술과 전자 상거래가 빠르게 발전하면서 자본주의 세계에는 미래가 과학 기술에 의해서 좌지우지될 것이라는 생각이 널리 퍼지게 되었다. 인터넷은 소통 체계나 정보 체계가 아니라 과학 기술 진보의 상징이며 컴퓨터는 마치 모든 변화를 가능하도록 만드는 '위대한 혁명가'인 것처럼 생각하는 것이다. 그리고 디지털 경제에서는 기존의 이론으로 설명하기 어려울 정도로 커다란 변화가 일어날 것으로 예상한다. 예를 들면 지식은 예전의 상품과 달리 아이디어가 팔리더라도 판매자는 되풀이해서 판매할 수 있기에 희소성의 원칙에 위배되는 듯이 보이며, 개발 비용은 높지만 이후 복사판을 인터넷으로 배포할 경우 비용이 거의 들지 않는 도서나 영화, 웹사이트, 금융 서비스 같은 정보 생산물들은 수확 체감이 아니라 수확 체증을 보이면서 자연 독점(natural monopoly) 현상이 나타날 수도 있기 때문이다. 디지털 혁명이 경제 현실을 변화시켜서 기존의 경제 이론을 낡은 것으로 만든다는 뜻이다.

더구나 과학 기술의 진보를 통해서 사회적 갈등은 물론 국민 국가들 사이의 이해조차 해소할 수 있을 것이라고 기대하는 경향도 있다. 언론 매체들은 마치 과학 기술이 인간을 신비한 낙원으로 데려다 줄 것 같은 메시지를 흘려 보내는데, 이는 인터넷을 '우러러보는' 사람들에게 상당한 공감을 불러일으키고 있다. 증기 기관이 산업 혁명을 일으켰고, 나침반이 대륙을 발견했으며, 인쇄술이 종교 개혁을 일으켰고, 로봇이 노동자 계급의 일자리를 빼앗고 있다는 단편적인 해석들을 유행시키는 것이다. 이렇게 과학 기술 혁명이 사회 발전의 유일한 추동력이며 필연적인 경로로 진보한다고 믿는 것을 기술 결정론이라고 한다.

기술 결정론은 과학 기술의 발달을 이용해서 환상과 신화를 만들고 있는 것이다. 로봇과 정보 체계에 의한 무인 공장에서 생산 활동이 이루어지기 때문에 노동자들의 정치 경제적 요구나 권리를 위한 투쟁은 물론이고 노동자 계급 자체가 사라질 것으로 예상한다. 이를테면 인종 차별로 고통받는 사람에게는 머리카락을 염색하듯이 피부를 탈

색하는 약품을 개발하여 피부를 하얗게 만들면 인종 문제는 해결된다
는 수준이다. 사회 문제를 기능적으로 접근하여 사회적 갈등이나 정치
적 이해조차 간과하는 것이다. 당연히 정보 기술이나 디지털 경제가
자본주의 사회의 고유한 모순이나 적대적 관계를 제거해 줄 것이라는
환상이 널리 퍼져 나가고 있다. 자본주의가 질적으로 달라졌다는 평가
이다. 더구나 인공 지능이나 대체 에너지, 유전자 공학 및 생명 공학
기술 등의 진보는 기술 지상주의적 신화를 한층 부추기고 있다. 과학
기술의 발전이 자본주의적 생산의 모순을 해소하거나 완화시킬 것으
로 기대하는 것은, 무엇보다도 자본주의적 생산을 역사적인 특수한
형태로 해석하지 않고 생산 일반과 혼동하기 때문에 나타나는 것이다.

따라서 정보 사회라는 말은 과학 기술의 진보를 부르주아적으로
미화하려는 이데올로기의 산물로 평가할 수밖에 없다. 정보 사회론자
들은 정보 기술을 바탕으로 사람과 사람, 사람과 자연의 갈등이 해소
되고 국경을 넘어서 평화로운 지구 마을이 건설될 것이라고 기대하면
서 무조건적인 세계주의를 지향하고 있다. 바로 '컴퓨터 유토피아'를
꿈꾸는 것이다. 그런데 정보의 역할이 아무리 크다 해도 정보 자체가
사회적 관계들을 변화시킬 수 있는 것은 아니다. 정보의 활동은 개별
적인 생산 양식을 넘어서 이루어지는 것이 아니라 자본주의적 생산의
고유한 일반 법칙에 따라서 발전하기 때문이다. 자본주의 세계에서
정보는 잉여 가치의 생산과 함께하는 것이다. 더구나 정보 기술을 응
용할 때 나타나는 결과가 정보를 사용하는 사회 경제적 조건에 영향을
받는 것은 당연하다.

컴퓨터 유토피아의 핵심은 역사 발전에서 계급과 사회 집단에 의
해서 수행되는 역할을 완전히 무시하고 기술 결정론적 원리에만 매달
린다는 것이다. 그러나 인간의 역사는 기술에 의해서 발전하는 것이

아니라 사람들이 주체가 되어서 만들어 가는 것이다. 맑스는 새로운 사회를 전망할 때 생산력의 발전을 우선적으로 제기하지만 생산력의 변화는 생산 관계의 변화와 상호 결합하여 의미를 갖는 것이라고 지적했다. 즉 생산력은 사회적 관계들과 연결되어 있기 때문에 역사 발전에서 기술만을 결정적인 조건으로 평가하는 것은 무리이다. 오히려 기술은 경제적·정치적·사회적·문화적 요소에 종속된다. 그리고 사회 진보는 절대 다수인 노동자 계급의 역사적 실천으로 이루어지는 것이다. 물론 사회 진보와 생산력의 발전은 뗄래야 뗄 수 없는 관계이기 때문에 기술 발전은 커다란 의미를 갖는다. 자본주의적 생산에서 노동 생산성은 기술 진보를 통해서 확보되는 것이다. 그러므로 사회 발전을 기술 진보와 분리해서 사고하는 것은 잘못이지만 기술 진보만으로 가능한 역사 발전을 기대하는 기술 낭만주의도 명백한 오류이다.[30]

우리는 인터넷의 세계를 탐험하기 시작하면서 과학 기술이 한층 발전할 미래에 대해서 희망적인 생각을 많이 하게 되었다. 미래의 세상이 공상 과학 소설처럼 유토피아가 될 것이라고 기대할 수는 없지만 과학 기술 혁명의 성과는 우리를 새로운 세계로 초대할 것임은 분명하다. 그렇지만 자본주의 사회에서 자본의 논리를 반영할 수밖에 없는 과학 기술 혁명은 필연적으로 모순적이며 부정적인 파장을 가져올 수밖에 없다.[31] 먼저 이미 지적했듯이 과학 기술의 진보는 상대적 과잉 인구를 증가시키고 사회적 양극화를 가져올 수 있으며 또한 계급 관계에 영향을 미치게 된다. 계급 구조를 변화시키는 것은 물론이고 계급의 생활 양식과 욕구, 계급적 특성을 변화시키게 된다.

둘째는 바로 끊임없이 확대되는 무기 경쟁이다. 진보한 과학 기술을 군산 복합체의 노예로 전락시킴으로써 자본주의는 인간에게 도덕적인 위험을 줄 뿐만 아니라 지적·물적 자원도 낭비하는 것이다. 자본주의적 생산에서 비중이 증가하고 있는 군산 복합체의 가치 증식이 원활하게 이루어지려면 불가피하게 생산된 무기가 사용되어야 한다. 더구나 군사 지출의 증가는 노동자 계급에 대한 조세 부담의 증가로 나타날 수밖에 없으며 반면에 군사력 증가나 우주 모험을 준비하는 과정에서 파생되는 기술적 성과들을 상업적·산업적으로 활용하는 경우에 자본가 계급은 더 손쉽게 초과 잉여 가치를 얻을 수 있는 계기를 갖게 되는 것이다.

셋째, 자본주의적 생산에서 과학 기술은 가치 증식과 관련되어 있기 때문에 발달한 산업 국가들은 진보한 과학 기술을 독점해서 주변 국가들을 고립시킬 수 있다. 이러한 과학 기술의 불평등은 국제적 가치 이전을 가져올 수밖에 없는 국제 분업 체계를 심화시키는 것이다. 발달한 산업 국가들은 과학 기술의 생산, 분배, 사용을 특정한 국가들에게 집중시키고, 주변 국가들을 과학 기술의 진보에서 고립시켜, 과학 기술의 불평등이 경제적 불평등을 낳을 수밖에 없는 국제 분업 체계를 수립하는 것이다.

그리고 과학 기술의 진보는 사람들에게 넓은 전망을 열어 주었지만 반면에 환경 오염이나 생태계 파괴, 기초 자원의 고갈 등을 초래했다. 무엇보다도 삶의 공간인 자연이 파괴되는 데에 과학 기술 혁명은 상당 부분 책임을 인정할 수밖에 없다. 따라서 인간 공동체를 위한 세계 단위의 과학적 전략과 연대가 필요하다. 그런데 자본주의적 생산에서 과학 기술의 진보는 자본의 논리를 벗어나서 이루어지는 것이 아니기 때문에 사회 발전의 출발은 자본에 대한 통제와 규제로부터 시작되는 것이다.

다른 한편으로 과학 기술 혁명은 자본에 대항하는 계급의 성장을 촉진하게 된다. 자본은 잉여 가치를 위해서 노동자 계급의 이해 관계와 권리를 끊임없이 위협하지만 과학 기술의 진보는 노동자 계급의 물질적·정신적 욕구를 증가시키고 저항의 조직과 결합을 용이하게 만드는 측면이 있다. 물론 노동자 계급이 계급 투쟁에 나설 경제적·정치적 동기도 확대된다. 노동자 계급은 임금 인상뿐만 아니라 인플레이션과 환경 오염에 대한 대안도 요구하는 것이다. 그리고 노동자 계급은 안정된 일자리의 보장, 실업 수당의 지급, 완벽한 사회 보장 제도와 인권의 신장도 제기하게 된다. 이러한 노동자 계급의 투쟁이 프라하, 시애틀, 서울을 강타했던 것이다. 누가 노동자에게 안녕을 말하는가!

## 자유 시간과 노동 시간의 투쟁

자본주의적 생산에서 과학 기술의 발전은 노동 생산성을 향상시키지만 경제적 성과까지 노동자들에게 돌려주는 것은 아니다. 거꾸로 과학 기술은 노동자 계급을 억압하고 지배하는 수단으로 전락한다. 기계 공업의 발달이 노동자들의 노동을 절약시키는 것이 아니라 노동자들이 기계 운동에 노동을 관리당함으로써 노동 강도가 강화되고 피로가 놀랄 만큼 증가한 것이다. 즉 기계 공업이 인간 노동을 경감시키는 것이 아니라 반대로 노동자 계급에 대한 관리와 지배를 강화하고 오히려 노동 지출을 늘려서 잉여 노동을 증가시키기 위한 조직적인 수단으로 전락하는 모순이, 바로 맑스가 자본주의적 기계 공업의 본성이라고 지적했던 것이다.

기계 그 자체는 노동 시간을 단축시키지만 자본주의적으로 사용되면 노동 시간을 연장시키며, 기계 그 자체는 노동을 경감시키지만 자본주의적으로 사용되면 노동 강도를 높이며, 기계 그 자체는 자연력에 대한 인간의 승리이지만 자본주의적으로 사용되면 인간을 자연력의 노예로 만들며, 기계 그 자체는 생산자의 부를 증대시키지만 자본주의적으로 사용되면 생산자를 빈민으로 만든다(『자본론』제1권, 560쪽).

물론 맑스는 기술 진보를 통한 생산력의 변화를 자본주의 사회의 고유한 성격으로 파악했다. 자본주의적 생산은 경쟁으로 살아가기 때문에 끊임없이 생산 도구들을 발전시켜야 하고, 생산 도구가 발전되면 당연히 생산 관계 그리고 사회 관계들도 덩달아 바뀔 수밖에 없다. 따라서 맑스는 경제적 시기를 생산에 쓰이는 노동 수단에 따라 구분했던 것이며, 노동 생산성의 향상에 따른 생산력의 발전을 통해서 사회

<표3-13> 1인당 연간 노동 시간 변화 추이(1870~1992년)

| 구분 | 1870년 | 1913년 | 1929년 | 1938년 | 1950년 | 1973년 | 1992년 |
|---|---|---|---|---|---|---|---|
| 미국 | 2,964 | 2,605 | 2,342 | 2,062 | 1,867 | 1,717 | 1,589 |
| 캐나다 | 2,964 | 2,605 | 2,399 | 2,240 | 1,967 | 1,788 | 1,656 |
| 영국 | 2,984 | 2,624 | 2,286 | 2,267 | 1,985 | 1,688 | 1,491 |
| 독일 | 2,941 | 2,584 | 2,284 | 2,316 | 2,316 | 1,804 | 1,563 |
| 프랑스 | 2,945 | 2,588 | 2,297 | 1,848 | 1,926 | 1,771 | 1,542 |
| 이딸리아 | 2,886 | 2,536 | 2,228 | 1,927 | 1,997 | 1,612 | 1,490 |
| 일본 | 2,945 | 2,588 | 2,364 | 2,391 | 2,166 | 2,042 | 1,876 |
| 한국 | - | - | - | - | 2,200 | 2,683 | 2,800 |

출처: Maddison, *Monitoring the World Economy 1820-1992*, OECD, 248쪽.

발전을 전망했던 것이다. 하지만 과학 기술이 진보하면 점점 기계 노동이 인간 노동을 대체하게 되기 때문에 상대적 과잉 인구가 증가하고 노동 시간 단축이 제기될 수밖에 없다. <표3-13>이 보여 주는 노동 시간의 변화 추이는 자본주의 역사에서 자본과 노동이 노동 시간을 둘러싸고 벌인 치열한 투쟁의 기록이다.

노동 시간이 단축되더라도 자본가들은 더욱더 과학 기술을 발전시키려고 골몰하게 되는데, 이는 언세나 노동 생산성을 향상시켜서 필요 노동 시간을 단축시키고 잉여 노동 시간을 늘이려고 하기 때문이다. 이때에 생산 영역에서 차지하는 산 노동의 역할과 지위는 끊임없이 변화하게 된다. 맑스는『정치 경제학 비판 요강』에서 대공업의 발전에 따라 노동의 성격이 어떻게 변화되는지를 보여 주었다. 대공업이 자본주의적 생산의 중심에 서게 되면 생산 현장에서 직접적인 노동은 '과학적 노동'에 의해서 대체될 것이라고 예견했던 것이다.

> 생산에 과학적 성격을 부여하는 것이 자본의 경향이며, 직접적인 노동은 이 과정의 단순한 하나의 계기로 전락한다. …… 노동 시간 — 단순한 노동량 — 이 자본에 의해서 유일한 가치 규정적 요소로서 정립되는 데 비례해서, 생산 — 사용 가치의 창출 — 의 규정적인 원칙으로서의 직접적인 노동과 그것의 양은 사라지고, 양적으로 더 적은 비율로 낮아질 뿐만 아니라 질적으로도, 비록 필수적이지만, 한편으로는 일반적인 과학적 노동, 자연 과학의 기술적 응용에 비해서 부차적인 계기로 나타날 뿐만 아니라 총생산에서의 사회적 구조로부터 유래하는 — (비록 역사적 산물이지만) 사회적 노동의 천부적 재질로 현상하는 — 일반적 생산력에 [비해서]도 부차적인 계기로 나타난다(『요강』제2권, 373~374쪽).

이러한 맑스의 논리는 과학 기술 혁명이 진전되는 현실에서 탁월한 예견으로 평가될 수밖에 없다. 그는 생산력의 발전은 과학 기술의 실천적 응용에 달려 있다고 주장하면서 자동화 생산뿐만 아니라 자본주의를 넘는 전망도 보여 주고 있다. 과학 기술을 새로운 사회를 위한 토대로서 평가하는 것이다.

대공업이 발전함에 따라 실제적인 부의 창조는 …… 오히려 과학의 일반적인 상태와 기술 진보 또는 이 과학의 생산에의 응용에 좌우된다. …… 노동은 더 이상 생산 과정에 포함되어 있는 것으로 나타나지 않고, 오히려 인간이 생산 과정 자체에 감시자와 규율자로서 관계한다. …… 그는 (노동자는) 생산 과정의 주된 행위자가 아니라 생산 과정 옆에 선다. 이러한 변환에서 생산과 부의 커다란 지주(支柱)로 나타나는 것은 인간 스스로 수행하는 직접적인 노동도 아니고, 그가 노동하는 시간도 아니며, 그 자신의 일반적인 생산력의 점취, 그의 자연 이해, 사회적 형체로서의 그의 현존에 의한 자연 지배, 한마디로 말해 사회적 개인의 발전이다. …… 이에 따라 교환 가치에 입각한 생산은 붕괴하고 직접적인 물질적 생산 과정 자체는 곤궁성과 대립성의 형태를 벗는다. 개성의 자유로운 발전, 따라서 잉여 노동을 정립하기 위한 필요 노동 시간의 단축이 아니라 사회의 필요 노동 시간의 최소한으로의 단축 일체, 그리고 여기에는 모든 개인들을 위해 자유롭게 된 시간과 창출된 수단에 의한 개인들의 예술적·과학적 교양 등이 조응한다(『요강』 제2권, 380~381쪽).

맑스는 과학 기술의 진보를 통해서 노동의 성격이 변화되는 것은 물론 노동 시간이 단축되고 자유 시간이 확보되기를 기대한 것이다.

자본주의에서 자유 시간이란 노동자들에게는 노동의 고통에서 잠시나마 해방되는 시간이며, 자본가에게는 노동자에게 잉여 노동을 강제하는 시간이다. 맑스에게 새로운 사회는 과학적 노동과 생산력의 진보를 바탕으로 필요 노동 시간을 줄이고, 남는 잉여 노동 시간을 모든 사람을 위한 자유 시간으로 전환하는 세상이다. 바로 '시간의 경제'의 첫걸음인 것이다. 이때에 사람들은 자유 시간과 노동 시간의 대립을 넘어서 자유 시간을 공동체적인 개성을 신장하기 위해서 과학, 예술, 체육 등에 소비할 수 있게 된다. 맑스는 과학 기술 혁명을 토대로 인간의 역사에서 시간과 노동을 전면적으로 소유하고 처분할 수 있는 인간의 연대를 꿈꾼 것이다.

# 제4장

# 메시아는 오지 않는다

"거의 40년 동안 우리는 계급 투쟁을
역사의 가장 직접적인 원동력으로,
그리고 부르주아지와 프롤레타리아
트 사이의 계급 투쟁을 현대 사회 혁
명의 위대한 지렛대임을 강조해 왔습
니다. …… 우리는 인터내셔널의 창
립 당시에 다음과 같은 전투 구호를
분명하게 정식화하였습니다. 노동자
계급의 해방은 노동자 계급 자신의
과업이어야 한다"(「회람 서한」, 『선
집』 제5권, 400쪽).

## 4.1 자본주의는 진보한다

## 4.2 세계 노동은 하나되는가?

## 4.3 붉은 광장의 고해 성사

4.1

# 자본주의는 진보한다

"여러 경제적 사회 구성체들 사이의 차이는,
예를 들어 노예 노동에 기초한 사회와 임금
노동에 기초한 사회 사이의 차이는 이 잉여 가
치가 직접적 생산자인 노동자로부터 착취되
는 그 형태에 있는 것이다"(『자본론』제1권,
276쪽).

## 상품 생산자들의 유토피아

우리는 자본주의에 살고 있다. 사람들은 대부분 공장이나 사무실
에서 노동을 하고 임금을 받아서 생활한다. 이러한 공장이나 사무실에
는 노동자들뿐만 아니라 그것을 소유하고 있는 자본가들도 있다. 자본
주의는 생산 수단을 갖고 있는 자본가와 생산 수단을 갖지 못한 노동
자로 구성되는 사회이다. 이러한 자본주의 사회의 발전은 자본과 노동
의 계급적 대립 그리고 자본 사이의 경쟁에서 이루어진다는 것이 맑스
의 논리이다. <표4-1>은 1820년 이후 산업 국가들의 생산력 수준이
변화되는 추이를 보여 주고 있다. 자본주의적 생산이 지속적으로 진보
해 온 것을 알 수 있다. 주기적인 경제 위기나 두 차례의 세계 대전

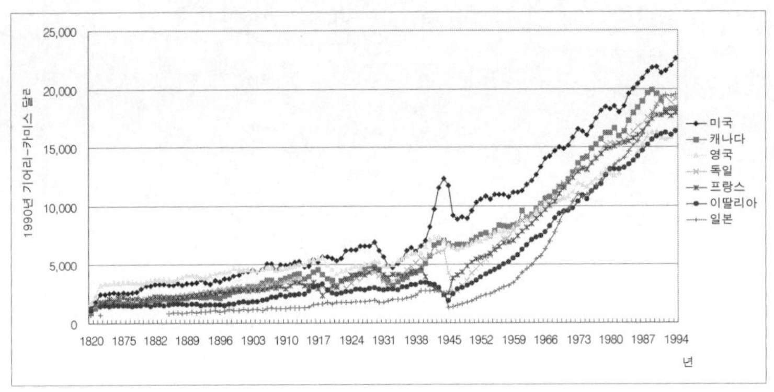

<표4-1> 중심국의 1인당 GDP 변화 추이(1820~1994년)



출처: Maddison, *Monitoring the World Economy 1820-1992*, OECD, 194~197쪽에
서 다시 작성함.


등에 따른 부침이 반영된 것은 물론이다.

그러면 자본가와 노동자는 어떻게 생겨났는가? 우리는 자본가와
노동자가 역사적으로 형성되는 과정을 본원적 축적 과정이라고 한다.
이것은 직접 생산자로부터 생산 수단이 분리되는 과정을 뜻하는데 생
산 수단은 자본이 되고 직접 생산자는 임금 노동자로 전락했다. 이것
이 자본과 임노동 사이의 관계인 자본 관계를 창조하는 과정이었다.
그런데 자본가와 노동자는 일반적으로 오해하듯이 상품 생산과 상품
유통에 의해 등장한 것이 아니라 "자본은 오직 생산 수단과 생활 수단
의 소유자가 시장에서 자기 노동력의 판매자로서의 자유로운 노동자
를 발견하는 경우에만 발생한다"(『자본론』 제1권, 215쪽). 하나는 다른
사람의 노동력을 사려고 갈망하는 화폐, 생산 수단, 생활 수단의 소유
자인 자본가이고 다른 하나는 자기 자신의 노동력을 판매하는 자유로
운 노동자이다. 여기서 자유로운 노동자라는 것은 노동자 스스로 자기

의 노동력을 마음대로 처분할 수 있다는 의미이며 또한 노동력말고는 상품으로 판매할 것이 없다는 뜻도 포함하고 있는 것이다. "노동자들이 공기를 먹고 살 수 있다면 어떤 가격을 주고도 그들을 고용할 수는 없을 것이다"(『자본론』 제1권, 759쪽).

자본주의적 생산이 최초로 나타난 영국에서는 폭력을 동원해서 직접 생산자로부터 생산 수단을 빼앗아 가면서 임금 노동자를 만들었다. "직접 생산자의 수탈은 가장 무자비한 만행에 의하여, 그리고 가장 비열하고 가장 추악하고 가장 야비하고 가장 가증스러운 정열의 충동 하에서 수행되었다"(『자본론』 제1권, 958쪽). 엔클로저 운동을 통해 봉건 영주들은 대부분 자유로운 자영농이었던 농민들에게서 토지를 빼앗고 양을 키운 것이다. 그리고 종교 개혁과 명예 혁명을 거치면서 농민들이 공동으로 소유하고 있던 공유지조차 합법적으로 사유화되고 토지를 부쳐먹고 살던 농민들은 빈털터리로 전락하게 되었다. 그런데 빈털터리가 된 농민들을 임금 노동자로 전환시키는 과정에서 국가는 온갖 폭력을 동원해서 노골적으로 개입했던 것이다.

이러한 개입은 법을 통해서 합법적으로 이루어졌는데 『자본』에 따르면 1530년의 법률은 노동 능력을 상실한 노인에게는 거지 면허를 발급했지만 건장한 부랑자는 때리고 감금하여 노동하겠다는 맹세를 받고 두번째로 잡히면 귀를 자르고 세번째는 중죄인으로 몰아 사형을 시키게 되어 있었다. 또한 1547년 법률에 의하면 노동 능력은 있으나 노동하기를 거부한 사람은 빨갛게 달군 쇠로 가슴에 V자가, 14일 동안 주인에게 도망치면 이마나 뺨에 S자가 그리고 출생지를 속인 부랑자는 S자 낙인이 찍혔다. 자본주의적 생산의 출발선에서 폭력적으로 토지를 빼앗기고 부랑자로 전락한 농민들은 곧바로 무자비한 법률에 따라 채찍과 낙인, 고문을 통해 임금 노동자로 살아가는 '강제 훈련'을 받게 된 것이다.

한편 자본가는 생산자가 상인 역할을 함께 수행하면서 또는 상인이 생산까지 담당하게 되면서 역사에 등장했다. 앞의 경로는 농민이 농업 자본가가 되는 경우와 소생산자가 산업 자본가가 되는 경우로 나누어진다. 그리고 뒤의 경로는 상인 자본과 고리대 자본이 선대제를 거치거나 직접 매뉴팩처를 경영함으로써 자본가가 된 경우이다. 농업 자본가는 차지농에서 출발하여 점진적으로 이루어졌다. 자본주의적 차지농은 스스로의 자본으로 임금 노동자를 고용하여 생산하고 잉여 생산물의 일부를 지주에게 지대로 지불했다. 그리고 무산자로 전락한 농민들을 착취하여 점차 재산을 모으고 자본가로 발전해 갔던 것이다.

산업 자본가는 두 가지의 경로를 통해서 형성되었다. 첫째는 생산자가 상인인 동시에 자본가가 되어 농촌의 자연 경제와 도시의 길드에 구속된 수공업에 대항한 것이다. 이것은 장인이나 자영 수공업자 또는 임금 노동자가 점차 자본가로 발전한 경로이다. 이들은 스스로 원료를 구입하고 생산한 상품을 상인에게 판매했다. 맑스가 말하는 "참으로 혁명적인 길"(『자본론』 제3권, 400쪽)이었지만 오랜 시간이 요구되었다. 생산자들이 자기 노동에 의한 생산에서 출발하여 잉여 생산물을 자본으로 전화시켜 자본가가 되기까지는 멀고도 험한 세월이 필요했던 것이다. 둘째는 상인이 직접 생산을 장악한 경로이다. 맑스에 따르면 이러한 경로는 스스로 낡은 생산 양식을 타도할 수 없고 오히려 낡은 생산 양식을 스스로의 전제 조건으로 보전했기 때문에 자본주의적 생산 양식의 진보를 방해하는 경우도 있었다.

자본가가 형성되는 과정에서도 국가의 폭력은 멈추지 않았다. 야만적인 폭력이 노골적으로 사용된 식민지 건설 과정뿐만 아니라 국채 제도, 조세 제도, 보호 무역 등을 관철시킬 때도 국가의 폭력은 "경제적인 잠재력"(『자본론』 제1권, 945쪽)이 되어 위력을 발휘했다. 이렇게 "자본은 머리에서 발끝까지 모든 털구멍에서 피와 오물을 흘리면서 이 세상에 나온다"(『자본론』 제1권, 956쪽). 자본주의는 14~15세기에 지중해의 도시들에서 최초로 나타나지만 16세기부터 본격적으로 시작되었다. 바로 자유 방임 자본주의(Laissez-faire Capitalism)라고 부르는 것이다.

자본주의의 발전을 생산이 사회화되는 정도로 구분한다면 자유 방임 자본주의는 당연히 생산의 사회화가 가장 낮은 수준에 있었다. 자본가들은 스스로의 자본으로 공장을 세우고 가동해서 이윤을 얻으면 재투자하던 상황이었다. 혁신과 축적을 바탕으로 가격 경쟁을 통해서 시장을 확대했기 때문에 상품 생산자들의 공동체라고 볼 수 있으며 경쟁이 자유롭게 이루어졌다는 의미에서 '자유 방임'이었다. 다수의 소규모 기업들이 지방 단위에서 치열하게 경쟁했던 것이다. 자유 방임 단계에서 생산 조직인 매뉴팩처나 노동 조직은 모두 자본주의적이었지만 생산은 봉건 사회의 수공업 기술을 바탕으로 이루어졌다. 자본가가 수공업 기술자들에게 임금을 지불하고 한곳에 모아 분업 체계에 따라 협업을 통해서 상품을 생산한 것이다.

자유 방임 단계는 절대적 잉여 가치 생산이 특징적이며 자본 축적은 잉여 가치를 자본으로 전화하는 자본 집적 방식에 의존했다. 자본주의적 생산의 발전 수준이 낮았기 때문에 기계 장치를 도입해서 노동 생산성을 끌어올리는 것은 힘든 일이었으며 자본가들은 노동 시간을 연장하여 이윤을 증가시키려고 애를 썼다. 당연히 노동자 계급은 노동 시간 단축을 주요한 투쟁 목표로 삼게 되었다. 그러나 노동자들이 조직화되지 못한 상태에서 벌어진 계급 투쟁은 어쩔 수 없이 공장이나 거리에서 자본가 계급과 직접 부딪치는 방식으로 전개되었다. 노동자 계급은 투쟁 방식으로 폭동을 선택할 수밖에 없었던 것이다. 그런데 자유 방임 자본주의는 자본 집적에 의존해서 자본을 축적했기 때문에 생산 규모를 급격하게 확대하거나 생산 방법을 빠르게 변화시키기는 어려웠다. 자본가들은 생산을 원활하게 수행하기 위해서 숙련 노동자 들에게 의존할 수밖에 없었으며 당연히 숙련 노동자들은 좋은 대우를 받았다. 숙련 노동자들은 자신들만의 조합을 결성하여 자본가들과 비 숙련 노동자들에 대하여 배타적으로 자기들의 사회 경제적 지위를 도 모했다.

이러한 자본주의적 생산의 발전에 대하여 맑스는 깊은 통찰력을 보여 주고 있다. 그의 논리에 따르면 자본주의적 생산 양식은 홀로 서기에 성공해서 자유 방임 단계가 확립되자마자 자본의 본성 때문에 자본 집중이 나타났다. 자본 집중으로 자본주의는 독점 자본 단계로 이행한 것이다. 그리고 이후에는 생산의 사회화가 진전되고 노동자 계급의 저항도 증가하면서 생산 수단의 집중과 노동의 사회화가 자본 주의를 파국으로 인도할 것이라고 주장했다. 맑스는 자본주의적 생산 의 내재적 법칙을 통하여 직접 생산자의 수탈에서 자본주의의 종말까 지를 하나의 고리로 파악했던 것이다.

직접 생산자를 수탈하는

이 전환 과정이 낡은 사회를 깊이에 있어서나 넓이에 있어서나 충분 히 분해시키자마자, 또한 노동자가 프롤레타리아로 전환되고 그들 의 노동 조건이 자본으로 전환되자마자, 그리고 자본주의적 생산 방식이 자기 발로 서게 되자마자 노동이 더욱더 사회화되는 것과 그리고 토지 및 기타 생산 수단이 사회적으로 이용되는 생산 수단 즉 공동적인 생산 수단으로 더욱더 전환되는 것, 따라서 또한 사적 소유자의 가일층의 수탈은 새로운 형태를 취하게 된다. 이제는 수탈을 당할 자는 자영의 노동자가 아니라 다수의 노동자를 착취하는 자본가이다. 이 수탈은 자본주의적 생산 자체의 내재적 법칙의 작용에 의하여, 즉 자본의 집중에 의하여 수행된다. 항상 한 자본가가 많은 자본가를 파멸시킨다. 이러한 집중, 즉 소수 자본가에 의한 다수 자본가의 수탈과 병행하여 기타의 발전도 더욱더 대규모로 일어난다. 즉, 노동 과정의 협업적 형태의 성장, 과학의 의식적 기술적 적용, 토지의 계획적 이용, 노동 수단이 공동적으로만 사용될 수 있는 형태로 전환되는 것, 모든 생산 수단이 결합된 사회적 노동의 생산 수단으로서 사용됨으로써 절약되는 것, 각 국의 국민들이 세계 시장의 그물에 얽히게 되는 것, 따라서 또한 자본주의 체제의 국제적 성격의 증대 등등이 더욱더 대규모로 일어난다. 이 전환 과정의 모든 이익을 가로채고 독점하는 대자본가의 수는 끊임없이 줄어가지만, 빈궁, 억압, 예속, 타락, 착취의 정도는 더욱더 증대한다. 그러나 그와 동시에 그 수가 계속 증가하며 또 자본주의적 생산 과정 그 자체에 의하여 훈련되고 결합되며 조직되는 계급인 노동자 계급의 반항도 또한 증대해 간다. 자본의 독점은 이 독점과 더불어 또 이 독점 밑에서 번창해 온 그 생산 방식의 질곡으로 된다. 생산 수단의 집중과 노동의 사회화는 마침내 그 자본주의적 외피와 양립할 수 없는 점에 도달한다. 자본주의적 외피는 파열된다. 자본주의적 사적 소유의 조종(弔鐘)이 울린다. 수탈자가 수탈당한다(『자본론』 제1권, 958~959쪽).

## 참다운(?) 자본주의

독점 자본주의는 자본의 역사에서 자본주의의 운동 법칙이 처음으로 완성된 자본주의이다.[1] 자유 방임 단계에서 경쟁을 뚫고 살아남은 공장들은 이윤을 증대시키려고 기계 장치를 도입했다. 생산 공장에 기계 장치가 출현하자 노동 시간의 단축을 둘러싸고 노동자들과 자본가들의 첨예한 대립이 일어났을 뿐만 아니라 자본가들 사이에도 경쟁이 치열해졌다. 기계 장치를 도입하지 못한 소자본은 노동 시간을 연장하는 것으로 대자본과 경쟁했기 때문이다. 따라서 대자본은 노동자 계급의 저항과 함께 소자본과의 경쟁을 의식하면서 표준 노동일의 제정에 동의했던 것이다. 이러한 상황은 영국의 공장법 역사에 잘 반영되어 있다.

근대적 산업에서의 표준 노동일은 면방직 공장, 모 방직 공장, 아마 방직 공장 및 견 방직 공장을 포괄하는 1833년의 공장법에서부터 비로소 나타나기 시작하였다. 1833년부터 1864년까지의 영국의 공장법들의 역사 이상으로 자본의 정신을 더 잘 나타내고 있는 것은 없다(『자본론』 제1권, 356쪽).

공장법은 노동 시간을 단축하려는 노동자 계급의 투쟁을 지지하는 계급 세력들의 상황에 따라 발전되었기 때문이다. 노동 시간이 합법적으로 줄어들자 자본가들은 경쟁적으로 기계 장치를 도입하여 보편화시켰다. 기계 장치가 도입되면서 부녀자들과 아동들이 노동 인구로 흡수되었으며, 노동 과정은 기계를 중심으로 재편되었고 자본가들은 노동자들을 효율적으로 지배할 수 있게 되었다. 또한 생산 영역에 기계 장치가 도입되면서 생산을 위한 최소 자본의 규모가 늘어나게 되었다. 당연히 자본 축적은 자본 집중을 통해서 이루어졌고 유휴 자금은 은행을 통해서 생산 공장의 확대와 기술 혁신에 동원되기 시작했다.

그런데 상환 기간이 존재하는 은행 자금의 불편을 극복하기 위해 상환 기간도 필요 없고 상환할 필요도 없는 증권이 나타나게 되었으며, 주식 회사가 등장했다. 이제 화폐 소유자들은 은행에 자금을 맡기거나 주식을 구입하여 이자나 배당을 받는 금융 자본가로 바뀌게 되었다. 따라서 독점 자본 단계는 잉여 가치의 취득도 새로운 형태를 취하게 된다. 신용 기구는 잉여 가치 가운데 많은 부분이 이자 수입의 형태를 띠게 했는데 이것은 기업 이윤이 지배적이었던 자유 방임 단계와 차이가 나는 것이었다.[2]

이러한 독점 자본주의는 소수의 거대한 기업들이 카르텔이나 트러스트를 형성하여 상호 경쟁을 제한하고 가격과 생산을 통제하는 특성을 가지고 있었다.

독점 형성의 역사에서 주요한 단계를 구분해 보면 다음과 같다. ① 1860~1870년, 자유 경쟁의 발전이 최고 정점에 달한 단계로 독점은 인지하기 어려울 정도로 맹아적인 단계 ②1873년 위기 이후, 카르텔이 발전한 꽤 오랜 시간. 그러나 카르텔은 여전히 예외적인 것으로 볼 수 있는 시기이며 이 시기의 카르텔은 강고하지 못했다. 즉 일시적인 현상이었다고 할 수 있다. ③19세기 말의 활황과 1900~1903년까지의 위기의 시기. 카르텔은 경제 생활 전반을 구성하는 기초 가운데 하나로 자리잡게 되고 자본주의는 제국주의로 전환되었다.[3]

　　이렇게 독점 자본의 역사를 정리한 레닌은 자본 집중이 경제 위기를 통해서 관철되는 것을 보여 주었다.

　　모든 위기는——경제적 위기가 가장 특출하지만 그 경제적 위기가 전부는 아니다—— 집중과 독점으로의 경향을 눈에 띄게 증가시켰다. …… 1900년의 위기는 오늘날에는 구시대의 유물로 간주되는 ‘순수한(결합되지 않은)’ 공장들, 즉 산업 경기 호황기의 최절정기에 형성되었던 공장들을 계선적(系先的)으로 조직한 수많은 공장들을 그 기반으로 하고 있다. 가격의 하락과 수요의 감소는 이러한 ‘순수한’ 기업체들을 불안정한 상태에 빠뜨렸지만, 거대하게 결합된 기업체들에게는 전혀 영향을 주지 않았으며, 영향을 주더라도 단기간 영향을 끼쳤을 뿐이었다. 1900년의 이러한 위기의 결과는 1873년의 위기 때보다 더 거대한 산업에서의 집중을 가져왔다.[4]

그리고 국제 독점 자본들이 나타나면서 초과 이윤을 목표로 체계적인 자본 수출이 이루어지게 되었다.

　　자본 집중 가운데 카르텔은 높은 이윤율을 얻기 위해서 기업들이 서로의 독립성을 유지하면서 가격, 생산, 판매 등을 합의하는 것이고 트러스트는 경쟁 기업들이 합병하여 하나의 기업으로 전환하고 독점적 시장 지배력을 행사하는 것이다. 독점 자본 단계에서 거대 기업은 다양한 형태로 경쟁을 제한하려고 기도했지만 쉽게 이루어지지는 않았다. 거대 기업과 중소 기업이 분업 체계를 형성하면서 중소 기업들 사이에는 경쟁이 치열해졌고 거대 기업은 반사적인 이익을 얻게 되었다. 그리고 거대 기업도 독점 이윤에 만족하여 정체하는 것이 아니라 초과 이윤을 얻기 위해서 경쟁적으로 기술 혁신에 몰두했던 것이다.

그런데 독점 자본주의에서는 대공장을 중심으로 생산 활동이 이루어졌기 때문에 노동자들은 계급적 이익을 확보하기 위해서 손쉽게 노동 조합을 건설할 수 있게 되었다. 노동 시간 단축을 위해서 비조직적인 폭동을 일으키던 자유 방임 단계와는 달리 투쟁의 대상과 방법도 크게 변화되었다. 자본가들은 절대적 잉여 가치의 추구가 노동자 계급의 저항에 부딪치자 노동 생산성을 향상시켜서 상대적 잉여 가치의 증대를 의도하게 되었다. 이에 따라 기술 혁신과 노동 조직의 합리화가 이루어졌다.

생산 현장에서 필요한 노동자들을 줄이는 대신에 기계 장비를 증가시키는 기술 혁신은 현역 노동자들을 생산 현장에서 축출하는 경향을 가지고 있기 때문에 노동자 계급은 실업의 위험에 노출될 수밖에 없었다. 또한 기술 혁신은 노동자들의 기능과 숙련 기술을 쓸모없는 것으로 만들었기 때문에 노동자 계급은 노동 조합을 중심으로 기술 혁신에 대응하여 투쟁하였다. 노동 조직의 합리화도 노동자 계급의 저항에 직면하게 된 것은 마찬가지였다. 고정 비용을 절감하거나 인건비를 절약하고 에너지를 줄이려는 합리화는 노동자 계급의 노동 강도를 강화시키고 노동 조건을 악화시킬 수밖에 없었기 때문에 노동자들의 투쟁을 불러일으켰다. 이러한 기술 혁신과 합리화에 대응해서 노동자 계급은 산업별 노동 조합이나 직능별 노동 조합을 건설하여 스스로의 이익을 방어하려고 했다. 임금 수준과 노동 조건에 대해서 정기적으로 단체 협약을 맺었으며 태업과 파업을 무기로 자본을 압박하기도 했다. 독점 자본주의에서 생산력 수준이 발전하고 노동자 계급의 요구가 일정하게 소통될 수 있었던 것은 자본가 계급이 노동 생산성을 노동 조합의 참여를 통해서 끌어올리려고 유연하게 접근했기 때문이다.

자본의 수호 천사

자본주의는 세상에 나온 이후 스스로의 모순 때문에 위기를 겪었지만 스스로의 모습을 바꾸면서 살아왔다. 직접 생산자로부터 생산 수단을 폭력적으로 빼앗은 본원적 축적 이후 자유 방임 단계를 강타한 것은 1870년대~1890년대의 대불황이었다. 자본주의적 생산을 놀라게 했던 불황이라는 도전에 대해서 자본은 제국주의와 자본 집중으로 대응했다. 대외 팽창에 열중하던 자본의 발목을 잡아당긴 것은 1920년대~1930년대의 대공황이었다. 그런데 여기서 벼랑 끝에 매달린 자본에게 구원의 손길을 내민 것은 바로 '국가'이다. 자본이 스스로의 가치 증식에 곤란을 겪자 국가가 자본이 스스로의 길을 안전하게 갈 수 있도록 공격적으로 결합한 것이다. 이것을 국가 독점 자본주의라고 부른다.

엥겔스가 단초를 제공한 국가 독점 자본주의 이론은 제2차 세계 대전 이후 경제 위기를 극복하기 위해서 국가가 선봉에 나서자 세간의 이목을 끌게 되었다. 국가 독점 자본주의를 '사회주의의 대기실'로 규정한 레닌의 말을 상기했던 것이다. 그렇지만 종래에는 국가가 단순히 경제적 재생산을 위해서 사회적 여건을 조성하는 데 머물렀으나 국가 독점 자본주의에서 국가는 경제적 재생산에 직접 개입하고 지배적인 위치를 차지하였다. 따라서 이전의 자본주의에서 생산을 관리한 사회적 체계는 시장과 신용이었지만, 국가 독점 단계에서는 국가가 지배적인 체계로 등장하게 되었다.

자본은 끊임없이 가치를 증식해야 자본으로 살아갈 수 있다. 그런데 자본이 가치를 증식하는 과정을 보면 다른 자본들과 치열한 경쟁을 치르는 한편 노동자들의 저항도 넘어야 한다. 그리고 자본은 더 많은 초과 이윤을 얻기 위해서 노동 생산성을 증가시킨다. 이러한 과정에서 이윤율 저하 경향이 나타나고 사회적 총자본 가운데 일부는 적정한 이윤을 확보하지 못하게 되는데 이것이 바로 자본의 가치 잠식이다. 자본의 가치 잠식이 격렬하게 일어나는 것을 공황이라 한다. 따라서 국가 독점 자본주의는 자본주의적 생산에서 필연적으로 발생할 수밖에 없는 자본의 가치 잠식에 대하여 국가가 정책적으로 개입해서 가급적 억제하려고 했다. 자본의 가치 증식을 도와주기 위한 국가 개입의 수단들 가운데는 국유화, 국가의 자본 수출이 있으며 자본이 생산한 가치의 실현을 위한 수단에는 군비 지출, 사회 보장비 지출 등이 있다.[5]

국가가 자본의 가치 증식을 유리하게 조직하려는 정책 수단에서 가장 먼저 눈에 띄는 것은 국유화이다. 국유화의 대상은 민간 자본으로서는 부담이 크기 때문에 감당하기 어려운 사회 간접 자본이나 이윤이 적을 것으로 예상되기 때문에 민간 자본이 참여하기를 꺼리지만 사회적 이익을 위해서 반드시 필요한 영역들이다. 이러한 영역들은 이윤 원리로 따질 수는 없지만 국가마저 방치한다면 사회적으로 커다란 손실이 발생할 수밖에 없으므로 국가가 직접 운영하는 것이다. 예를 들어 도로, 항만, 철도 등을 운영하면서 국가는 막대한 손실을 보지만 민간 자본은 커다란 이익을 얻는 것이다. 따라서 국가 독점 자본주의에서는 공공 영역처럼 자본주의의 철의 법칙인 이윤 원리가 제한되는 부문이 나타나게 된다. 그런데 노동자 계급의 입장에서는 국유화를 자본 철폐의 출발선으로 생각할 수도 있지만 자본가 계급은 조세 부담을 우려하는 한편 유리한 투자 기회를 상실한 것으로 생각할 수도 있다. 따라서 자본은 국유화의 축소를 외칠 뿐만 아니라 공기업도 이윤 원리에 따라 운영할 것을 요구하는 것이다.

한편 독점 자본주의에서는 금융 자본을 중심으로 이루어졌던 자본 수출이 국가 독점 자본주의에서는 국가 자본을 중심으로 이루어진다. 그리고 자본 수출이 지배적인 형태였던 독점 자본 단계와 달리 국가 독점 단계에서는 원조와 공적 차관이라는 형태가 나타나는데 이것들은 중심 국가들이 주변 국가들에게 제공하는 형식을 띠고 있다. 그러나 자본 수출이나 원조는 모두 과잉 축적으로 인해 적정 이윤을 확보하지 못하는 일부 자본을 해외로 수출하여 자본의 가치 증식을 원활하게 하려는 것이다.

해외로 자본을 수출한 중심 국가들은 먼저 국내 자본의 자본 구성을 낮추고 이윤율과 적정 이윤을 회복시킬 수 있으며 둘째, 가혹한 착취 방법을 동원하여 생산한 해외의 초과 이윤을 중심 국가로 이전시키며 셋째, 국내에서 과잉 생산된 상품을 처리할 수 있는 것이다. 인도주의의 탈을 쓰고 나타나는 원조나 공적 차관은 사실 주변 국가들의 유효 수효를 증대시켜서 중심 국가들의 상품을 사 갈 수 있는 자금을 제공하는 역할을 수행하게 된다. 물론 자본 수출은 철저하게 이윤 원리에 따라서 행동하지만 국내 투자를 회피하는 것이기 때문에 반발이 일어날 수도 있으며, 자본 수입 국가에서는 잉여 가치의 유출 문제로 사회적 비판이 제기되기도 한다.

자본이 가치 실현에서 위기를 맞고 있을 때 국가는 무기 생산을 주문하여 군수 산업과 관련 산업들을 확장시킨다. 군사 지출은 막대한 잉여 가치를 흡수하지만 대가로 아무런 것도 시장에 내놓지 않기 때문에 유효 수요를 자극하기에 안성맞춤인 것이다. 그런데 무기는 다른 상품의 생산에 투입될 수가 없고 국가가 보유하는 재고로 존재하기 때문에 군사 지출은 낭비적인 성격도 지니고 있다. 그렇지만 군수 공업은 국가를 상대로 한 거래이기 때문에 군수품 생산에 지출된 직접적·간접적 비용 일체와 일정 수준 이상의 이윤이 확실하게 보장되기 때문에 치열한 경쟁이 이루어진다. 그리고 군수 산업 관련자들 사이에는 암묵적인 협력 관계가 형성되어 지속적인 무기 갱신과 군사비 지출 증가를 위한 압력 단체로서 군산 복합체가 나타나는 것이다.

따라서 국가 독점 자본주의에서 군사 지출은 과잉 축적된 자본이나 상품을 비생산적 소비를 통해서 우선은 판로를 보장한 이후 사적 자본의 이윤율을 회복시키는 임무를 수행한다. 이러한 군사 지출은 잉여 가치를 비생산적으로 소비하는 가장 좋은 방법이기는 하지만 비용을 조달하는 방법이 문제가 될 수 있다. 비용을 기업의 직접세로 조달하면 자본은 자기의 이윤을 세금으로 납부하고 그것으로 다시 스스로의 상품을 판매하게 되는 메커니즘에 대하여 반발할 것이다. 또한 비용을 소비재 중심의 간접세에 의존하면 소비 수요의 감소와 함께 노동력 재생산에 미치는 반작용을 감수해야 한다. 그리고 국가가 화폐를 발생해서 조달하는 경우에는 인플레이션이라는 대가를 치러야 하는 것이다.

자본의 위기를 치유하려는 국가의 노력 가운데 가장 바람직한 것은 사회 보장비 지출이다. 노동자 계급의 복지를 향상시키는 것은 사회적 생산력의 향상으로 나타나기 때문에 자본가들도 장기적인 관점에서 검토해야 할 영역이다. 그렇지만 사회 보장비 지출은 국가가 자본 운동을 직접적으로 놉는 민간 기업에 대한 투자나 융자가 아니기 때문에 자본가들은 불만스러운 것이다. 더구나 사회 보장비 지출이 자본 축적을 방해하는 것으로 판단하는 경우도 있다. 실업 수당의 예를 보면 노동자 계급은 수당이 지급되기 때문에 실업을 가볍게 생각할 수 있고 자본가들이 제시하는 노동 조건을 거부하는 경우도 생긴다는 것이다. 그러나 국가의 사회 보장비 지출은 적극적인 기능에도 불구하고 항상 부족을 느끼게 되는데 이것을 풀어 가는 과정은 재정의 문제라기보다는 의지(?)의 문제일 수도 있다. 왜냐하면 국가가 자본의 가치 실현을 도와주려는 측면에서 본다면 군사비 지출이나 사회 보장비 지출은 똑같이 수단이기 때문이다.

　이러한 국가 독점 자본주의의 정책 수단들은 일정 수준의 한계를 가질 수밖에 없다. 위기의 발생 자체가 자본주의의 근본에서 일어난 것이기 때문에 치유도 근본적인 차원에서 고민해야 하는 것이다. 그런데 자본주의적 생산이 1970년대~1980년대 경제 위기를 맞은 이후에는 국가의 역할에 대해서 강한 비판이 일어나고 있다. 바로 신자유주의의 출현이다. 이제 자본은 국민 국가를 넘는 자본 운동의 세계화를 통해서 경제 위기를 극복하려고 하기 때문에 자본주의의 발전 단계를 설명하는 이론 체계로서의 국가 독점 자본주의 이론은 도전을 받게 되었다.


발전 단계가 잘못 되었다(?)


　자본의 유일한 목표는 잉여 가치이다. 만약 자본이 잉여 가치를 편안하게 앉아서 받아먹을 수 있었다면 세상은 지금보다는 좀더 천천히 돌아갈지도 모른다. 자본은 치열한 경쟁을 통해서 잉여 가치를 얻기 때문에 자본주의는 변화의 동력이 강한 생산 양식이다. 16세기부터 본격적으로 발전한 자본주의는 이미 보았듯이 자유 방임 단계, 독점 자본 단계, 국가 독점 단계를 거쳤다. 물론 자본주의의 발전은 맑스의 논리를 바탕으로 전개되고 있지만 앞의 3단계는 레닌에 의해서 체계화되었다. 이러한 레닌의 발전 단계에 반기를 드는 것이 바로 ‘세계 경제학’이다. 물론 세계 경제학도 맑스의 논리를 바탕으로 이루어진 이론 체계이다.

그러면 맑스가 오락가락했단 말인가? 그렇다기보다는 맑스가 자본주의의 운동 법칙을 밝히려는 작업 계획을 완성하지 못했기 때문에 벌어진 일이다. 그는 원래 자본주의에 대한 경제학 연구를 진행하면서 6부작을 계획했다.[6] 바로 ① 자본 ② 토지 소유 ③ 임노동 ④ 국가 ⑤ 국제 무역 ⑥ 세계 시장이다.

> 나는 부르주아 경제 체계를 다음과 같은 순서로 고찰한다. 즉 자본, 토지 소유, 임노동 그리고 국가, 대외 무역, 세계 시장의 순서로 고찰한다. 앞의 세 항목들에서, 나는 현대 부르주아 사회가 나뉘어 있는 세 개의 커다란 계급들의 경제적 생활 조건들을 연구한다. 다른 세 개의 항목들의 연관은 쉽사리 눈에 들어온다(「정치 경제학의 비판을 위하여」,『선집』제2권, 474쪽).

그런데 사정이 딱하게 된 것은 맑스가 6부작 가운데『자본』밖에는 완성을 하지 못한 것이다.

이렇게 되자 온갖 논쟁이 난무하게 되었다. 앞에서 지적했듯이[7] 맑스가 스스로의 연구를 완성하지 못한 것은 분명한데 어디까지 완성힌 깃으로 보아야 할 것인가가 문제이다. 연구 계획이 변경되었는가? 변경되지 않았다면『자본』은 계획의 어디에 해당하는가?『자본』은 토지 소유와 임노동을 포함하고 있는 것인가? 자본, 토지 소유, 임노동으로 부르주아 사회의 3대 계급의 경제적 생활 조건을 명확히 하면 나머지 국가, 국제 무역, 세계 시장의 관계는 곧바로 명확해진다는 것을 어떻게 해석할 것인가? 등에 관해서 치열한 논쟁이 이어지고 있다.

이 논쟁을 단순히 세계 경제학과 관련시켜 보면 두 가지로 정리할 수 있다. 첫째, 맑스의『자본』이 자본주의 사회의 운동 법칙을 파악한 것으로 이해하고『자본』을 통해서 나머지 주제들 특히 국가, 대외 무역, 세계 시장을 이론적으로 분석하는 것이 가능하다고 보는 것이다. 이러한 경우에는 세계 경제학이 끼여들 여지는 없게 된다. 둘째,『자본』이 자본주의 운동 법칙을 규명했지만 국가, 대외 무역, 세계 시장에 대한 작업이 미완성으로 끝났기 때문에 맑스의 논리를 바탕으로 이론적인 체계화가 필요하다는 것이 세계 경제학의 입장이다.

물론 전통적인 맑스주의 경제학은 볼셰비끼 혁명 이후 유일한 학습의 대상으로 떠오른 레닌의 걸작『제국주의론』의 영향으로 국민 경제를 단위로 자본주의를 분석하고 있다. 레닌은 독점 자본의 대외적 팽창과 세계 시장의 분할, 영토적 분할 점령을 강조하고 있지만 자본주의의 발전을 일국적 차원에서 접근하고 있다.

"자유 경쟁이 지배적이었던 기존의 자본주의 형태에서 독점이 지배하는 새로운 자본주의로의 변화를 적절하게 표현해 주는 것은"[8] "자유 경쟁이 부동의 지배권을 쥐고 있었던 기존의 자본주의의 전형적인 형태란 상품 수출이었다. 독점이 지배하는 자본주의 발전의 최후 단계에서의 전형이란 자본의 수출이다."[9] 그런데 레닌은 "제국주의 전쟁은 독점 자본주의에서 국가 독점 자본주의로의 이행 과정을 가속시키고 강화시켰다"[10]고 주장하고 "국가 독점 자본주의가 사회주의를 위한 완전한 물질적 준비이자 사회주의의 문턱이며, 자신과 사회주의 사이에 어떠한 중간 계단도 놓여 있지 않는 역사의 사다리의 한 계단"[11]이라고 했다. 그는 국가 독점 자본주의가 이룩할 물적 토대에서 사회주의적 전망을 고려했던 것이다.

그런데 제2차 세계 대전 이후 동유럽을 중심으로 세계 사회주의 체제가 형성되고 주변 국가들이 정치적으로 독립하면서 세계 경제의 환경은 빠르게 바뀌었다. 당연히 자본주의 세계 경제에 대한 이론적 작업의 필요성이 대두되기 시작했다. 그러나 무엇보다도 세계 경제학이 사람들의 관심을 끌게 된 것은 1970년대~1980년대 위기 이후에 나타난 자본 운동의 세계화이다. 자본주의 세계에서 국민 경제와 국민 국가는 어떤 의미를 갖는 것일까? 이러한 문제 의식이 광범하게 퍼지면서 전통적인 국민 국가 단위의 사고 체계는 위협을 받게 된 반면에 세계를 단위로 하는 이론적인 작업과 실천적인 고민이 활발하게 진행되고 있다. 이제는 일상 공간에서도 손쉽게 세계를 느끼고 행동하는 세상이다. 세계 경제학이 기지개를 켜는 것은 당연한 일이다.

그러면 세계 경제학이란 무엇인가? 우리가 흔히 듣는 국민 경제와 국제 경제, 세계 경제는 서로 어떤 관련이 있을까? 먼저 국민 경제는 봉건 사회에서 생산력 수준이 발전하여 상품 생산과 상품 유통이 확대되면서 자본이 일정 수준의 통일적인 운동 공간으로 만든 것이다. 따라서 국민 경제의 형성은 자본주의의 발전과 불가분의 관계가 있다. 국제 경제는 자본주의의 출현으로 발생하고 발전한 국민 경제와 국민 경제의 경제 관계를 말한다. 고전파 정치 경제학에 바탕을 두고 있는 국제 경제학은 제1차 세계 대전 이후 국제 경제의 발전으로 인해 빠르게 성장했으며 점점 계량적인 분석 방법을 동원하여 치밀한 이론 체계를 갖추기 시작했다.

세계 경제학은 독일의 베른하르트 하름스로부터 시작되는데, 그에 따르면 세계 경제는 생산력과 세계 시장과 국제 분업 및 국제적인 화폐·신용 관계의 일정한 발전 단계에 조응하여 세계의 주요한 국민 경제들이 세계적 규모에서 상호 연계와 상호 의존, 경쟁과 대항 관계를 통해서 만들어 내는 경제적 혼합체이다. 세계 경제의 내부는 동일한 경제 법칙이 지배하고 관철되는 세계 자본주의 경제이다. 국민 경

제와 국민 경제의 비교 우위를 따지는 국제 경제학과 달리 세계 경제
학은 국민 경제가 상호 연계하고 의존하고 경쟁하고 대항하는 단일한
세계 자본주의를 주목하는 것이다. 따라서 세계 경제학은 세계 경제가
형성·발전·해체되는 역사 단계에서 세계 자본주의가 어떻게 움직이
는지 해명하고 역사적인 전개 과정을 분석한다.[12]

세계 경제학에서 제기하는 세계 경제의 발전 단계는 레닌의 정식
과는 차이가 많다. 또한 세계 경제의 성립 시기에 대해서도 약간씩
견해가 다르지만 독일의 세계적인 맑스주의 경제학자 위르겐 쿠진스
키는 1789년을 기점으로 세계 경제를 3단계 6시기로 나누고 있다.[13]

세계 경제 제1단계(1789~1870/1871년)
전기: 1789~1848년
후기: 1848~1870/1871년

세계 경제 제2단계(1870/1871~1917/1918년)
전기: 1870/1871~1900년
후기: 1900~1917/1918년

세계 경제 제3단계(1917/1918년~현재)
전기: 1917/1918~1945년
후기: 1945년~현재

세계 경제의 제1단계는 영국의 뒤를 이어서 프랑스, 독일, 미국
등에서 잇달아 산업 혁명이 일어나면서 자본주의가 세계적 규모로 확
립되던 시기이다. 세계 경제 제1단계의 특징은 자유 경쟁이 기본적인

경제 법칙으로 자리잡았으며, 영국이 압도적인 생산력을 바탕으로 '세계의 공장'으로 군림하고 영국을 중심으로 세계 자본주의가 형성된 것이다. 전후기의 분기점이 된 1848년에는 유럽 혁명이 폭발해서 이후의 자본주의의 발전을 가속하게 되었다.

전기(1789~1848년)에는 영국의 면방직 공업이 발전함에 따라서 철강 산업, 운송을 위한 철도 건설 등이 이루어졌으며 영국을 중심으로 국제 분업 체계가 형성되었다. 즉 해외의 국민 경제들이 영국의 면방직 공업과 철강 산업의 원료 및 식량의 공급지이며 동시에 면제품과 철제품의 시장으로서 상호 관련을 맺었다. 후기(1848~1870/1871년)에는 새로운 철강 생산 방법과 제강법의 발전으로 영국이 '세계의 제철소'로 떠올랐으며 기계제 생산 방식의 광범한 보급으로 세계 전체의 생산력 수준이 비약적으로 증가했다. 그리고 생산력의 발전을 토대로 세계 시장이 아메리카, 아시아, 오세아니아까지 팽창하면서 세계 자본주의가 발전한 시기로 국민 경제는 당연히 세계적 경기 순환에 편입되는 과정이었다.

세계 경제의 제2단계는 세계 경제가 자유 경쟁이 지배하는 자유 방임 자본주의 단계에서 독점 자본주의 단계로 성장해 간 시기이다. 그리고 자본주의의 불균등 발전 법칙이 현실화되는 과정이었다. 프랑스, 독일, 미국 등에서도 은행이나 주식 회사 제도가 발전했고 강력한 독점 자본이 형성되어 영국의 지배적인 지위가 흔들리게 되었으며, 자본주의 국가들의 생산력 수준이 발전하면서 상품 수출 경쟁, 원료 획득 경쟁, 식민지 확보 경쟁 등을 통한 제국주의적 경쟁이 세계 대전으로 발전했던 것이다.

전기(1870/1871~1900년)에는 독일, 미국, 프랑스 등에서 철강업의 대량 체제가 확립되었고 중공업이 중심 산업으로 떠올랐으며 생산력이 빠르게 발전하면서 영국의 공업 독점은 흔들리게 되었고 국제적인 상품 판매 경쟁이 격렬해졌다. 그리고 생산의 집적과 집중이 진행되어 독점이 강화되었고 은행업의 집중화가 이루어졌으며 자본 수출이 폭증하게 되었다. 그리고 1880년대부터는 식민지 확보를 위한 경쟁이 심화되면서 세계의 영토 분할이 완료되었다. 후기(1900~1917/1918년)에는 발달한 산업 국가에서 트러스트, 카르텔, 콘체른 같은 독점적 결합이 광범하게 이루어지고 금융 자본의 지배 체제가 확립되었으며 국제적 독점체가 등장하여 세계 경제에서 결정적인 역할을 수행하게 되었다. 특히 국민 국가 사이의 불균등 발전이 폭로되면서 식민지와 반(半)식민지의 재분할을 위한 제국주의 중심 국가들의 경쟁이 결국 세계 대전으로 이어졌다. 그리고 볼셰비끼 혁명이 일어난 것이다.

세계 경제의 제3단계는 세계 자본주의 체제와 세계 사회주의 체제가 대립하면서 공존하던 시기이다. 1920년대~1930년대의 대불황으로 국가 독점 자본주의가 성립했고, 제국주의 세력들의 갈등과 대립이 제2차 세계 대전을 불러일으켰다. 그리고 식민지 체제가 해체되면서 중심 국가들은 커다랗게 동요하게 되었다.

전기(1917/1918~1945년)에는 세계 자본주의 체제에 소비예뜨 러시아가 등장하여 자본주의는 세계를 포괄하는 단일한 사회 체제의 지위를 포기할 수밖에 없었다. 러시아는 세계 자본주의로부터 포위되어 있었지만 착실한 발전을 이룩했다.

후기(1945년~현재)에서 세계 경제의 특징은 제2차 세계 대전의 결과로 동유럽 지역과 아시아 지역에서 사회주의 국가들이 건설되어 세계 사회주의 체제를 수립했기 때문에 단일한 세계 경제가 붕괴되고 두 개의 세계 시장이 갈등하고 반목하면서 공존하게 되었다. 그리고 식민지 체제의 위기가 한층 격화되고 전면적인 붕괴 과정에 돌입했다.

세계 자본주의는 체제 위기를 경험하면서 경제의 군사화를 강화했지만 자본주의 중심 국가들 사이의 불균등 발전으로 모순은 확대될 수밖에 없었다. 그리고 정치적으로 독립한 주변 국가들은 스스로의 이해 관계를 위해서 새로운 경제권을 모색하게 되었다. 이러한 쿠진스키의 발전 단계는 제2차 세계 대전 이후를 비중 있게 다루지 못하고 있으며 주변 국가들의 경제에 대한 분석이 취약한 것으로 평가할 수 있다.

그런데 레닌의 자본주의 발전 단계나 세계 경제학의 세계 경제 발전 단계에 대한 평가는 맑스에게 의존할 수밖에 없다. 왜냐하면 두 가지 이론은 모두 맑스의 논리를 근거로 이론을 전개했기 때문이다. 인간을 생산자라고 정의한 맑스는 사람들이 생산하는 모습을 두 가지의 관점에서 바라보고 있다. 바로 생산력과 생산 관계이다.

먼저 생산력은 생산에서 사람과 자연이 맺는 관계이다. 사람은 먹고 사는 데 필요한 것들을 자연을 변화시켜서 얻기 때문에 노동을 절약하기 위해서 적당한 도구를 사용한다. 맑스는 생산 과정에서 노동 수단을 결정적인 요소로 보았다. 따라서 생산력의 발전은 삶을 진보시키는 데 필수적인 조건으로 평가되었다. 공산주의 사회도 생산력의 발전이 전제 조건이라고 누차 이야기한 것이다.

> 녈종한 동물 종족의 신체 조직을 이해하는 데 있어서 유골의 구조가 가지는 것과 동일한 중요성을, 멸망한 경제적 사회 구성체를 탐구하는 데 있어서는 노동 수단의 유물이 가지는 것이다. 경제적 시대를 구별하는 것은 무엇이 생산되는가가 아니고 어떻게, 어떠한 노동 수단으로 생산되는가 하는 것이다(『자본론』 제1권, 230쪽).

그러나 생산력의 발전만으로 역사적 변동과 발전을 알 수는 없다. 왜냐하면 과학 기술은 우리가 그것을 이용하기 위해서 조직하는 사회적 생산 관계와 동떨어져서 발전하는 것이 아니기 때문이다.

따라서 생산 과정에서 사람과 사람이 관계를 맺는 생산 관계를 주목해야 한다. 사람은 생산하는 과정에서 다른 사람과 협동하게 되기 때문에 사회적 과정이며 생산에 참여하는 사람들 사이에는 생산 과정의 통제 및 생산물의 분배와 관련된 사회 관계를 갖게 된다. 그런데

생산의 사회적 형태가 어떠하든지 간에 노동자와 생산 수단은 언제나 생산 요소이다. 그러나 그들이 서로 분리된 상태에 있다면 그들은 잠재적인 생산 요소일 뿐이다. 생산이 행해지려면 그들은 결합되어야 한다. 이 결합이 달성되는 특수한 형태와 양식은 사회 구조의 경제적 시기를 구분한다(『자본론』 제2권, 42쪽).

따라서 생산 수단을 통제하는 사람이 누구인지 모르면 생산의 성격은 물론 사회 성격도 이해할 수 없는 것이다. 왜냐하면 어떤 노동 과정도 생산 수단 없이는 진행되지 못하며 생산 수단의 분배는 사회가 계급으로 분화되는 핵심이기 때문이다. 임금 노동자도 직접 생산자가 생산 수단으로부터 분리되어 생산 수단을 자본가가 독점할 때부터 생긴 것이다.

그러므로 계급 사회는 착취, 즉 생산 수단을 통제하고 있는 소수가 잉여 가치를 착취하는 데 바탕을 두고 있다. 다만 원시 공동체 사회에서는 생산 수단을 공동으로 소유했기 때문에 거의 모든 노동일이 필요 노동으로 수행되었다. 따라서

불불(不拂) 잉여 노동을 직접 생산자로부터 강탈하는 특수한 경제적

형태가 지배자와 피지배자 사이의 관계를 결정한다. 왜냐하면 그 특수한 경제적 형태는 생산 그것으로부터 직접적으로 발생하면서 또 생산 그것에 대하여 하나의 결정적인 요소로서 반작용하기 때문이다. 생산 관계 그것으로부터 발생하는 경제적 공동체의 전체 구조와 그리고 동시에 그것의 특수한 정치적 형태는 이 특수한 경제적 형태에 입각하고 있다. 직접적 생산자에 대한 생산 조건 소유자의 직접적인 관계—이 관계의 특수한 형태는 당연히 노동 방식 그리고 사회적 노동 생산력의 일정한 발전 단계에 항상 상응한다—에서 우리는 언제나 사회 구조 전체의 가장 깊은 비밀과 은폐된 토대, 그리하여 또한 주권·종속 관계의 정치적 형태, 요컨대 그때 그때의 특수한 국가 형태의 가장 깊은 비밀과 은폐된 토대를 발견하게 된다(『자본론』 제3권, 972～973쪽).

계급 투쟁은 역사적으로 특정한 생산 관계에서 나오는 것이며 이러한 생산 관계는 언제나 노동 방식과 사회적 생산력의 특정한 발전 단계에 자연스럽게 조응한다. 이렇게 생산력의 특정한 발전 단계에 조응하는 생산 관계를 생산 양식이라고 불렀다.

그런데 계급 사회의 생산 양식은 네 가지로 나타났다. "크게 개괄해 보면 아시아적, 고대적, 봉건적, 그리고 현대 부르주아적 생산 양식들을 경제적 사회 구성체의 순차적인 시기들이라고 할 수 있다"(「정치경제학의 비판을 위하여」, 『선집』 제2권, 478쪽). 그리고 "여러 경제적 사회 구성체들 사이의 차이는, 예를 들어 노예 노동에 기초한 사회와 임금 노동에 기초한 사회 사이의 차이는 이 잉여 가치가 직접적 생산자인 노동자로부터 착취되는 그 형태에 있는 것이다"(『자본론』 제1권, 276쪽). 이러한 생산 양식의 발전을 유의하면 자본주의적 생산은 자본 축적 그리고 자본 축적과 관련된 계급 투쟁이 자본주의적 생산 양식의 진보를 결정 짓는다. 이것은 생산의 사회화로 나타난다. 따라서 생산의 사회화가 사회 관계의 발전에 반영되는 것을 보면서 자본주의의 발전을 파악해야 하는 것이다.[14] 이러한 자본주의의 발전은 잉여 가치의 취득 및 관리 방법의 변화로 나타나게 된다. 따라서 자본의 가치의 생산과 실현이 국민 국가를 넘어서고 있는 현실을 주목해야 한다. 자본주의는 자본주의 이후의 사회가 필요한 물적 토대를 마련하기 때문이다.

# 세계 노동은 하나되는가?

"이렇듯 프롤레타리아트가 오로지 세계사적
으로만 존재할 수 있음은, 그들의 사업인 공산
주의가 '세계사적' 존재 일반으로서만 현존할
수 있는 것과 마찬가지이다. 각 개인들의 세계
사적 존재, 바꾸어 말하면 직접적으로 세계사
에 결합되어 있는 개인들의 존재"(「독일 이
데올로기」, 『선집』 제1권, 216쪽).

## 위기에 대한 반사물

러시아 사회주의가 주저앉은 이후, 자본주의는 역사가 선택한 유
일한 프로젝트로 주목을 받고 있다. 이제 사람들은 맑스주의를 통해서
미래를 설계하지 않는다. 세계화가 요구하는 경쟁력 있는 노동자가
되기 위해서 스스로를 갈고 닦을 따름이다. 혹시 세계화에 지각하게
되면 정보 사회로 갈 수 없을지도 모른다는 초조감 속에서 땀을 흘리
는 것이다. 세계화는 이미 우리 모두에게 철의 법칙으로 생활 깊숙한
곳까지 침투해 있다. 신자유주의적 처방전에 의해서 국민 경제의 구석
구석이 자본의 논리로 잠식되고 있지만 노동자 계급이 고통을 전담할
수밖에 없다는 것은 자본주의에서 하나의 상식이 되었다. 더구나 한국

은 세계에서 유일한 반(半)주변부 국가로서 저발전 국가들이 그나마 희망을 잃지 않도록(?) 모범적으로 경제를 발전시켜야 할 국제적 임무마저 띠고 있는 형편이다.

그러나 세계 경제의 장기 불황, 세계적인 대량 실업, 주변 국가들의 경제적 침몰, 빈곤과 폭력의 증가 등으로 인해 세계화는 여기저기서 의심을 받고 있다. 바로 프라하-시애틀-서울에서 연대한 세계 노동자들의 분노가 증명하고 있다. 세계화로 우리 모두가 세계 시민이 되는 것이 아니며 지구 사람들의 생활 조건도 결코 평준화되는 것은 아니라는 엄연한 사실을 깨달은 것이다. "제2차 세계 대전 이후 자본주의는 변했으나 근본적인 의미에서 주변 국가와 중심 국가의 종속 관계는 지금도 유지되고 있으며 주변 국가와 중심 국가의 격차는 계속 벌어지고 있다."[15] 그리고 국민 국가 안에서는 사회의 양극화가 빠른 속도로 진행되고 있다. 따라서 세계화에 대해서는 주변 국가들뿐만 아니라 중심 국가들의 노동자 계급도 심각하게 받아들이고 저항하는 것이다. 유럽의 좌파 정권들이 '신자유주의적 사회 민주주의'라는 평가를 받지만 노동자 계급이 투표를 통해 스스로의 분노를 나타내고 있는 것은 분명하다. 그리고 후퇴에 후퇴를 거듭하던 미국의 노동 운동이 기지개를 켜는 것도 이러한 흐름에서 평가할 수 있다.

세계화는 많은 신화와 신비를 가지고 있다. 그렇지만 몇 가지의 핵심적인 성격을 통해서 세계화의 실상을 들여다볼 수 있다. 첫째, 자본주의의 공간적 확장이다. 이것은 현실 사회주의가 붕괴하고 중국과 베트남 등 잔존 사회주의 국가들이 경제적 곤란을 극복하기 위해서 시장 경제를 받아들이고 경제 개혁을 추진하는 것과 연관된 것이다. 제2차 세계 대전 이후 존재했던 세계 사회주의 체제[16]가 붕괴하면서 가치 증식을 위한 자본의 운동 공간이 세계 단위로 재편되고 자본 분파들은 세계 시장에서 경쟁하게 되었다. 이러한 과정에서 잔존 사회주의의 지배 계급 가운데 일부는 부르주아로 변신하기 위해서 애를 쓰는 모습도 보여 주고 있다.

둘째, 신자유주의를 규정하는 자본의 논리와 가치가 이념적으로 그리고 문화적으로 지배적 지위를 차지하게 되었다. 부르주아지는 스스로의 모습과 똑같이 세계를 만들어 가고 있는 것이다. 신자유주의는 스태그플레이션으로 궁지에 몰린 케인스주의를 대신해서 부르주아지의 이해 관계를 관철시키는 이데올로기이다. 그런데 자본 운동을 똑같이 시장에 맡겨야 한다는 데에는 일치하는 자유주의와 신자유주의이지만 몇 가지 차이점이 있다. 자유주의가 맞선 것은 중상주의에 바탕을 둔 절대 왕권이었으나 신자유주의는 케인스적 복지 국가를 겨냥하고 있다. 그리고 시장 원리를 관철시킬 때도 자유주의는 자유 방임으로 접근했으나 신자유주의는 강력한 국가를 배경으로 시장 경쟁을 권력의 힘으로 강화시키려고 하는 것이다.

셋째, 자본의 초국가적 집중을 주목해야 한다. 초국적 자본에 의한 자본 집중은 1981~1982년의 세계 공황을 경험하면서 유례를 찾아볼 수 없는 매수, 합병, 사업 분할로 나타났다. 1990년에서 1993년까지 국경을 넘어선 매수 합병과 출자는 OECD 국가들 사이의 해외 직접 투자에서 평균 70%를 차지한 것이다.[17] 자본의 세계적 집중은 자본을 위기에서 구원할 수 있는 탈출구로 실험되고 있는 중이다. 물론 자본의 역사에서 자본 집중은 자본의 성쇠에 따라 끊이질 않았다. 그런데 종래의 자본 집중은 시장에서 패배한 자본이 퇴장하는 형식이었지만 1980년대 중반 이후부터는 자본 축적의 효율화, 다각화, 세계화를 위한 전술로 활용되고 있으며 규모의 대형화, 거래 기법의 고도화, 거래의 국제화가 이루어지고 있다.

여기서 특별히 주목할 것은 초국적 자본의 비지분 협조적 제휴 (non-equity cooperation alliance) 또는 전략적 제휴의 증대이다. 초국적 자본들은 자본 축적의 위기에 따르는 불확실성을 극복하고 무서운 속도로 바뀌는 기술 혁명에 공동으로 대응하려는 것이다. 왜냐하면 더 많은 잉여 가치를 위한 경쟁으로 신규 투자와 연구 개발비 부담은 엄청나게 증가하는 반면에 혁신된 기술 공정의 라이프싸이클은 현저하게 짧아졌기 때문이다. 따라서 자본은 위험을 분산시키고 회피하기 위해서 자본을 집중한 것은 물론이고 나라 안팎에서 경쟁 관계에 있는 자본 분파와 상호 기술 협력, 공동 연구 개발 등 비지분 참여를 확대했다.

넷째, 국민 국가의 국제화이다. 이것은 가치 증식을 위해서 국경선을 넘어가는 초국적 자본을 말하는 것이 아니라 자본 축적이 세계적인 차원에서 이루어지는 경우에 국민 국가가 자국의 초국적 자본을 위한 돌격병과 예비군의 역할을 수행한다는 의미이다. 물론 자본의 계급성이 자본의 국가성을 넘어선 것은 오래된 일이지만 세계화를 통해서 한층 강화되고 있는 것이다.

끝으로 세계적으로 나타나는 자본 축적의 새로운 단계이다. 우리가 일반적으로 말하는 자본 운동의 세계화를 의미한다. 이렇게 보면 앞의 세 가지는 세계화가 경제 위기의 반영이라는 성격을 보여 주며 뒤의 두 가지는 세계화의 구조적인 측면을 보여 준다.[18]

세계화는 제2차 세계 대전 이후 자본주의 세계를 지배했던 케인스주의와 브레튼우즈 체제의 모순에서 출발하고 있다. 특히 해외 직접 투자와 세계 무역의 규모와 흐름, 속도가 급속하게 늘어나고 있다. 그리고 국제 신용, 외환 유통, 투기, 선물 시장, 공공 부채 등도 빠른 속도로 증가하고 있다. 이러한 자본 운동은 자본과 노동의 계급 갈등, 인플레이션, 이윤율의 하락 등에 대한 반작용으로 나타난 것이다. 바로 제2차 세계 대전 이후 부르주아지가 노래했던 자본주의의 '황금 시대'가 끝났다는 증거이다.

자본은 생존의 유일한 동력인 잉여 가치를 얻기 위한 경쟁에서 변화를 모색하기 때문에 불황이 깊을수록 자본 축적 구조를 재편하려는 욕구는 늘어난다. 1970년대～1980년대의 세계 공황으로 진전된 기술 혁신이 공정 기술의 개선, 생산 과정의 합리화에 집중하여 자본과 노동의 대립을 세계적으로 격화시킨 것은 명백하지만 가치의 생산과 실현이 세계를 단위로 하는 전문화와 협업화, 분업화를 객관적으로 촉진했다. 따라서 초국적 기업(transnational corporation)이 국제 독점 자본의 지배적인 조직 형태로 나타나게 되었다.

1994년 UNCTAD의 보고에 따르면, 중심 국가들을 모국으로 하는 37,000여 개의 초국적 기업이 20만 6천 개의 해외 자회사를 보유하고 있는데[19] 대다수 국민 국가들의 국민 총생산을 능가하는 수준의 매출액을 기록하고 있다. 이러한 초국적 기업은 국제적인 자본 유통에도 적극적으로 개입하고 있으며 해외 직접 투자는 물론 상품 및 서비스의 무역에서도 절대적 지위를 차지하고 있다. 따라서 자본주의 세계를 가치 증식의 그물 망으로 재분할하려는 중심에는 초국적 기업이 있는 것이다. 초국적 기업은 고도의 연관성을 바탕으로 차별화된 제품 전략과 생산 전략을 구사하며 탈집중화된 기업 단위의 네트워크 의사 결정 체계로 통합되고 있다. 세계화는 지구 마을의 신화를 가지고 나타났지만 초국적 기업들의 치열한 경쟁과 자본 분파들의 이해 대립이 반영된 것일 뿐이다.

따라서 세계화는 어느 날 불쑥 찾아든 불청객이거나 질적으로 새로운 현상으로 보기보다는 자본 순환의 위기에 대한 반사물로 보아야 한다. 1870년대～1890년대의 위기를 통해서 자본 수출이 공격적으로 이루어졌듯이 세계화도 경제 위기에 대한 자본의 대응인 것이다. 왜냐하면 "세계 시장 그것은 자본주의적 생산 양식의 기초를 이룬다. 다른 한편으로 점점 더 큰 규모로 생산하려는 이 생산 양식의 내재적 필연성은 세계 시장의 끊임없는 확대를 강요"(『자본론』 제3권, 399쪽)하기 때문이다. 우리가 주목하는 세계화는 1970년대~1980년대의 자본 축적의 위기에 대한 대응, 바로 그것이다. 자본주의적 생산이 위기를 맞게 되면 자본과 자본의 경쟁이 치열해지는 것은 물론이고 자본과 노동의 대립도 격렬해지기 때문에 자본은 축적 구조를 재편하려고 애를 쓴다. 이러한 과정에서 자본 운동의 모습이 변화되는 것이다.

세계화가 가속된 1980년대 중반 이후 해외 직접 투자, 금융 자본, 국제 무역이 다른 시기와 비교해 볼 때 세계적으로 팽창한 것은 사실이다. 그렇지만 자본주의의 역사를 보면 자본은 스스로의 세계성을 지속적으로 관철시켜 왔다. 자본이 세계 시장에서 경쟁하고 이윤을 얻는 것은 자본주의적 생산 양식의 본능이며 삶의 터전이다. 가치를 증식하려는 자본을 누가 막을 수 있단 말인가! 위기를 극복하고 가치를 증식하기 위해서 자본은 언제나 세계적 차원에서 운동하는 것이다. 물론 아직도 자본주의적 생산에서 대부분의 가치 생산이나 가치 실현, 화폐 자본의 조달은 국민 국가를 단위로 이루어지는 것도 사실이다.

<표4-2>에서 보면 해외 직접 투자의 증가율은 국내 총생산이나 국내 총투자의 증가율보다 한층 높게 나타나고 있다. 해외에서 이루어지는 가치 생산의 비중이 가파르게 증가한 것이다. 여기서 주목할 것은 OECD 국가들의 해외 직접 투자가 점점 OECD 지역에 집중되고 있다는 사실이다. 특히 미국, 유럽, 일본이라는 3극 사이의 투자가 빠르게 증가하고 있다.[20] UNCTAD의 1991년 추계에 따르면 1980~1988년에 3극 안의 해외 직접 투자 잔고는 1,420억 달러에서 4,100억

<표4-2> 해외 직접 투자에 관한 경제 지표

| 구분 | 1992년<br>(10억 달러) | 1981~1985년<br>(%) | 1986~1990년<br>(%) |
|---|---|---|---|
| 해외 직접 투자 유출 | 171 | 3 | 24 |
| 해외 직접 투자 잔고 | 2,125 | 5 | 11 |
| 초국적 기업의 매출액 | 4,800 | 2 | 15 |
| 국내 총생산(GDP) | 23,300 | 2 | 9 |
| 국내 총투자(GDI) | 5,120 | 0.4 | 10 |
| 재화와 서비스의 수출 | 4,500 | -0.2 | 12 |
| 상표 및 기술 도입의 대가 | 37 | 0.1 | 19 |

출처: UNCTAD, *World Investment Report 1994*, 20쪽.

달러로 폭증했으며 같은 기간의 세계 해외 직접 투자 잔고에서 차지하는 비중은 30%에서 39%로 증가했다. 3극 사이의 무역 규모도 역시 급속하게 성장하여 세계 무역에서 차지하는 비중이 13%에서 17%로 높아진 것이다. 이와 같이 자본주의 3극 사이의 상호 직접 투자와 전략적 제휴가 빠르게 증가하는 것은 새로운 형태의 세계적 과점(world oligopoly)이 형성되고 있다는 것을 의미한다.

한편 국제적으로 자본 이동이 폭증하고 투기 자본이 세계를 떠돌면서 투기 자본은 세계화의 상징으로 주목받게 되었다. 이렇게 화폐 자본의 국제적 운동이 급속하게 진전된 것은 브레튼우즈 체제의 붕괴로 인해 1970년대에 진행된 금융 혁신과 국제 통화 제도의 변화에서 비롯되었다. 발달한 산업 국가들은 투자와 축적이 현저하게 약화된데 대한 반동으로 탈조절과 사유화 정책 즉 공적 조정 및 통제 철폐

정책을 추진했던 것이다. 이러한 과정에서 국제 금융 시장과 주식 시장은 "게임홀 또는 카지노"[21]로 바뀌었는데, 이는 금융 자본에 대한 규제를 상당히 지양하여 국제 금융 시장의 구조를 변화시킨 것이다. <표4-3>을 보면 1980년대 중반 이후 국경을 넘는 국제적 차입과 주식 거래의 폭발적인 증가를 볼 수 있다. 특히 화폐 자본의 국제적인 이동을 선도하는 증권 거래는 자본주의 중심 국가들 가운데 미국, 일본, 영국에서 훨씬 높은 매매가 이루어지고 있다.

이러한 이유로 세계화에 대한 논의와 분석은 하루 24시간을 쉬지 않고 움직이는 국제 금융 시장에 집중하는 경향을 보이고 있다. 금융 시장은 자본의 회전에서 실질적인 기능을 하고 있으며 동시에 주식 및 채권뿐만 아니라 파생 금융 상품, 통화나 상품 시장 등에서 투기적인 성격도 갖는다. "국경선을 넘나드는 달러의 7/8은 경제 활동을 촉진하

<표4-3> 국제적 차입과 주식 거래*

(단위: GDP에 대한 백분율)

| 구분 | 1970년 | 1975년 | 1980년 | 1985년 | 1990년 |
|---|---|---|---|---|---|
| 미국 | 2.8 | 4.2 | 9.3 | 36.4 | 92.5 |
| 캐나다 | 5.7 | 3.3 | 9.6 | 26.7 | 63.8 |
| 영국 | - | - | - | 367.5 | 690.1 |
| 독일 | 3.3 | 5.1 | 7.5 | 33.9 | 57.5 |
| 프랑스 | - | - | 8.4(1982년) | 21.4 | 53.3 |
| 이딸리아 | - | 0.9 | 1.1 | 4.0 | 26.7 |
| 일본 | - | 1.5 | 7.0 | 60.5 | 118.6 |

*: 국내외 간 유가 증권 총매매액.
출처: 요아힘 비숍, 김성구 옮김, 「카지노 자본주의」, 『이론』 제12호, 160~161쪽.

기보다는 투기와 연관되어 있다.”[22] 따라서 자본주의 세계 경제가 마치 투기 자본에 의해서 움직이고 투기 자본이 세계화의 주인공인 것처럼 비춰지지만, 가치는 유통 과정이 아니라 생산 영역에서 만들어진다.

버튼 하나만 누르면 세계에서 5억 달러가 회전할 수 있다. 그러나 그것은 어딘가로부터 와야 하고 또 어딘가를 향하여 가야 한다. 이러한 ‘어딘가’는 바로 생산 과정이다. 그곳에서 잉여 가치를 생산하려면 방대한 양의 생산 자본을 공장, 기계, 운송 수단, 창고, 기타 다른 설비의 형태로 상대적으로 장기간 동안 공간적으로 고정시킬 필요가 있다.[23]

이러한 세계화를 초국적 자본은 이데올로기적으로 신비화하거나 과도하게 일반화하고 있다. 예를 들면 세계 경제를 불황에서 구원하는 유일한 길은 신자유주의적 프로그램이며, 기술 혁명은 기술과 기회의 민주화를 가져왔고, 세계적 산업화와 발전에 따르는 국제 노동 분업은 주변 국가들에게도 혜택을 주었으며, 일국적 자본의 사멸이 세계화의 증거이고, 국민 국가의 약화와 초국적 기업의 강화가 초제국주의 시대를 예고한다는 것이다.[24] 초국적 자본은 세계화를 경제 논리에 입각한 세계적 수준의 봉합 과정으로 정당화하지만 세계화는 자본주의적 신비화로 해석될 수 없다. 세계화를 부른 것은 기술 혁명이나 자연 법칙이 아니라 제2차 세계 대전 이후에 축적된 자본주의적 생산의 모순과 불안정, 경제 위기이며, 지구적 차원에서 경제적 재분할을 꾀하고 가치를 증식하려는 초국적 자본들이 각축전을 벌이는 과정이 바로 세계화인 것이다.

따라서 세계화로부터 어줍잖게 지구인의 노동 조건이나 평준화된 삶을 기대하는 것은 어리석은 일이다. 세계화는 자본주의 중심 국가들이라는 배타적인 서클에 집중된 현상인 것이다. 세계의 모든 지역과 사람들을 포괄하는 발전이 아니라 발달한 산업 국가들의 경제적 공간이 서로서로 더욱더 밀접하게 결합되고 있다는 뜻이다. 미국, 유럽, 일본이라는 3극의 시장들이 상대적으로 침투가 용이해졌을 뿐만 아니라 중심 국가들 사이에서 투자나 무역, 기업 결합의 밀도가 높게 나타나고 있다.[25] 그러므로 자본주의적 생산의 출발선에서 형성된 중심과 주변의 관계가 세계화를 통해서 해소될 것으로 기대하는 것은 순진한 바람일 뿐이다.

더구나 자본주의 세계의 불균등 발전으로 대부분의 국가와 사람들은 세계화의 어두운 그늘에 살게 되었다. 세계화가 진전되고 신자유주의가 확산되면서 국민 국가 단위에서 양극화가 심화되는 것은 물론이고 세계 단위에서도 중심과 주변의 격차가 벌어지면서 일부 제3세계 국가들은 제4세계로까지 밀려나고 있다.

세계화의 근본적인 한계는 현재의 경기 침체 시기에 세계적으로 소득 불평등을 증가시켰다는 점이다. …… 가난한 나라와 부유한 나라 사이에 그리고 부유한 사람과 가난한 사람 사이에 존재하는 소득과 고용 기회의 차이는 매우 크며 매우 놀랄 정도로 벌어지고 있다.[26]

세계화가 1970년대～1980년대 경제 공황의 반사물이지만 위기에 대한 인식에는 차이가 많다. 물론 위기에서 탈출하려는 자본가들의 처방은 자본과 노동의 세력 관계를 바탕으로 이루어지지만 위기의 원인을 어떻게 보느냐에 따라 대응 전략은 상당한 편차를 보일 수밖에 없다. 생산성 문제로 파악하는 사회 민주주의와 노동자들의 이윤 압박으로 이해하는 신자유주의는 위기의 인식만큼이나 처방도 차이가 크다. 따라서 세계화는 생산력의 발전에 규정되면서 자본주의가 새로운 단계로 이행하는 질적인 변화가 아니라 자본가 계급을 대리한 자본주의 국가가 사회 일반에 자본의 논리를 강화시키려는 차원에서 신자유주의를 추진한 결과로 나타난다. 세계화란 신자유주의의 세계화이며 신자유주의는 오직 자본의 논리만 담고 있는 것이다.

경제 위기의 원인을 생산성에 있는 것으로 파악한 스웨덴과 프랑스의 대응은 당연히 신자유주의와 차이가 있다.[27] 전통적으로 사회적 연대 의식과 평등 의식이 강한 스웨덴은 노동자 계급도 잘 조직되어 있었다. 위기 상황에서 스웨덴은 성장의 둔화로부터 탈출하기보다는 경제 위기에 따르는 비용을 균등하게 분담하는 데 초점을 맞추었다. 따라서 주력 산업인 철강 산업과 조선 산업에 산업 보조금을 지급하고 노동 시장에 적극적으로 개입하여 소득 재분배와 고용 수준의 유지를 모색했다.

프랑스 역시 사회당 정권이 탄생한 이후 위기를 극복하기 위해서 사회 민주주의 경제 개혁 프로그램을 추진했다. 사회당 정권은 국유화, 지방 분권화, 노동자 계급의 권리 확대, 계획화 등을 추진했는데 무엇보다도 쟁점으로 부각된 것은 국유화 문제와 노동자 계급의 권리를 확대하는 문제였다. 그러나 다소간의 긍정적 성과에도 불구하고 자본 진영의 지속적인 공세와 노동자 조직의 혼란 그리고 좌파 정부의 분열로 개혁 정책은 실패로 끝났다. 스웨덴 역시 자본의 세계화가 진전되면서 기업들이 해외로 이전하고 다국적화되면서 자본의 입지가 점점 강화될 수밖에 없었다. 그래서 산업 보조금과 연대 임금, 적극적 노동 시장 정책으로 높은 경제 성장을 이룩했던 스웨덴도 1990년 이후에는 침체의 길로 들어서게 되었다.

경제 위기에 대한 또 다른 하나의 대응은 바로 신자유주의이다. 자본의 위기에 대한 신자유주의적 선택은 황금 시대를 뒷받침했던 계급 타협을 파기하는 것으로 압축된다. 물론 계급 타협은 노동자들이 '계급'으로부터 후퇴한 것을 의미한다. 그런데 신자유주의는 사회 일반에 자본의 논리와 경쟁의 논리를 적용하려는 이데올로기이다. 따라서 국가 개입의 최소화, 예산이나 통화에 대한 긴축 정책, 민영화, 탈규제화, 노동 시장의 유연화 등을 추진했다. 더구나 신자유주의자들은 긴축 정책을 실시하면 노동 조합 세력이 약화될 것으로 기대하는 한편, 노동 생산성이 향상되고 국제 경쟁력이 강화되며 투자에 자극을 줄 것으로 예상했다. 신자유주의는 무엇보다도 노동 시간, 임금, 고용 등 노동 조건에 대한 규제 완화 또는 탈규제를 통해서 노동 조합을 약화시키고 기존의 자본 관계를 재편하려는 것이다.

이러한 자본의 압박으로 노동자 계급은 임금 협상, 잉여 노동자의 퇴직, 작업 규칙 등 계급적 이해 관계가 걸린 많은 문제에서 불이익을 감수할 수밖에 없었으며 자본은 생산 영역에 대한 통제력을 강화하기 위해서 혼신의 노력을 기울이게 되었다. 여기서 신자유주의의 핵심으로 노동의 유연화가 등장했다. 이는 바로 노동 시장의 유연화와 노동 과정의 유연화를 뜻하는 것이다. 노동 시장의 유연화는 고용 수준과 임금 수준을 탄력적으로 운용하는 것을 말한다. 자본가들은 경제 상황에 따라 고용량, 노동 시간, 임금 등을 조절하거나 노동을 하청, 파견 등으로 외부화한 것이다.

노동 과정의 유연화는 표준화된 제품의 대량 생산 체제인 포드주의를 지양하고, 다품종 소량 생산을 위해서 생산 방식을 유연화하며, 직무 순환을 통해 다기능 노동자들을 육성하는 것으로 기술적 유연성과 기능적 유연성으로 나뉜다. '필요한 상품을 필요한 때에 필요한 만큼 생산'하기 위해 다목적 설비를 도입하고 최소한의 재고 관리를 도모하는 기술적 유연성은 필수적으로 노동자들의 작업 내용과 작업 조직을 혁신하는 기능적 유연성을 동반했다. 이러한 노동의 유연화도 자본주의 중심 국가들에서 획일적으로 추진된 것은 아니다. 앞에서 이야기했듯이 나라마다 자본과 노동의 계급적 세력 균형에 따라 노동 시장의 유연화와 노동 과정의 유연화가 차별적으로 선택된 것이다.

### 세계화의 대리인

세계화는 우리에게 국민 국가를 새롭게 바라볼 수 있는 계기를 마련했다. 자본 운동이 세계화되면서 초국적 자본은 가치 증식을 위해서 국민 경제의 생산 조건, 금융 조건, 노동 조건에 대하여 실질적으로 영향을 미치게 되었다. 더구나 세계화에서 구조적인 배제를 우려하는 주변 국가들에 대해서는 제도 장치를 침해하거나 억압적인 착취 관계를 의도하는 경우도 생겨났다. 그리고 세계화는 국민 국가들의 경제 정책과 충돌할 수도 있기 때문에 국민 국가는 다양한 영역에서 예전의 조절 능력을 위협받게 되었다.

그러나 세계화에서 국민 국가의 지위가 위협받게 될 것이라는 논리는 국가와 자본의 관계를 오해한 것으로 보인다. 국가와 자본을 분리시켜서 국민 국가가 스스로의 의지를 가지고 자본 운동에 개입한다는 논리이지만 국가의 정책이란 계급들 사이의 경제적·정치적·이데올로기적 투쟁을 반영할 수밖에 없는 것이다. 국제 기구의 설립이나 유럽연합의 건설도 국민 국가의 독립적인 힘과 의지의 산물이라기보다는 계급 관계에서 헤게모니를 장악한 국제화된 자본의 이해가 담겨 있는 것이다.

세계화에서 국민 국가의 약화를 전망하는 것은 국가를 단순한 주권체로 보거나 경제에 의해 국가가 직접적으로 규정될 수 있다는 경제 환원주의적 편향에서 비롯된다. 그러나 국가는 국민 국가 단위에서 사회적 생산 양식의 재생산을 보장하는 제도 장치이다. 생산 양식의 재생산은 단순히 노동력의 통제와 조절, 축적 구조와 소비 양식의 조절에만 그치는 것이 아니라, 계급 투쟁에 대한 사회적 통합과 포섭을 담당하며 가치 관계에 내재한 자본의 폭력을 보증하는 최종적 단위이다. 따라서 세계화가 빠르게 진전되더라도 국민 국가는 무의미해지지 않고 자본에 의한 사회의 실질적인 포섭을 주요한 과제로 삼는다. 사회 구성원 모두를 세계 단위에서 벌어지는 자본의 경쟁에 동원할 수 있을 때, 즉 국민이 하나되어 자본의 첨병으로 파악될 때 승리의 가능성은 한층 제고되는 것이다.

이렇게 보면 국민 국가가 약화될 것이라는 예견은 오류라고 볼 수 있다. 세계화에서 국가는 기능적인 재편을 모색하는 것이다. 국민 국가는 단순히 계급 사이의 매개자가 아니라 세계화된 자본의 요구에 대한 수호자로 변화되고 국가 기구도 사회 세력들의 갈등에 대한 합의 도출보다는 외부의 경제적 충격을 능동적으로 흡수하는 방향으로 재편된다. 자본주의 중심부에서 관찰되는 국가의 전반적인 보수화 경향과 신자유주의적 흐름은 국가의 기능적 재편을 보여 주는 것이다. 자본의 역사는 언제나 국가의 역사와 밀접하게 결합되어 있다. 국가와 자본은 구조적인 상호 의존 관계에서 벗어날 수 없으며 자본의 운동 공간이 팽창하는 현실에서는 더욱 긴밀해지게 된다.

세계화에서 "자본 세력은 점점 국가의 중심이 되어 가며 자본과 국가의 공모는 점점 더 분명"[28]하게 전개되는 것이다. 부르주아 경제학에 따르면 자본은 시장에서 맹목적으로 경쟁만 하는 고립된 원자로 나타나지만 자본주의 세계에서 관찰되는 자본들은 서로 동맹하거나 정치 권력과 유기적 관계를 맺으면서 경쟁에서 스스로의 지위를 강화시키려고 애쓴다. 그러므로 자본주의적 생산에서 국가와 자본의 '이별'은 지극히 위험천만한 일이며 상상할 수도 없는 것이다.

이러한 국민 국가는 국제 기구와 함께 초국적 자본의 이해 관계도 변호하게 된다. 자본주의적 생산에는 자본과 노동 간의 그리고 자본 분파들 사이의 대립과 투쟁이 존재하기 때문에 국가의 역할이 축소될 수는 없다. 초국적 자본도 자본이기 때문에 노동과 대립하고 국내 자본과 이해 관계가 갈라질 수도 있으며 또 다른 초국적 자본과 경쟁도 한다. 따라서 초국적 자본도 가치 증식을 위해서는 국가의 지원과 변호가 필요한 것이다. "초국적 자본은 그들 자신을 국제적으로 보호해 줄 다자간 협상의 주체로서뿐만 아니라, 국내에서 일어나는 계급 투쟁을 억제하고 재산을 보호해 줄 주체로서 민족 국가와 그 국가의 법을 여전히 필요로 한다."[29]

따라서 세계화가 진전되면서 국민 국가가 약화되거나 심지어 사라지고 세계 국가가 성립할 수도 있다는 논리는 자본주의 사회가 멸망한다는 전제 하에서만 논의 대상이 될 것이다. 역설적으로 초국적 자본의 이해를 공격적으로 담을 수 있는 유일한 장치는 국민 국가이다. "국민 국가는 세계화의 주요한 대리인이다."[30] 초국적 자본은 국민 국가와 스스로의 관계를 끊는 것이 아니라 자기가 관계를 맺는 국가의 숫자를 늘린다. 즉 초국적 자본은 종래와 마찬가지로 국민 국가에 크게 의존하면서도 과거와 달리 국가 밖으로 진출하여 다른 국가나 자본들과 연계를 맺는 것이 세계화된 자본의 보편적인 모습이다.

초국적 자본의 가치 증식이 세계 단위에서 이루어지더라도 노동은 국제적으로 자유롭게 이동하지 못하기 때문에 세계는 하나의 생산 과정으로 통합되지 못한다. 그러므로 가치 생산의 원천인 노동력 가치의 동질성, 자본과 노동의 대립에 따른 계급적 갈등과 대립을 초국적 자본이 조절하거나 관리할 수는 없다. 따라서 초국적 금융 자본이 나타나고 가치 증식을 위한 초국적 콘체른의 그물 망이 세계 단위에 존재하더라도 초국적 자본이 계급 투쟁의 최종 관리 기구로 전화되지 않는 이상 여전히 국민 국가는 존속할 것이다. 그리고 자본주의의 고유한 모순이 지양되지 않는 한, 지구적 차원에서 초국가적인 정치적 결사체의 등장은 여전히 불가능한 일로 보인다.

역사적으로 보아도 국가는 자본의 이해를 반영하고 보호하기 위해서 스스로의 임무를 증가시켜 왔다. 자유 방임 단계에서 국가는 사적 소유권과 영업의 자유를 보호하기 위한 제도 장치를 마련하여 자본의 이해 관계를 반영했으며, 독점 자본주의로 이행하면서부터는 자본의 확대 재생산을 위한 식민지 지배 임무를 충실하게 수행했다. 특히 외국 자본에 대항하기 위해서 자국 자본에 특혜를 부여하고 자본의 집적과 집중을 통해 독점 이윤을 보장했다. 그리고 세계 대전을 수행하기 위한 전시 체제가 강화되면서 국가의 역할은 증대되었다. 1920년대~1930년대의 대공황 이후에는 국가를 핵심 고리로 하여 자본 운동에 유력한 생산 관계를 공격적으로 창출했다. 경제 일반에 대한 규제와 조절을 통한 국가 개입의 증대, 노동력의 재생산을 위한 재정 지출의 확대, 국가 기업의 운영을 통한 독점체의 지원, 국가 기업의 재사유화, 과학 기술 연구의 조직과 성과의 독점체 지원, 계급 투쟁의 격화에 따른 사회 보장 비용의 지출 등으로 국가의 영역과 역할은 급격하게 확장되었다.

자본 관계의 세계화가 진전되면서 자본주의 국가는 자국 자본의 이익을 보호하기 위해서 자국 시장에 대한 접근을 규제하고, 지역 단위의 경제 공동체 결성에 개입하고, 국경을 넘는 자국 자본을 보호하고, 가치 증식에 유리한 생산 관계 및 생산 입지를 창출하고, 자본 관계의 유지와 발전을 위해서 사회를 통합하고, 자국의 자본주의적 생산의 발전을 유지하고, 과학 기술의 발전을 위해서 개입하는 등 다양한 역할을 한다. 물론 국가가 자본을 위해 수행했던 고전적인 역할은 여전히 중요하다. 숙련 노동의 공급과 일정 수준의 국내 시장 보호, 자본 분파의 이해 관계 조절과 안정적인 통화 공급, 최종적으로 의지할 이익 수호자로서의 군사력의 제공 등이 그것이다.[31] 더구나 국민 국가는 자본 관계에서 여전히 노동이 구획되는 영역이다. 자본주의적 생산은 자본과 노동의 계급 관계를 내포하기 때문에 자본가 계급은 대립 관계가 현재화되는 것을 규제하기 위하여 자본주의적 국가를 불가피하게 요구한다. 그러므로 세계화가 진전되더라도 자본은 국민 국가를 통해서 가치를 증식하는 것이다.


## 세계 노동, 세계 연대


자본의 세계화에 따라 노동의 세계화가 주목받고 있다. 자본이 세계를 단위로 가치를 생산하고 실현하게 되면서 노동의 세계 연대가 떠오르는 것은 당연하다. 자본의 세계성이 관철되는 현실에서 저항의 세계성을 의식하는 것이다. 왜냐하면 자본주의의 역사가 보여 주듯이 "부르주아지, 다시 말해 자본이 발전하는 것과 같은 정도로 프롤레타리아트, 즉 현대의 노동자 계급은 발전한다"(『선언』, 12쪽). 그렇지만 노동자 계급이 세계 연대를 통해서 저항을 세계화하려는 결의는 많은 장애에 부딪치고 있다. 어찌 보면 맑스주의 역사에서 국제주의는 품속에만 간직하고 제대로 한 번 '뽑을 수도 없고, 뽑지도 못한 칼'이었는지 모른다. 노동자 계급의 국제주의를 구체적인 현실로 접근하지 못하고 종종 머리에서만 설계하는 경우가 많았던 것이다. 그만큼 국민 국가를 단위로 하는 자본의 굴레에서 노동자 계급이 벗어나는 일은 쉽지 않은 것이다.

이러한 노동자 계급의 국제주의가 세계화로 인해서 머리가 아니라 두 발로 진지하게 고민해야 할 시기가 도래한 것이다. 자본이 세계적으로 집중하고 동맹을 맺기 때문에 자본에 대한 국민 국가의 조절이나 관리는 원활하지 못하다. 또한 자본 운동이 세계화되면서 개별 국가의 노동자들은 고용이나 임금 같은 이해 관계나 요구를 위해서 투쟁하는 경우에도 많은 제약을 느끼게 되었다. 초국적 자본의 가치 증식 운동이 노동자 계급의 이해 관계를 세계 단위로 끌어낸 것이다. 국민 국가의 노동자 계급은 일상적 수준의 이익을 담아 내기 위해서도 다른 나라의 노동자들이나 초국적 자본의 현지 자회사 노동자들과 협력하고 연대하면서 문제를 풀어 갈 수밖에 없는 세상이다.

이러한 노동자 계급의 국제주의가 핵심 과제로 떠오른 것은 자본주의를 극복한 공산주의가 노동자 계급의 세계 연대를 통해서 가능하다고 보기 때문이다. 『독일 이데올로기』와 『공산주의 선언』에서 공산주의는 생산력의 보편적 발전과 세계적 교류를 통해서 가능성을 찾게 되는데, 노동자 계급이 국가 권력을 장악하면 국민 국가들 사이의 적대 의식도 사라질 것이었다. 『독일 이데올로기』는 생산력의 발전이 세계 단위에서 이루어지는 것을 강조하고 있다.

이와 같은 '소외'—철학자들이 이해할 만한 용어로 말하자면—는 당연히 오직 두 가지 실제적 전제에서만 지양될 수 있다. 이 소외가 하나의 '견딜 수 없는' 힘으로 되기 위해서는, 다시 말해서 그것에 대항하여 인간이 혁명을 일으키는 그러한 힘으로 되기 위해서는, 이 소외가 완전한 '무산자'로서의 인간 대중을 산출하되 이와 동시에 현존하는 부의 그리고 문명의 세계와 모순된 채로 산출하는 것이 필요한데 이 두 전제는 생산력의 거대한 상승, 즉 고도의 생산력 발전을 전제한다. 그리고 다른 한편으로 생산력들의 이와 같은 발전은 절대적으로 필요한 현실적 전제인데, 왜냐하면 생산력의 발전 없이는 결여가 단지 궁핍만을 일반화할 뿐이고, 따라서 궁핍과 함께 필수품을 둘러싼 투쟁이 다시 시작되지 않을 수 없으며 온갖 해묵은 오물이 다시 발생해야만 될 것이고 나아가 오직 생산력들의 보편적인 발전으로써만 비로소 인간의 보편적 교류가 확립되며, 따라서 한편으로는 모든 민족들 속에 '무산자' 대중이라는 현상이 동시에 만들어지고 각 민족들이 다른 민족들의 변혁에 의존하도록 되어 결국에는 세계사적인, 경험적으로 보편적인 개인들이 지역적 개인들을 대체하기 때문이다. 이것 없이는 1. 공산주의는 단지 하나의 지역성으로서만 존재할 수 있을 뿐이며, 2. 교류의 힘들 자체도 보편적 힘들, 그리하여 견딜 수 없는 힘들로서 발전할 수 없을 것이고, 향토적·미신적인 '상황'에 머무르고 말 것이며, 그리고 3. 교류의 모든 확장이 지역적 공산주의를 폐지할 것이다. 공산주의는 경험적으로는 오직 주된 민족들의 '일거의' 또한 동시적인 행동으로서만 가능하며, 이는 생산력들의 보편적 발전 및 그와 결부된 세계적 교류를 전제로 한다(「독일 이데올로기」, 『선집』 제1권, 215쪽).

이러한 논리는 생산력이 상당한 수준으로 발전했을 때에만 공산주의가 가능하다는 맑스의 일반적인 명제를 확장한 것이다. 이러한 생산력의 발전은 개별 국가가 아니라 세계를 단위로 이루어진다고 파악했다. 따라서 개별 국가에 한정된 혁명들은 실패할 것으로 예견한 것이다. 왜냐하면 계급 철폐를 위해서 국제적으로 원용할 수 있는 자원을 제대로 쓸 수 없기 때문이다. 맑스는 세계 혁명이 자본주의 발전을 통해서 준비되는 것으로 이해하고 노동자 계급의 주도권을 강조했다. 자본 운동이 세계화되기 때문에 모순의 세계화를 가져오고 세계화된 모순은 세계적 수준에서, 즉 노동자 계급의 세계화를 통해서 극복될 수밖에 없다.

> 민족들의 국민적 분리와 대립은 부르주아지의 발전과 더불어, 상업의 자유와 세계 시장과 더불어, 공업 생산의 천편 일률성과 그에 걸맞는 생활 관계들의 천편 일률성과 더불어 이미 점점 사라지고 있다. 프롤레타리아트의 지배는 이러한 분리와 대립을 점점 더 사라지게 할 것이다. 단결된 행동, 적어도 문명국들 내에서의 단결된 행동은 프롤레타리아트 해방의 첫째 조건의 하나이다. 한 개인에 의한 다른 개인의 착취가 폐지되는 것과 같은 정도로 한 국가에 의한 다른 국가의 착취도 폐지된다(『선언』, 32~33쪽).

이러한 노동자 계급의 국제주의를 19세기의 진화론적 세계관의 연장에서 파악하는 경우가 있다. 계몽주의의 영향을 받은 사상가들은 사회가 촌락(locality)에서 지역(region)을 거쳐 국가(state)로 발전했으며, 가족에서 부족과 국민을 거쳐 전 지구적인 연결 망, 문화, 언어로 통일된 지구 마을로 진화할 것이라고 믿었다. 이렇게 국민 국가나 지구 마을이라는 비전은 사회주의의 전유물이 아니라 부르주아 사상가들에게도 흔히 찾아 볼 수 있는 것이었다.

그러나 맑스주의자들은 노동자 계급이 지향하는 국제주의와 세계 연대는 자본가 계급의 그것과는 다르다고 보았다.[32] 우선 노동자 계급의 국제주의는 노동자들이 애초부터 조국이 없기 때문에 국가나 민족 사이의 적대 행위를 극복하는 데 특별한 역할을 한다고 믿었다. 그리고 노동자 계급은 노동 운동을 처음부터 국제적인 연대 운동으로 시작했기 때문에 19세기의 노동자 계급의 정당은 당시 가장 핵심적인 문제였던 국민 국가 건설을 특별하게 주목하지 않은 것이다.

그런데 1980년대 이후 자본의 세계화가 진행되면서 그 동안 잠자고 있던 노동자 계급의 국제주의가 노동 운동의 전면에 서게 되었다. 맑스주의 진영에서도 국제주의의 당위성 때문에 자본의 세계화로 인해 노동자 계급의 세계 연대가 빠르게 이루어질 것이라는 낙관적인 기대마저 팽배해지고 있다. 더구나 프롤레타리아 국제주의를 만병 통치약쯤으로 생각하는 경향까지 나타나게 되었다. 노동자 계급의 국제주의는 '이루어져야 하고 이루어질 수밖에 없다는' 강박 관념과 조급증 때문에 종종 상황을 과대 평가하는 경우도 발생하고 있다.

그러나 "세계화는 노동의 이동을 포함하지 않는다. …… 금융이 세계 경제에서 가장 세계화되어 있는 부분이라면 노동자는 특히 미숙련 노동자는 가장 세계화가 덜된 부분이다."[33] 맑스주의의 간절한 열망에도 불구하고 노동자 계급은 부르주아지가 계몽하는 국가 이데올로기의 포로가 되어 국민 국가의 울타리에 갇혀 있는 것이다. 또한 '사회주의의 조국'이라고 불리던 소비예뜨 러시아도 노동자 계급의 국제주의를 어느 정도 훼손했다. 볼셰비끼는 혁명 과정에서 세계의 노동자 계급으로부터 고립되었을 뿐만 아니라 사회주의 사회를 건설하면서도 자본주의적 질서에 포위되었기 때문에 다른 나라에서 노동자 계급이 혁명적으로 진출하는 경우에도 프롤레타리아 국제주의를 실천적으로 담아 내지 못했던 것이다.[34] 노동자 계급의 높은 이상인 국제주의는 맑스주의의 역사에서 실천적으로 고민되기보다는 관념적인 차원에 머물렀던 시간이 많았다.

그러나 생산력의 세계적 발전으로 국제 분업이 강화되고 가치의 생산과 실현이 세계 단위에서 이루어지게 되었으며 국민 국가들 사이의 경제적인 결합이 점점 깊고 넓어지고 있다. 이제 부르주아지는 노동자 계급을 세계 단위에서 착취할 수 있게 되었으며, 동시에 여러 국가 단위의 노동자 계급에게 긴밀한 상호 연관성을 부여했다. 이것은 자본주의에 반대하는 세계 노동자 계급의 공동 투쟁을 진전시키고 있으며 프롤레타리아 국제주의를 강화하는 객관적 토대를 마련한 것이다. 따라서 세계화에 대한 세계 노동자들의 저항은 역사적 의미를 갖는 것으로 평가된다. 머리 속에 있던 노동자 계급의 국제주의가 구체적 현실에서 실험되기 시작했기 때문이다.

맑스와 엥겔스는 세계의 노동을 하나로 결합시키는 구체적인 수단으로 교통 통신의 발달을 주목했다.

때때로 노동자들은 승리하나, 일시적일 뿐이다. 그들의 투쟁들의 진정한 성과는 직접적인 성공이 아니라 노동자들이 더욱 널리 자신들을 포괄하며 단결하는 것이다. 그러한 단결은 증대하는 교통 수단에 의해 촉진되는데, 그러한 교통 수단은 대공업에 의해 산출되며 서로 다른 지방의 노동자들 상호간에 연계를 맺어 준다. …… 지방 도로를 갖고 있던 중세의 시민들에게는 단결을 위해 몇 세기가 필요했다면, 철도를 가지고 있는 현대 프롤레타리아들은 몇 년만에 단결을 이룩한다(『선언』, 16~17쪽).

증기력의 발명이 제1인터내셔널을 탄생시켰다면 지구적인 인터넷의 발전은 분명 새로운 인터내셔널의 모태가 될 것이다.[35]

따라서 초국적 자본의 팽창과 가치 증식의 세계화는 계급 투쟁의 세계화를 객관적으로 추동하는 것이다. 오늘날 한 나라의 노동자 계급이 초국적 자본과 투쟁할 경우에 초국적 자본에 고용된 다른 나라 노동자 계급의 지원을 얻을 수 없다면 성공하기 어려울 것이다. "세계화는 국제적 노동자 계급 정치를 위한 토대를 증가시킨다."[36] 맑스주의 역사에서 산중에 머물러 있던 노동자 계급의 국제주의가 시중으로 내려올 수 있는 바탕이 세계화를 통해서 마련되고 있다. 자본 순환이 세계 단위에서 이루어지면서 노동자 계급의 이해 관계도 세계적 단위에서 고민할 수밖에 없기 때문에 국제주의가 비로소 발끝에서 느껴지는 것이다. "따라서 오늘날 상상력의 낡은 국제주의로부터 새로운 국제주의의 상상력으로 이동하는 것은 가능하며 동시에 필요하다."[37]

그런데 이미 지적했듯이 가치 증식을 위한 자본의 일차적 공간은 국민 국가이다. 따라서 자본 관계에 저항하는 노동자 계급의 일차적인 투쟁 공간도 국민 국가일 수밖에 없다.

국민 국가가 반자본주의 투쟁에서 한층 목표가 될 수 있다면 이것은 지방적이고 전국적인 계급 투쟁의 집중점으로서, 노동 운동이 내부의 파편성을 극복하는 것뿐만 아니라 노동 운동과 지역 공동체 내의 다른 동맹자들과의 관계에서 단결의 힘으로 작용할 수도 있을 것이다. 동시에 거의 모든 국가가 동일한 파괴적 논리를 따를 때 그러한 공통적 논리에 대한 국내의 투쟁은 새로운 국제주의의 강력한 기반이 될 수도 있다. …… 만국의 노동자여 단결하라. 그러나 단결은 집에서부터 시작한다.[38]

혁명적 국제주의자인 맑스와 엥겔스는 민족 문제를 경시하는 관념적인 국제주의자는 아니었으나 민족 운동이 혁명의 일반적 이해에 기여해야 하는 것으로 접근했다. 왜냐하면 그들은 노동자 계급 중심으로 자본주의 사회의 변혁을 설계했기 때문이다. 맑스에게 민족 운동의 혁명적 의미를 깨우쳐 준 것은 바로 아일랜드와 폴란드의 문제였다. 이때 맑스는 계급 운동이라는 스스로의 원칙을 기계적으로 적용한 것이 아니라 사회적 해방을 담아 내는 차원에서 민족 문제를 파악하고 접근했던 것이다. 물론 발달한 산업 국가의 노동자 계급이 인간 해방의 선두에 서고, 세계의 노동자 계급이 국제주의로 조응하는 것이 원리인 것은 명백하지만 그렇다고 피억압 민족의 민족 운동을 간과한 것은 절대로 아니었다. 따라서 맑스는 아일랜드와 같은 민족 운동이 전반적인 사회 운동의 지렛대로 연결될 수 있으며, 민주적 폴란드의 건설은 반동적인 러시아를 넘어서 유럽 혁명의 전주곡이 될 수 있다는 전망을 가지고 있었던 것이다.

여기서 민족 운동의 진보성 여부는 그것이 노동자 계급의 국제적 연대를 강화시키는지 아니면 약화시키는지에 따라 판단되어야 할 것이다.[39] 물론 사회 운동의 발전 과정에서 민족 운동과 계급 운동의 갈등을 우려하는 경우도 나타날 수 있지만 사회 발전의 보편적 법칙을 구체적인 현실에서 어떻게 담아 낼 것인가가 고민되어야 하는 것이다.


아 인터내셔널!


자본주의 역사에서 노동자 계급은 맑스의 생각처럼 빠르게 성장하지는 못했다. 더구나 제2차 세계 대전 이후 국제 독점 자본이 쉬지 않고 국경을 넘나들 때도 노동자들은 국민 국가를 넘을 수 없었다. 그런데 초국적 자본의 소통 수단인 인터넷이 의기소침해 있던 노동자 계급의 국제주의를 흔들어 깨운 것이다. 자본이 스스로의 가치 증식을 위해 깔아 놓은 컴퓨터 통신 네트워크에 세계의 노동자 계급이 저항의 메시지를 올리고 연대 투쟁을 설계하기 시작한 것이다. 이제 세계 노동자 계급의 '조국'이라고 말했던 전설적인 인터내셔널의 부활을 꿈꾸는 세상이 되었다. 인터내셔널을 통해서 세계의 노동자 계급은 노동의 세계화와 저항의 세계화를 담아 내려는 것이다.

맑스와 엥겔스가 "만국의 프롤레타리아여 단결하라!"고 외친 이후 16년이 지난 1864년 9월 28일에 런던에서는 세계 최초로 노동자 계급의 국제적 연대 조직인 국제노동자협회(International Workingmen's Association)가 건설되었다. 바로 제1인터내셔널이다. 최초로 만들어진 국제 노동자 조직은 이후의 제3인터내셔널처럼 엄격한 규율을 갖추고 중앙 집중화된 세계 혁명의 참모부는 아니었다. 그리고 제2인터내셔널과 같이 협의체 성격을 지닌 조직도 아니었으며 엄밀한 의미에서 보면 맑스주의 인터내셔널도 아니었다. 사실 제1인터내셔널은 열린 조직이었다. 다양한 생각을 지닌 사회주의자들이 모인 것은 물론이고 사회주의자가 아닌 노동 조합원들도 함께했으며 아나키스트조차 참여하고 있었다. 제1인터내셔널은 세계적인 논쟁에 초점을 맞추는 노동자 대중의 조직이었던 것이다.[40]

그러나 제1인터내셔널을 조직한 맑스는 「창립 선언」과 「임시 규약」을 기초하면서 정치 권력의 획득을 통한 혁명적 사회주의의 실현과 민족주의의 편견을 극복한 노동 운동의 국제적 연대를 제시했다. 노동자 계급의 미래를 세계 단위에서 바라본 것이다. "영국의 노동자 계급과 대륙의 노동자 계급 사이에 행동의 공유가 없었다면, 오늘날에는 어쨌든 패배의 공유가 있었다"(「국제노동자협회 발기문」, 『선집』 제3권, 9쪽). 인터내셔널 총평의회는 나라마다 노동 운동의 발전 경향이 다르고 투쟁 목표가 다른 것을 국제 연대의 차원에서 조절하는 작업을 했는데, 때로는 맑스의 노선과 반대 노선의 치열한 투쟁으로 나타나기도 했다.

맑스와 엥겔스의 혼이 담긴 제1인터내셔널은 내부 균열에 의해서 붕괴했다. 인터내셔널 총평의회에서 지도 노선을 수립하고 집행하는 과정에서 맑스가 맞서야 했던 사상적 조류는 다양했다. 앞에서 지적했듯이 영국의 노동조합주의, 프랑스의 프루동주의, 독일의 라쌀레주의, 바꾸닌주의 등이다. 인터내셔널의 만연한 개량주의(reformism)와 모험주의적 경향은 맑스를 항상 괴롭혔으며 인터내셔널을 해체로 몰아가는 원인이 되었다. 이러한 차원에서 제1인터내셔널의 붕괴는 조직이 존속했던 기간(1864~1876년)이 자유 방임 자본주의의 마지막을 장식하는 호황이었다는 사실과 관련하여 생각해 볼 수도 있다.[41] 물질적 혜택의 증대는 노동자 계급으로 하여금 혁명을 치켜들기보다는 개량에 기대도록 유도했던 것이다. 생산력의 증대와 분배 관계의 개선에 따른 개량주의의 출현은 맑스를 당황하게 만들었다. 그는 제1인터내셔널을 통해서 개량주의와의 투쟁에 혼신을 기울였으나 바꾸닌주의와의 갈등이 증폭되면서 1876년 필라델피아 회의에서 인터내셔널을 공식 해체했다.

그러나 인터내셔널의 전설은 곧바로 잊혀지거나 관심에서 멀어지지는 않았다. 미국 노동자들의 8시간 노동을 위한 동맹 파업과 프랑스 혁명 1백 주년을 맞은 1889년에 제2인터내셔널이 조직되었다. 제2인터내셔널은 국제적 연대의 전제가 되는 이념적 공감대가 형성되었으며 이념을 바탕으로 노동자 계급의 실천적 과제가 성공적으로 결합되어 건설되었다. 이 즈음 각국의 노동 조합들은 내셔널센터를 조직하고 1890년에 국제산별노련(International Trade Secretariat)도 결성했다. 제2인터내셔널과 국제산별노련이 조직된 이후부터 제1차 세계 대전으로 인터내셔널이 붕괴하는 1914년까지 노동자 계급의 수많은 국제 연대 활동으로 국제 사회 민주주의와 노동 운동은 전성기를 누렸다.

예를 들면 1909년 스웨덴의 총파업 기간 동안 덴마크의 노동 조합원들이 한 사람당 3일분의 임금을 스웨덴의 파업 기금으로 기부한 일이 있었다. 덴마크 노동 조합은 초기 15년 동안 자기 조직의 유지나 자본가와의 교섭, 여행, 선동, 전임자 임금, 행정 등에 사용한 금액보다도 50%나 더 많은 금액을 덴마크 바깥에서 일어나는 파업을 지원하기 위해서 사용한 것이다. 이 시기의 노동 운동에 대한 연구에 의하면 당시의 노동 조합들은 다른 나라의 노동자 투쟁에 깊이 참여했음을 알 수 있다. 또한 흥미로운 사례는 러일 전쟁 기간에 러시아와 일본의 사회 민주주의 정당 지도자들이 암스테르담에서 개최된 국제 사회주의 회의석상에서 악수를 나눈 것이다. 전쟁을 치르는 동안에도 꾸밈없이 연대했던 것이다.[42]

따라서 제1차 세계 대전이 폭발하려고 할 때 많은 사람들은 제2인터내셔널이 전쟁 방지를 위해서 중요한 역할을 수행할 것으로 기대했다. 이에 부응하듯이 1907년 제2인터내셔널의 슈투트가르트 대회는 세계 대전이 일어나면 세계 노동자 계급은 혁명적인 파업으로 대응할 것을 결의했다. 또한 발칸 전쟁이 유럽 전체로 확산될 기미를 보이던 1912년에 제2인터내셔널은 평화를 위한 대중 시위를 유럽 전체에서 개최하기도 했다. 이것 때문에 제2인터내셔널은 노벨 평화상 후보로 부상하기도 했던 것이다. 프랑스의 사회주의 지도자인 장 조레스는 1914년 봄에 그의 친구에게 큰소리쳤다. "걱정하지마. 사회주의자들은 자신들의 임무를 다할 거야. …… 독일의 4백만 사회주의자들은 황제(Kaiser)가 전쟁을 시작하려고 하면 단결해서 그를 처형할 거야."[43]

그러나 1914년 8월에 세계 대전이 일어나자 대부분의 노동 운동 지도자와 사회 민주당의 지도부가 전쟁을 수행하는 자국 정부를 지지하여 제2인터내셔널은 파산 지경에 이르게 되었다. 인터내셔널은 전쟁의 시작과 함께 '사회 제국주의자들' 때문에 사분 오열된 것이다. 독일사회민주당이 중심이었던 제2인터내셔널은 이론과 실천을 유기적으로 결합함으로써 맑스주의 역사에서 세계 노동자들의 '빛나는 보석'으로 기억되기도 했지만 개량주의, 의회주의, 합법주의, 부르주아 민족주의 등을 극복하지 못하고 제국주의 전쟁 앞에 무릎을 꿇게 되었다.

따라서 제1차 세계 대전 동안 레닌과 제2인터내셔널의 극좌파는 국제적인 노동자 계급 운동을 복원하고 세계 혁명의 참모부가 될 수 있는 제3인터내셔널의 건설이 필요하다고 확신하게 되었다. 그들에게는 세계 대전을 통해서 한계를 노출한 각국의 사회 민주당은 이미 낡은 정당이었으며 여기에 연계된 노동 조합 역시 평가 절하될 수밖에 없었다. 따라서 볼셰비끼는 1919년에 혁명의 열기가 채 식지도 않은 모스끄바에서 제3인터내셔널을 건설했다. 바로 코민테른이다.

제3인터내셔널은 건설 초기에는 모든 종류의 좌파 운동을 통합했고 대중 운동도 포괄하고 있었다. 그런데 볼셰비끼는 절대적인 권위를 이용해서 제3인터내셔널이 악명 높은 '21개조'를 채택하도록 강요했는데 이것은 엄격한 조직 규율, 러시아공산당과 러시아에 대한 확고한 충성, 종래의 사회 민주당에 대한 가차없는 전투를 요구했던 것이다. 물론 제3인터내셔널은 진정으로 국제주의에 바탕을 둔 노동자 계급의 조직 체계를 갖추고 있었다. 노동 조합원, 여성, 청년 등을 위한 인터내셔널의 부문 조직들도 만들었으며, 수십 개의 언어로 된 중앙 집중화된 출판물을 간행했고, 세계를 누비는 조직원들은 세계 혁명당의 지도부를 구축했던 것이다. 인터내셔널의 최고위층의 결정 사항은 세계의 모든 부속 정당과 지방 조직까지 지켜야 할 의무 사항으로 강요되었다. 세계의 사회주의자들은 제1인터내셔널과 제2인터내셔널이 가질 수 없었던 모든 것을 보았다. 그것은 바로 중앙 집권화되고 전투적이며 효율적인 세력이었다.[44]

그러나 러시아 혁명을 망가뜨린 스딸린주의가 제3인터내셔널의 희망과 꿈도 함께 날려 버렸다. 맑스주의 역사에서 노동자 계급의 최고의 조직 형태로 평가되는 인터내셔널이 러시아공산당의 '국제 선전부'로 전락한 것이다. 왜냐하면 레닌 이후 다른 나라 혁명 세력들의 러시아 의존도가 심화되었고, 제국주의로부터 포위된 러시아를 방어하는 것을 국제 프롤레타리아트 운동의 긴급한 과제로 인식시키는 한편으로 러시아 지도부에 대한 절대적 복종도 요구했기 때문이다. 러시아를 '사회주의 조국'으로 주창하는 스딸린주의에 의해서 제3인터내셔널이 지배를 받게 된 것이다. 코민테른은 프롤레타리아 계급의 국제적 지도부로 발전하기보다는 러시아의 대외 노선을 다른 나라의 혁명 세력들에게 관철시키는 단순한 러시아공산당의 전위가 된 것[45]이다.

따라서 새로운 사회를 위해 투쟁하는 조직으로서의 인터내셔널은 세계 노동자 계급의 머리 속에서 잊혀졌다. 오늘날 남아 있는 껍데기뿐인 사회주의 인터내셔널은 이미 사회 민주주의 관료들의 사교장으로 전락한 지 오래되었다. 그렇지만 자본 분파들의 경쟁이 세계적 차원에서 강화되고 자본주의의 모순도 세계적 차원에서 심화되며 노동자 계급의 이해 관계도 세계와 결합되는 현실에서 노동자 계급은 세계 단위의 연대 조직을 건설하기 위해서 저항의 메시지를 올리고 있다.
인터내셔널의 부활을 전망하는 것이다.

4.3

# 붉은 광장의 고해 성사

> "우리에게 있어서 공산주의란 조성되어야 할 하나의 상태, 현실이 이에 의거하여 배열되는 하나의 이상이 아니다. 우리는 현재의 상태를 지양해 나가는 현실적 운동을 공산주의라고 부른다. 이 운동의 조건들은 현재 존재하고 있는 전제로부터 생겨난다"(「독일 이데올로기」, 『선집』 제1권, 215쪽).

## 러시아의 눈물

1991년 12월에 소비예뜨 러시아가 붕괴했다. 이미 1980년대 중반 이후 페레스트로이카가 추진되면서 현실 사회주의는 몰락의 소용돌이에 휘말리게 되었다. 이러한 과정에서 사회주의란 무엇인가라는 근본적인 물음들이 꼬리에 꼬리를 물고 이어졌다. 그리고 아직도 사회주의를 말하는 사람은 머리가 부족하거나 시대의 낙오자로 평가하면서 사회주의의 역사적 패배를 기정 사실화하고 있다. 현실 사회주의가 붕괴한 바로 그 자리에서 초국적 자본들이 노동자 계급의 삶을 옥죄고 있는데도 불구하고, 어느 누구도 사회주의를 거들떠보지 않게 된 것이다. 진정으로 역사가 끝난 것처럼 보인다.

물론 일부의 사람들은 소비예뜨 러시아를 사회주의가 아니라고 하거나 사회주의이지만 진정한 사회주의가 아니기 때문에 자신들과는 상관이 없다고 하는 경우도 있다. 그렇지만 설사 현실 사회주의가 사회주의의 이름으로 불릴 자격이 없었다고 하더라도 사회주의 이름으로 꾸려 온 70여 년의 역사를 상관없다고 팽개칠 수는 없는 노릇이다. 최소한 우리는 소비예뜨 러시아의 경험을 통해서 무엇을 하면 안 된다는 사실이라도 깨우쳐야 하는 것이다. 우리가 맑스와 엥겔스보다 맑스주의에 대하여 한마디 더 덧붙일 수 있다면 그것은 전적으로 소비예뜨 러시아의 교훈 덕분이다.

1917년 10월에 러시아에서 일어난 프롤레타리아 혁명은 세계 역사에 커다란 충격으로 기록된다. 무엇보다도 세상이 열린 이후 처음으로 지배 계급과 피지배 계급의 관계를 거꾸로 뒤집었기 때문이다. 언제나처럼 정치 권력이 지배 계급에서 지배 계급으로 넘어간 것이 아니라 지배 계급과 피지배 계급의 지위가 역전된 것이다. 러시아는 볼셰비끼 혁명 이후 공산주의의 낮은 단계인 사회주의 사회로 재편되기 시작했다. 사회적 생산력은 낮았지만 정치 권력은 노동자 계급을 중심으로 하는 볼셰비끼가 장악했다.

이러한 과정에서 나타나는 곤란한 문제들을 전향적으로 극복하는 것이 프롤레타리아트 독재였다. 프롤레타리아트 독재는 노동자 계급의 혁명에 대하여 반혁명을 저지하고 사회주의의 기반을 다지며 공산주의 사회로의 이행을 준비하는 과도기적 장치였다. 물론 자본주의 사회는 볼셰비끼 혁명으로 인해 명백한 대항 세력과 맞서게 되었다. 세계 최초의 노동자 국가에 대해서 제국주의 중심 국가들은 반혁명을 지원하는 것은 물론이고 볼셰비끼 혁명을 반전시키기 위해서 스스로 군대를 이끌고 들어갔다. 이것이 바로 '내전'이라고 불리는 것이다.

그렇지만 반혁명 세력과 제국주의 진영으로부터 혁명을 방어한 볼셰비끼는 제2차 세계 대전 이후 동유럽과 아시아에서 사회주의 국가들이 가담하는 세계 사회주의 체제를 건설하게 되었다.

그런데 러시아의 10월 혁명은 맑스가 이야기하는 사회 발전의 모범적인(?) 궤도를 벗어나 있었다. 맑스는 높은 생산력 수준과 성숙한 노동자 계급을 사회주의 혁명의 전제로 세웠다. 이러한 차원에서 보면 러시아는 생산력 수준이 발전하지 못했던 것은 물론이고 다수의 각성된 노동자 계급이 존재했던 것도 아니다. 물론 맑스는 러시아 혁명의 가능성을 배제하지 않았으며 유럽 혁명의 불꽃이 된다는 전제에서 러시아 혁명을 접근했던 적이 있다. 볼셰비끼도 러시아에서 혁명이, 그것도 사회주의 혁명이 이렇게 빨리 일어나리라고는 생각하지 못했다. 소비예뜨 러시아는 낮은 생산력 수준과 미숙한 생산 관계를 바탕으로 이루어졌기 때문에 처음부터 많은 장애를 안고 출발할 수밖에 없었다. 더구나 세계의 노동자 특히 유럽의 노동자 계급이 침묵하는 현실에서 러시아는 반혁명 세력들과 투쟁하면서 사회주의 사회를 건설하는 어려움을 겪은 것이다.

볼셰비끼 혁명 이후 레닌은 '최초의 8개월' 동안 국가 자본주의(state capitalism)라고 부르는 이행 노선으로 사회주의를 건설하기 시작했다. 쁘띠부르주아적 요소를 경계하고 억제하는 국가 자본주의는 비록 국유화와 국가 통제를 강조했지만 전면적이고 즉각적인 국유화나 화폐 폐지와 같은 극단적인 조치를 포함하는 것은 아니었다. 국가 자본주의는 국가 통제를 기반으로 사회주의적 통제의 점진적 확산을 도모한 부드러운 구상이었다고 할 수 있다. 소비예뜨 정부는 은행과 일부 대기업만 국유화하여 '관제 고지'를 마련하고는 사회주의적 부문이 전체 경제를 포괄하도록 계획했다. 따라서 대부분의 소규모 기업은 국유화되지 않았다.

그러나 소비예뜨 러시아는 1918년 중순부터 제국주의 중심 국가들이 적대적 행위를 노골화하자 경제 운용을 전시 체제로 전환하여 어려움을 극복하려고 했다. 제국주의의 군사 진출과 반혁명 세력의 출현으로 소비예뜨 러시아는 경제가 한층 더 황폐해졌기 때문에 '붉은 군대'에 대한 물자 공급 등을 원활하게 수행하기 위해서 전면적인 국유화, 식량 징발과 배급, 화폐의 폐지 같은 극단적인 조치를 선택했다. 소비예뜨 러시아는 안팎으로 도전을 받는 절박한 상황 속에서 혁명을 방어하고 전시 수요를 조달하기 위해서 전시 공산주의(war communism) 노선을 채택한 것이다. 전쟁 상황이기 때문에 국가 권력이 비상하고 가혹하게 행사되었는데, 국가 소유와 통제가 강화된 것은 물론이고 소규모 기업도 국유화되었다. 물론 전시 공산주의는 전쟁과 폐허의 산물이기 때문에 프롤레타리아트의 경제적 과업에 부합하는 정책이라고 볼 수는 없다.

이후에 등장한 것이 바로 신경제 정책(new economic policy)이다. 비상한 상황에서 채택했던 전시 공산주의를 마감하면서 도입된 신경제 정책은 국가 자본주의의 연장선상에서 제시된 것이었다. 왜냐하면 신경제 정책은 국가 자본주의처럼 사회주의로의 점진적인 이행을 위한 구상이었기 때문이다. 신경제 정책에서도 국가 자본주의에서 준비되었던 국가의 통제가 갖는 핵심적인 의미는 그대로 보존되었다. 다만 전시 공산주의 시기에 이루어진 무모하고 강압적인 징발로 인해 노동자와 농민의 관계가 상처를 입었기 때문에 신경제 정책은 국가 자본주의와는 달리 소농의 활동에 어느 정도의 자유를 부여해서 노동자와 농민의 동맹 관계를 복원하기 위해 노력했다.[46] 물론 전쟁을 치르면서 대규모 산업이 붕괴된 상황이었기 때문에 신경제 정책은 소규모 생산의 증대를 기대하고 추진된 측면도 있었다. 시장 거래가 활발해지고 수익성이 경영 평가의 핵심 요소로 등장하면서 생산력은 급속하게 회복되었다. 이러한 차원에서 신경제 정책은 전시 공산주의를 극복하고 사회주의 경제를 건설하기 위해서 정상 궤도로 복귀하는 과정으로 평가할 수 있다.

레닌 이후 소비에뜨 러시아는 연속 혁명론과 일국 사회주의론에 대한 격렬한 논쟁을 치르게 되었다. 러시아적 후진성 상황 하에서 혁명을 방어하고 사회주의 사회를 건설하기 위해서는 절대적으로 산업화가 필요했다. 그런데 연속 혁명론에 따르면, 러시아는 부르주아적 유산이 없었기 때문에 프롤레타리아가 산업화를 담당할 수밖에 없고 그러한 산업화를 위해서는 발달한 유럽의 지원이 필요했다. 다시 말해서 연속 혁명론은 물적 토대의 성숙과 혁명 과정을 일정하게 구분하고 단계 혁명 대신에 민주주의적 과제와 사회주의적 과제를 동시에 이행해야 하며, 사회주의 혁명은 개별적으로 일어나지만 사회주의 사회의 건설은 세계적으로 수행되어야 한다는 논리이다. 그러나 스딸린은 부르주아 단계를 뛰어넘는 사회주의 혁명은 불가능하고 10월 혁명의 주체는 노동자가 아니라 노동자와 농민이었으며 유럽의 지원을 기대하는 것은 러시아의 역량을 잘못 평가한 것이라고 비판하며 일국 사회주의론을 주장했다.

그런데 독일 혁명이 실패로 끝나면서 유럽 혁명에 대한 기대가 무산되자 러시아 혼자서 사회주의를 건설해야 한다는 일국 사회주의론이 빠르게 부상하게 되었다. 스딸린에게 사회주의의 건설은 노동자와 농민이 동맹하고 당의 헌신적인 노력이 있으면 가능한 일이었다. 그는 사회주의의 완전한 승리와 궁극적 승리를 구별하면서 일국 사회주의론을 정당화했다. 완전한 승리는 국내에서 착취 계급이 근절되고 착취 계급이 반동을 저지를 가능성이 소멸되는 시점인데 소비예뜨 러시아는 1936년에 그 시점을 통과했다는 것이다. 그리고 궁극적인 승리는 외부의 제국주의 세력에 의해 혁명이 역전될 가능성이 완전히 없어지는 것인데 스딸린에게 소비예뜨 러시아는 1959년에 비로소 완전하고 궁극적으로 승리했던 것이다.

이러한 일국 사회주의론은 스딸린주의를 변호하는 무기였다. 스딸린은 국제 노동자 계급의 빼어난 조직이라는 제3인터내셔널도 일국 사회주의론을 대외적으로 홍보하고 방어하는 러시아공산당의 국제 선전부로 전락시켰다. 더구나 자본주의의 상대적 안정기를 선언한 1923년 이후에 소비예뜨 러시아는 중국, 스페인 등 다른 나라들의 혁명적 진출에 대해서 일체 외면한 것은 물론이고 파시스트 세력과 타협하여 세계의 노동자 계급과 결별했던 것이다. 이제 노동자 계급의 국제주의는 거짓 구호가 되었으며 코민테른은 1943년에 주저앉았다. 당연히 세계 노동자들은 맑스주의의 러시아적 적용이라는 스딸린주의를 외면하게 되었다.

이렇게 스딸린은 신경제 정책을 부정적으로 평가했다. 니꼴라이 부하린과 함께 그는 신경제 정책을 자본주의와 비슷한 것쯤으로 파악하고 있었다. 왜냐하면 신경제 정책의 추진으로 시장이 전국적으로 팽창하고 암시장이 발생했으며, 부농과 상인들은 계획 기구의 작동을 방해할 정도로 팽창되었고, 산업화의 지연으로 농촌 출신 실업자가 늘어났으며, 임금 격차와 계층 사이의 불평등이 심화되었던 것이다. 이러한 문제를 해결하려면 예전처럼 전시 공산주의로 되돌아가야 하지만 스딸린은 농업의 집단화와 그에 따른 산업화를 불가피하게 선택했다.[47]

따라서 소비예뜨 러시아는 스딸린의 국가 사회주의 사회로 발전하게 되었다. 국가 사회주의의 스딸린적 응용인 '명령 경제(command economy)'는 몇 가지 특성이 지니고 있다. 경제의 결정과 계획은 고도의 중앙 집중화, 계획의 포괄성, 회계 수단으로서의 물량적 단위에 대한 선호, 물자 공급을 배급 체제로 하기 위한 행정의 중앙 집중화, 계획의 명령적·세부적 성격, 위계적인 권위주의 체계의 공장, 시장 범주와 시장 메커니즘을 부차적인 역할에 한정함, 경제를 직접적으로 조직하는 국가에 의한 강제, 경제 및 다른 생활 영역의 국가화 등이다.[48] 스딸린의 계획은 유도와 관리를 넘어서 명령으로 변했으며, 노농 동맹을 버리고 산업 독재를 불러들였다. 물론 '사회주의적 자본 축적'을 위해서 소농민들과 노동자들은 막대한 희생을 치렀지만 민주적인 방식으로 유사한 결과를 얻어 내기가 쉽지는 않았을 것이다.[49] 하지만 레닌이 점진적으로 사회주의 건설을 추진하고 공공 생활의 민주화를 추구했던 것에 반해, 스딸린은 극단적인 전체주의 방식으로 몰아간 것은 명백하다. 제국주의 세력으로부터 혁명을 방어하기 위한 스딸린의 선택은 소비예뜨 러시아를 암흑의 시간 속으로 빠져 들게 했다.

1956년에 스딸린에 대한 비판 연설을 마친 흐루시쵸프는 스딸린이 남긴 공포 정치의 잔재를 서둘러서 청산하려고 했다. 그리고 스딸린주의를 개혁하려고 노력했으나 성과는 많지 않았다. 명령과 지령으로 움직이는 관리 체제를 재조직하기 위한 시도도 실패했으며 오히려 사회 경제적 상황을 악화시켜서 브레쥬네프에게 정치 권력을 넘겨주고 말았다. 브레쥬네프 시기에도 경제 개혁을 추진했지만 실패로 돌아갔다. 왜냐하면 사회 일반의 보수적 타성과 국영 기업의 관료적 성격 때문에 생산성이 저하되고 경영 효율이 떨어졌으며 만성적인 지하 경제가 번창하게 되었기 때문이다.

스딸린 이후에 러시아에서는 농업 집단화와 산업화에 대한 비판적인 대안들이 계획되고 추진되었으며 이념적으로는 초기의 국가 자본주의로 회귀하는 느낌까지 주었다. 이후에는 전시 공산주의를 넘어서 신경제 정책으로 전환하는 것과 유사한데, 그 결과 다시 신경제 정책이 도전에 직면했던 상황과 같은 상황이 연출되었다. 소비예뜨 러시아를 관료주의의 늪에 빠뜨린 브레쥬네프는 개혁이라는 숙제를 고르바쵸프에게 넘길 수밖에 없었다. 1980년대 중반 이후 추진된 페레스트로이카는 명백하게 위로부터의 혁명이지만 낡은 명령 체계와 관리 체계를 제거하고 사회를 민주화시키는 차원에서 추진되었다. 이러한 과제를 달성하기 위해서 고르바쵸프는 신경제 정책을 설계했던 레닌의 원칙들을 회복하려고 노력했다. 그러나 페레스트로이카는 성공하지 못했고 소비예뜨 러시아는 붕괴했다. 역사적인 실험이 끝난 것이다.

그러면 소비예뜨 러시아가 붕괴한 원인은 무엇인가? '실패한 사회주의, 성공한 자본주의'의 구도가 빠르게 식어버리자 현실 사회주의의 붕괴 원인이 사람들의 눈길을 끌게 되었다. 역설적으로 실패로 끝난 실험이기 때문에 역사 발전에 대해서 곱씹어 볼 수 있는 계기를 제공한 것이다. 소비예뜨 러시아의 붕괴에 대해서는 많은 의견들이 제시되고 있다. 민주주의의 결여, 관료주의의 탈선, 스딸린주의의 억압, 과도한 군사비 부담, 과도한 체제 경쟁 비용 부담, 낮은 생산력 수준, 사회주의 경제 이론의 부재 등 이루 헤아릴 수 없을 정도로 많다.

그러나 무엇보다도 노동자의 나라에서 노동자 계급이 피지배 계급으로 전락한 사실을 주목할 필요가 있다. "정치적 자유가 없다면 수많은 문제에 부딪칠 때 혁명적 변화가 뒤따르는 수많은 해법을 만들어낼 수가 없다."[50] 노동자의 나라에서 계급 정치가 사라지고 노동자 계급의 창조적 주도권이 훼손된 것이다. 당연히 노동자 계급은 중앙의 지시와 명령만을 기다리는 수동적 객체로 전락하게 되었다. 따라서 변증법적 발전도 사라지고 권위주의적인 지배 체제가 타락을 부채질했다. 노동자 계급이 사회 발전에 참여할 수 있는 통로가 막혀 있기 때문에 '타락한 노동자 국가'라고도 부르지만, 소비예뜨 러시아에서 노동자 중심성이 철저하게 파괴된 원인은 러시아 맑스주의의 역사를 통해서 추적할 필요해 볼 필요가 있다.

1980년대 중반 이후 소비예뜨 러시아의 참담한 모습이 세상에 알려지면서 세계의 사람들은 상당한 혼란에 빠지게 되었다. 소비예뜨 러시아는 사회주의가 맞기는 한 것인지 그리고 사회주의라면 어떤 사회주의인지에 관한 치열한 논쟁이 벌어지게 되었다. 물론 소비예뜨 러시아는 어마어마한 우상화에도 불구하고 러시아의 역사적 조건 속에서 이루어진 하나의 사회주의이다. 러시아와 다른 역사적 조건에서는 또 다른 형태의 사회주의가 얼마든지 나타날 수 있을 것이다. 많은 사람들은 소비예뜨 러시아의 사례를 '권위주의적이고 관료주의적인 사회주의' 또는 '국가주의적인 사회주의'라고 평가하고 있다.

그런데 소비예뜨 러시아를 사회주의가 아니라 국가 자본주의라고 평가하는 경우도 있다. 그에 따르면 당연히 사회주의는 실험한 적도 없기 때문에 현실 사회주의의 붕괴 때문에 맑스주의가 위기를 맞아야 할 이유도 없게 된다. 국가 자본주의로 평가하는 사람들은 국유화된 생산 수단을 노동자 계급이 아니라 관료들이 소유했기 때문에 관료적 국가 자본주의라고 한다. 소비예뜨 러시아에서는 관료들이 소비 관계뿐만 아니라 생산 관계도 관리하고 통제했으며 이러한 관리 통제를 바탕으로 관료들은 권력을 장악하고 행사했다는 것이다. 물론 소비예뜨 러시아가 사회주의가 아니라는 주장에 대해서 몹시 다행스럽게 느낄 사람들도 있다. 그러나 사회주의는 이미 정해진 모범 답안을 기계적으로 적용하는 것이 아니라 역사 발전의 산물로 여겨야 한다. 소비예뜨 러시아가 비록 일그러진 모습이라고 하더라도 사회주의를 추구하는 세력들이 사회주의적 이상을 가지고 수많은 제약을 극복하면서 건설한 사회주의라는 것을 부정할 수는 없을 것이다.

소비예뜨 러시아를 평가하는 또 하나의 시각은 에릭 홉스봄 같은 사람들이 주장하는 특수한 사례라는 분석이다. 볼셰비끼 혁명으로 건설된 러시아 사회주의는 특수한 상황 속에서 경험한 특수한 사례이기 때문에 일반화할 수는 없다는 것이다. 러시아는 생산력이 고도로 발전한 사회가 아니기 때문에 맑스가 설정한 사회주의로의 이행 준비가 덜된 특수한 상황에 처해 있었다는 것이다. 설사 러시아가 사회주의라 하더라도 제대로 된 사회주의는 아니라는 지적이다. 그러나 맑스주의에서 사회 발전에 대한 기계적 해석은 항상 경계의 대상이었다. 만약에 소비예뜨 러시아가 특수한 사례라면 맑스가 말하는 정상적인 이행은 어떻게 이루어지는지 궁금하다. 그리고 역사는 아직 한 번도 정상적인 사회주의 이행을 보여 주지 못한 것인지 의문이다. 사회주의로의 이행은 말 그대로 주관적 조건과 객관적인 조건의 유기적 결합으로 이루어지는 것이며 획일적인 도식이 허용되는 것은 아니다. 사회 발전은 역사가 숨쉬고 있다는 증거이기 때문이다.

물론 "소련 공산주의의 붕괴로 제기된 문제들에 대한 해결책을 가까운 장래에 볼 수 있다거나, 구소련 및 발칸 공산주의 국가들의 주민들에게 명백한 개선으로 느껴질 해결책이 다음 세대가 끝나기 전에 나타날 것이라고 주장하려면 상당한 수준의 배짱이 필요할 것이다."[51] 그 만큼 현실 사회주의 70년의 역사를 통찰력을 가지고 바라보는 일은 결코 간단한 문제가 아니다. 그러나 현실 사회주의의 잿더미를 파헤쳐서 교훈을 얻을 수 없다면 맑스주의는 단 한 걸음도 앞으로 나가지 못할 것이다. 맑스주의는 소비예뜨 러시아의 사례를 통해서 스스로의 역사적 임무를 되새기고 이론적 풍부화의 계기를 마련해야 할 것이다.


## 자유인들의 연합체

　　공산주의 사회에서는 아무도 하나의 배타적인 활동 영역을 갖지
않으며 모든 사람이 그가 원하는 분야에서 자신을 도야할 수 있고,
사회가 전반적 생산을 규제하게 되고, 바로 이를 통하여, 내가 하고
싶은 그대로 오늘은 이 일을 내일은 저 일을 하는 것, 아침에는 사냥
하고 오후에는 낚시하고 저녁에는 소를 치며 저녁 식사 후에는 비판
하면서도 사냥꾼으로도 어부로도 목동으로도 비판가로도 되지 않
는 일이 가능하게 된다(「독일 이데올로기」, 『선집』 제1권, 214쪽).


공산주의 사회에 대한 맑스의 스케치는 종종 비현실적이라는 비판도
받지만 생산력이 발전할수록 사람들의 삶이 한층 자유롭게 꾸려질 수
있다는 선언적 의미를 듬뿍 담고 있다.
　　맑스에게 공산주의 사회는 크리스마스 선물처럼 어느 날 갑자기
다가오는 것이 아니며 설사 자본주의가 몰락하더라도 세계는 곧바로
'내가 하고 싶은 그대로' 하면서 사는 세상으로 이행되지는 않는다.
"자본주의 사회 구성체와 더불어 인간 사회의 전사는 종결"(「정치 경제
학의 비판을 위하여」, 『선집』 제2권, 478쪽)되기 때문에 프롤레타리아
독재를 통해 계급 사회의 군더더기를 모두 털어 버리고 미래 사회로
진보하는 것이다. 앞에서 보았듯이 맑스는 자본주의와 공산주의를 이
어주는 이행 과정에 프롤레타리아트 독재를 설정했다. 이러한 과정에
서 노동자 계급이 생산 수단을 전유하고 임노동과 자본을 묶고 있는

자본 관계를 폐지할 것으로 보았다.

그러면 맑스가 이야기하는 공산주의 사회는 구체적으로 어떤 사회인가? 귀에 딱지가 앉도록 들었던 소비예뜨 러시아 그리고 중국이나 북한과 어떻게 다른지 궁금해질 수밖에 없다. 불행하게도 맑스는 공산주의 사회가 어떤 사회인지 우리에게 설명하고 묘사하기보다는 자본주의의 과도기성을 밝히고 공산주의를 가능하게 만드는 역사적인 동력을 이해시키려고 노력했다. 그는 후세 사람들이 100권이나 되는 전집의 출판 계획을 수립했을 정도로 살아 있는 동안 수많은 글을 남겼지만 공산주의 사회가 어떤 사회라고 구체적으로 언급한 적은 없다. 그것은 자기의 몫이 아니라고 생각했는지도(?) 모를 일이다.

맑스에 의하면 자본주의에서 이행한 지 얼마 되지 않는 공산주의의 낮은 수준에서는 아직 자본주의적 잔재가 물씬 남아 있으며 자본주의 사회를 살면서 익숙해진 습관조차 그대로 유지된다고 이해했다.

개별 생산자는 자신이 사회에 주는 것을— 공제 후에—정확히 돌려 받는다. 그가 사회에 주었던 것은 자신의 개인적 노동량이다. 예를 들면, 사회적 노동일은 개인적 노동 시간 수의 합으로 이루어진다. 개별 생산자들의 개인적 노동 시간은 사회적 노동일 가운데 자신이 제공한 부분, 즉 사회적 노동일에 대한 자신의 몫이다. 그는 자신이 (사회 기금을 위해 자신의 노동을 공제한 후에) 이러이러한 만큼의 노동을 제공했다는 증서를 사회로부터 받고, 이 증서를 가지고 소비 수단의 사회적 저장품에서 동일한 양의 노동이 비용을 들인 만큼을 빼내 간다(「고타 강령 초안 비판」, 『선집』 제4권, 376쪽).

사회주의 사회는 개인들 사이의 여러 가지 차이를 고려하지 않고 획일적인 기준을 적용한다. 개인들은 스스로의 능력에 따라 노동하고, 노동에 따라 분배받는다. 언뜻 생각하기에 사회주의 사회는 자본주의와 비슷하게 느껴지기도 하지만 결정적인 차이는 착취자인 자본가 계급이 사라진다는 것이다.

그런데 발전한 공산주의는 다른 모습으로 그려지고 있다.

공산주의의 사회의 더 높은 단계에서, 즉 개인이 분업에 복종하는 예속적 상태가 사라지고 이와 함께 정신 노동과 육체 노동 사이의 대립도 사라진 후에 노동이 생활을 위한 수단일 뿐만 아니라 그 자체가 일차적인 생활 욕구로 된 후에 개인들의 전면적인 발전과 더불어 생산력도 성장하고, 조합적 부의 모든 분천이 흘러 넘치고 난 후에, 그때에 비로소 부르주아적 권리의 편협한 한계가 완전히 극복되고, 사회는 자신의 깃발에 다음과 같이 쓸 수 있게 된다. 각자는 능력에 따라, 각자에게는 필요에 따라!(「고타 강령 초안 비판」, 『선집』 제4권, 377쪽).

맑스는 공산주의의 낮은 단계에서는 능력에 따라 일하고 일한 만큼 분배받지만, 높은 단계에서는 능력에 따라 일하고 필요한 만큼 분배받는 것으로 이해했다. 물론 이러한 선언은 맑스가 처음 한 것이 아니라 이미 공상적 사회주의자들이 사용했던 슬로건이다. 맑스주의가 사람들의 개성을 무시하고 획일적으로 만든다고 비난하는 것은 목표를 아주 잘못 이해한 것으로 보인다. 참다운 평등이란 개인의 능력과 필요에 대해서 세심하게 주의를 기울이는 것이다. 따라서 맑스는 공산주의를 "각자의 자유로운 발전이 모두의 자유로운 발전의 조건이 되는 연합체"(『선언』, 37쪽)라고 규정했다.

모든 사람들이 자유로운 발전을 이룩할 수 있는 사회를 공산주의로 이해하는 맑스에게 이행의 가능성은 소박하게도(?) 노동 시간의 단축에서 시작되고 있다. 생산력의 발전을 전제로 필요 노동 시간을 줄이고 절약된 노동 시간은 사람들의 개성을 신장하기 위해서 자유 시간으로 설계하는 것이다. 맑스는 앞에서 지적했듯이[52] 『정치 경제학 비판 요강』에서 노동 과정이 자동화되어 노동자 계급은 생산 과정의 주된 행위자가 아니라 자동 기계 장치를 조종하고 곁에서 지켜보기만 하여도 될 것이라고 말했다.

맑스는 과학적 노동과 생산력의 발전을 전제로 잉여 노동 시간을 자유 시간으로 전환시키는 것이 새로운 사회에서의 시간 경제의 첫걸음이라고 생각했다. 이것은 자본주의적 생산의 발전에 대한 탁월한 예측이다. 디지털 혁명이 진전되면서 노동 과정은 과학화되고 자동화 생산이 보편적으로 응용되고 있다. 무인 공장의 확대는 수많은 상대적 과잉 인구를 만들고 현역 노동자의 노동 강도를 강화하며 숙련 노동은 탈숙련 노동으로 대체된다. 이러한 생산 현장의 변화는 자본과 노동의 세력 관계에서 노동 시간을 단축할 수 있는 필연적인 계기를 마련해 준다. 노동 시간이 줄어들면 사람들은 더 많은 자유 시간을 확보하게 되어 스스로의 정신적 능력과 육체적 숙련을 발전시킬 수 있을 것이다.

맑스에게 공산주의 사회는 높은 생산력 수준을 바탕으로 이루어지는 것이었다. 따라서 소비예뜨 러시아를 비롯한 현실 사회주의는 명백하게 한계를 안고 사회주의 사회를 건설했던 것이다. 잔존 사회주의 국가들도 낮은 생산력 수준을 끌어올리기 위해서 비상한 노력을 기울이고 있다. 그런데 자본주의적 생산에서 과학 기술의 진보에 따른 생산력 수준의 발전, 생산 단위의 분권화, 세계적인 컴퓨터 통신 네트워크는 사회 경제가 빠르게 변화한다는 것을 보여 준다. 사회 변화의 동력은 바로 생산력의 발전에서 시작되는 것이다. 이러한 전제 하에서 맑스는 노동 시간의 단축으로 희망을 세운 것이다.

그는 자유의 왕국과 필연의 왕국을 비교하면서 노동 해방을 설계한다. 사람이 욕구 충족을 위해서 어쩔 수 없이 해야만 하는 노동, 필요와 외부적인 편의에 의해 규정되는 노동이 지배하는 사회를 필연의 왕국이라고 했다. 공산주의 사회를 상징하는 자유의 왕국은 바로 필연의 왕국이 멈추는 곳에서 시작된다. 따라서 자유의 왕국이 확대되기 위해서는 노동 시간이 단축되어야 한다.

자유의 왕국은 궁핍과 외부적인 편의에 의해서 규정되는 노동이 끝장나는 곳에서 비로소 진정으로 시작되며 따라서 그 본성상 고유한 의미에서의 물질적 생산의 영역을 넘어서서 존재한다. 미개인이 자기의 욕망을 충족시키기 위하여 그리고 자기의 생활을 유지하고 재생산하기 위하여 자연과 투쟁하여야만 하듯이 문명인도 그렇게 하여야만 하며 어떤 사회 형태에서도 그리고 있을 수 있는 모든 생산 양식 하에서도 그렇게 하여야만 한다. 문명인의 발전에 따라 이 자연적 필연의 왕국이 확대된다. 왜냐하면 그의 욕망도 확대되기 때문이다. 그러나 동시에 이러한 욕망을 충족시키는 생산력도 확대된다. 이 왕국에서 자유는 오직 다음과 같은 것에 있을 수 있다. 즉 사회화된 인간, 결합된 생산자들이 자연과의 신진 대사를 합리적으로 규제하여 그 신진 대사가 맹목적인 힘으로서 그들을 지배하는 것이 아니라 그들이 그 신진 대사를 집단적인 통제 하에 두는 것, 그리하여 최소의 노력으로 그리고 인간성에 가장 알맞고 적합한 조건 하에서 그 신진 대사를 수행하는 것이다. 그러나 이것은 여전히 아직 필연의 왕국이다. 이 왕국을 넘어서야만 진정한 자유의 왕국——즉 인간의 힘을 목적 그 자체로서 발전시키는 것——이 시작된다. 비록 자유의 왕국은 필연의 왕국을 토대로 하여야만 개화될 수 있는 것이기는 하지만, 노동일의 단축은 그 기본 조건이다(『자본론』제3권, 1010~1011쪽).

맑스는 노동일의 단축에서 인간 해방의 출발을 보고 있다.


### 제3의 길은 있는가?

소비예뜨 러시아가 붕괴한 이후 유럽의 사회 민주주의에서 구원을 찾으려는 행렬이 많아졌다. 사회 민주주의가 르네상스를 맞게 되었다. 우리 사회에서도 1997년의 경제 위기 이후 사회 민주주의를 대안으로 여기며 기웃거리는 사람들이 늘어나고 있다. 역사적으로 사회 민주주의가 일정한 한계를 노출한 것은 사실이지만 현실 사회주의의 교훈이 사회 민주주의를 현실적 대안으로 주목하게 만들고 있다. 우리 사회의 물적 토대와 계급 지형에 유의하면서 사회 민주주의적 전망을 평가하기 시작한 것이다.

이러한 논리의 연장선에서 발달한 산업 국가들을 영미식 자본주의와 라인(Rhein)형 자본주의로 구별하고는 정리 해고, 노동 시장과 임금의 유연화에 집중하는 영미식 자본주의보다는 사회적 안전망, 노동시간 단축, 노동 과정의 개선을 통해서 가치를 증식하려는 라인형 자본주의를 주목하는 경향도 나타나고 있다.[53] 그런데 자본주의적 생산은 자본과 노동의 세력 관계가 반영된 생산 관계에서 가치 증식을 하는 것이다. 따라서 라인형인가 영미식인가 하는 문제는 선택 사항이 아니라 자본과 노동의 세력 관계에 따라 규정되는 것일 뿐이다.

1840년대에 프랑스에서 사용되기 시작한 사회 민주주의라는 말은 볼세비끼가 혁명에 성공하고 난 이후 '노동자 계급의 배신자'라고 규정할 때까지는 대체로 사회주의와 같은 의미로 사용되었다. 사회주의의 역사에서 사회 민주주의가 국제 사회주의 운동의 주도권을 장악했던 시기는 제1차 세계 대전 이전인 제2인터내셔널 기간이었다. 이 기간에 사회 민주주의는 노동자 계급의 정당으로 조직되었으며 계급 투쟁을 바탕으로 정치 권력을 장악해서 프롤레타리아트의 나라를 건설한다는 혁명 전략을 가지고 있었다. 그러나 사회 민주주의는 국제 사회주의 운동의 분열이 반영되면서 의미가 바뀌게 되었다.

러시아사회민주당은 1918년 3월의 제7차 당 대회에서 당의 이름을 러시아공산당으로 변경하여 유럽의 사회 민주주의 정당들과 차별화했다. 그런데 혁명 이후 유럽의 사회 민주당들은 '볼세비끼 따라 배우기' 열풍이 불면서 개량적 세력과 혁명적 세력의 첨예한 대립을 경험했다. 독일에서는 로자 룩셈부르크가 지도하는 '스파르타쿠스단'이 독일사회민주당의 비혁명적이고 기회주의적인 노선에 반발하여 1918년 12월 30일에 독일공산당을 건설했다. 이보다 앞서 오스트리아와 헝가리에 공산당이 만들어졌으며 독일 이후에는 유고슬라비아, 프랑스, 이딸리아, 체코슬로바키아에서 공산당이 건설되었다. 이러한 개별 국가들의 공산주의 정당들이 모여서 제3인터내셔널을 만들었는데, 이미 지적했듯이 제3인터내셔널은 1943년에 스딸린에 의해 해산될 때까지 국제 공산주의 운동을 지휘했다.

한편 이러한 공산당을 중심으로 하는 노동자 계급의 혁명 운동에 반대하는 종래의 사회 민주주의 정당들은 1923년 5월에 독일 함부르크에서 사회주의노동자국제연맹(SAI)을 조직했다. 이 조직의 뒤를 이은 것이 1951년에 프랑크푸르트에서 창설되어 지금까지 존속하고 있는 사회주의인터내셔널(Socialist International)이다. 사회주의인터내셔널은 스스로를 민주적 사회주의자라고 부르고 사회주의는 민주주의적 방법으로만 달성되어야 한다고 주장하며 계급 투쟁을 거부함으로써 공산주의와는 분명하게 선을 그었다. 따라서 제2차 세계 대전 이후 국제 사회주의 운동은 사회 민주주의와 공산주의로 분열되었으며 개별 국가들에서는 두 노선이 노동자 계급 운동의 주도권을 둘러싸고 치열하게 경쟁하게 되었다.

사회주의인터내셔널은 '프랑크푸르트 선언'(1951년)과 '오스트로 선언'(1962년)을 통해서 첫째, 소비예뜨 사회주의와 국제 공산주의 운동을 파시즘과 동일한 전체주의로 공격함으로써 반스딸린주의적인 입장을 강화했고 둘째, 제국주의 나라들의 힘의 균형 정책을 옹호했으며 셋째, 복지 국가와 노사 협조주의를 전개하여 독점 자본주의의 영원성에 대한 관념을 선전했고 넷째, 사실상 의회 밖의 대중 운동을 반대하며 국가 권력의 독점적·반민주적 성격을 외면했다.[54] 제2차 세계 대전 이후 완성되고 발전된 사회 민주주의는 냉전 이데올로기에 포섭되면서 독점 자본과 상부 구조인 권력 기구를 어느 정도 변호하게 되었다.

그러나 사회 민주주의는 이론적·실천적 역사와는 상관없이 마치 '우회로'가 될 수도 있다는 환상으로 치장되고 있다. 왜냐하면 소비예뜨 러시아가 붕괴하면서 자본주의에 대한 새로운 비판적 대안이 만들어지지 못했기 때문이다. 더구나 현실 사회주의 역사가 가르쳐 준 참담한 교훈이 사회 민주주의의 입장을 강화시키는 계기로 작용했던 것이다. 또한 1970년대~1980년대의 경제 위기 이후 노동자 계급의 사회적 지위가 현저하게 추락하고 노동의 유연화가 강화되는 상황 속에

서 노동자 계급의 이해를 '이상이 아닌 현실에서' 반영할 수 있는 대안
으로 사회 민주주의를 주목하는 것이다. 노동자 계급 사이에도 파편화
와 분절화로 인해 근본 변혁에서 전망을 찾기보다는 투표를 통해서
스스로의 이해 관계를 관철하는 것이 빠른 길이라고 생각하는 경향이
많아졌다.

　　종래에 국제 사회주의 운동을 양분했던 사회 민주주의와 공산주의
의 차이는 바로 자본주의에 대한 태도와 사회주의 이행 전략에 있었
다. 하지만 소비예뜨 러시아가 붕괴한 이후 국제 사회주의 운동을 장
악한 사회 민주주의는 종래의 사회 민주주의가 아니라 '제3의 길'[55]을
찾은 것으로 보인다. 제3의 길이 종래의 사회 민주주의와 다른 점은
겉으로는 사회 민주주의를 말하지만 속으로는 오로지 자본의 논리에
만 복무하는 것이다. 왜냐하면 제3의 길은 프랑스나 독일의 사회 민주
주의보다는 미국과 영국의 자본주의를 모범으로 삼고 있기 때문이다.
노동 시간의 단축을 중심으로 하는 프랑스와 달리 재취업 교육(인적
자본의 개발)을 중심으로 정책을 전개하고 있는 영국을 보면, 사회 민주
주의와 제3의 길의 차이점을 알 수 있다.[56] 당연히 영국의 제3의 길도
자본과 노동의 세력 관계가 반영된 것이며 영국 좌파들의 선택이지만
계급적으로 후퇴한 것은 명백하다. 이러한 제3의 길 역시 전통적으로
사회 민주주의가 가지고 있던 근본적인 한계들을 고스란히 드러내고
있는 것은 물론이다.[57]

　　따라서 제3의 길은 일부에서 오해하듯이 자본주의와 사회주의의
중간쯤 되는 그 무엇이 아니다. 이것이 진정한 '제3'이 되려면 비자본
주의적이고 비사회주의적인 어떤 것이어야 할 것이다. 그러므로 제3
의 길이란 모순과 위기가 극도로 격화되어 있는 자본주의 사회의 과도
기성을 은폐하고 구제하려는 가면에 불과하다[58]는 비판이 비록 진부

하게 비춰질지라도 제3의 길의 성격에 대한 명백한 평가라고 볼 수 있다. 이러한 제3의 길이 주목받는 이유는 유럽에서 심화되고 있는 신자유주의의 위기에 있다. 즉 유럽 자본주의는 장기적인 불황과 높은 실업률의 늪에서 헤어나질 못하고 있기 때문이다. 상대적 과잉 인구가 증가하면서 노동자 계급의 투쟁이 격렬해지자 자본은 제3의 길을 강화하고 있다. 제3의 길은 신자유주의의 또 다른 이름일 뿐이다.


## 예정된 도식이 아니다!


사람들은 자본주의 사회에서 발생하는 모든 죄악의 근원은 소비예뜨 러시아라는 선전 선동을 가르치고 배우면서 살아왔다. 하지만 소비예뜨 러시아가 붕괴하자 자본은 세상의 기대를 저버리고(?) 스스로의 가치 증식을 위해서 세계를 단위로 치달리고 있으며, 자본주의적 생산의 모순들도 함께 국경을 넘게 되었다. 노동자 계급은 저항의 세계화를 예비하는 시간이다. 그런데 맑스주의의 역사에서 볼셰비끼를 비판적으로 바라보려고 할 때 로자 룩셈부르크를 주목할 필요가 있다. 그녀의 세계에는 '사회주의의 조국'에서 훼손된 노동자 계급의 창발성과 노동자 계급의 국제적 연대가 살아 있다. 소비예뜨 러시아의 논리와 다른 숨결이 느껴지는 로자이다.

그녀는 맑스주의의 역사에서 독특한 지위를 차지하고 있다. 로자는 수정주의 논쟁이 제기되고 자본주의가 제국주의로 발전되는 한편, 제1차 세계 대전과 함께 제2인터내셔널이 붕괴되고, 볼셰비끼 혁명으로 노동자의 나라가 건설되었던 격정의 세월을 살았다. 여기서 로자는 수정주의를 전면에서 비판하면서 제국주의를 분석하여 자본주의의 과도기성을 확인하고 맑스주의를 옹호했다. 그리고 볼셰비끼 혁명이 국제 사회주의의 명예를 살려 준 것을 극찬하지만 독일 노동자 계급의 '침묵'으로 혁명이 왜곡되고 위험에 노출될 것이라고 판단하여 프롤레타리아 세계 혁명을 선동했다.

따라서 현실 사회주의의 붕괴 이후 로자가 이해하고 주장하고 행동했던 맑스주의가 새롭게 다가오는 것은 당연하다. 로자는 노동자 계급의 자발성(spontaneity)을 무기로 레닌의 논리와 철저하게 대립했으며, 볼셰비끼 혁명 이후에도 러시아의 사례들이 국제 사회주의 운동에서 '모범'으로 떠오르는 것을 경계했던 것이다. 물론 두 사람은 혁명 정당이 노동자 계급의 전위가 되어야 하며 중앙 집중적으로 조직되고 다수의 의지가 엄격한 규율 하에서 수행되어야 한다는 데 동의했던 혁명적 사회주의자들이었다.

로자는 1904년에 쓴 『러시아 사회 민주주의의 조직 문제』에서 레닌의 조직 이론을 초중앙 집중주의라고 비판했다. 그녀는 사회주의 운동에서 조직의 집중화 문제는 자본주의적 현실에 대한 반영이기 때문에 불가피한 측면이 있지만 프롤레타리아트의 창조적 주도권을 고양시키는 차원에서만 승인했던 것이다.

사회 민주주의 운동은 계급 사회의 역사에서 모든 개별적 영역과 전체 과정에서 대중의 조직과 직접적이고 독자적인 대중의 행동에 의지하는 최초의 운동이다. 이러한 이유로 사회 민주주의는 자꼬뱅이나 블랑끼 추종자들과 같은 종래의 모든 혁명 운동에 공통적으로 나타나는 것과 전혀 다른 조직 형태를 창조했다.[59]

그녀가 볼 때 레닌은 '계급 의식으로 충만한 프롤레타리아'와 '한

무리의 음모가적 반란 집단'으로 대비되는 사회 민주주의와 블랑끼주의의 적대적인 차별성을 이해하지 못하고 있었던 것이다. 사회 민주당은 블랑끼주의와 달리 본질적으로 계급 투쟁 속에서 성장했기 때문에 투쟁으로 강화되고 투쟁에서 과업을 이해한다고 보면서 조직과 교육과 투쟁을 동일한 차원에서 다루었다. 로자에게는 사회 민주주의가 바로 프롤레타리아트 자체인 것이다. 따라서 사회 민주당의 조직도 레닌의 방식이 아닌 '자율적 중앙 집중주의'를 주장했다. 그런데 자율적 중앙 집중주의가 작동하려면 정치 투쟁으로 단련된 다수의 노동자 계급이 존재하고, 그들이 정치 활동을 통해서 실질적으로 당의 활동에 직접 영향을 줄 수 있어야 한다. 다수의 각성된 노동자 계급이 당을 실질적으로 운영할 수 있어야 사회 민주주의의 중앙 집중은 실현된다는 논리이다.

그런데 로자에게 러시아는 사회 민주주의적 중앙 집중을 위한 토대가 마련되지 못한 상태이기 때문에 필요 조건이 충족되고 있다는 레닌의 논리를 주목했다.

> 공장은 일부 사람들에게는 단지 요귀로 여겨지지만 그것은 프롤레타리아를 단결시키고 단련시키고 그들에게 조직하라고 가르치며 …… 부르주아 지식인들에게는 그렇게도 힘겨운 규율과 조직이 프롤레타리아에게는 바로 이 공장이라는 학교로 인해 매우 쉽게 획득된다.[60]

여기서 로자는 레닌이 중앙 집중주의의 현실적 근거로 제시한 노동자 계급의 규율과 조직은 바로 "공장에서 그리고 부르주아 국가 기구의 체계에 의해서 노동자 계급에게 이식된 것"이기 때문에 그 노동자 계급은 "스스로의 해방을 위한 계급 투쟁의 과정에서" 각성된 노동자 계급이 아니라고 비판했다. "억압된 계급의 통제된 순종성"에 길들여진 나머지 "사고와 의지는 부족하고 기계적으로 손발을 움직이고" "습관화된 복종과 노예 근성이 밑뿌리까지" 가득한 노동자들은 중앙 집중주의를 감당하지 못한다는 것이다.[61]

그녀는 노동자 계급의 정치적 훈련과 성숙함이 뒷받침되지 않는 레닌의 중앙 집중주의는 당을 보수화시킬 수 있으며 노동자 계급이라는 "살아 있는 유기체의 자연스러운 고동이 정지되고 저항적·전투적 정신이 허약해지며" 결국 "수단이 목표를 배신"할 것을 우려했던 것이다. "노동자 계급은 역사의 변증법에서 실수하며 배우고 깨우쳐 갈 권리를 요구한다." 따라서 로자에게는 "역사적으로 볼 때 혁명 운동이 범한 오류는 현명한 중앙위원회의 무오류보다 훨씬 더 풍요롭다."[62] 이렇게 투쟁의 전술과 조직을 "운동 과정에서 자연 발생적인 산물"로 바라보는 로자에게 레닌은 "맑스주의의 속류화"[63]라는 비판을 선물했다.

'맑스·엥겔스의 과학적 후계자들 가운데 가장 뛰어난 두뇌인' 로자는 볼셰비끼 혁명에 대하여 사회주의 혁명의 미래는 볼셰비즘의 것이라고 찬사를 보낸다. 그러면서 전설적인 미완성의 팸플릿 『러시아 혁명에 대하여』를 통해 '러시아의 사례'를 비판적으로 평가하여 역설적으로 '사회주의 조국'에게 버림을 받았다. 그런데 로자는 러시아 혁명을 비판적으로 분석하는 것이 국제 노동자 계급에게는 최고의 학습장이 될 것이라고 생각했다. 왜냐하면 볼셰비끼 혁명은 러시아가 세계 대전으로 탈진 상태에 있었고 제국주의에 의해 억압받고 있었으며 국제 프롤레타리아트의 배신으로 고립된 상황에서 이루어졌기 때문에 "과오가 없는 모범적인 프롤레타리아트 혁명을 기대하는 것은 기적"[64]이라는 것이다. 따라서 중요한 것은 볼셰비끼의 정책 가운데 본질적인 부분과 비본질적인 부분을 구별하고 특히 상황에 따라 파생된 군더더기와 합리적 핵심을 가려내는 작업이 국제 노동자 계급의 과제라고 주장했다.

여기서 그녀는 민주주의 문제에 집중하고 있는데 러시아처럼 초중앙 집중적인 소수의 독재는 결국 노동자 계급의 창의성과 자발성을 훼손하고 혁명의 대의를 유산시킬 것이라고 우려했다. 로자에게 레닌의 독재는 계급의 독재가 아니라 바로 소수의 독재인 것이다. 특히 그녀는 볼세비끼가 정부를 지지하는 사람들과 소수의 당원들에게만 자유를 주고 있다고 비판하면서 진정한 자유는 생각이 다른 사람의 자유도 인정하는 것이라고 했다. 자유가 특권이 된다면 이미 자유가 아니라는 지적이다. 따라서 그녀에게 계급의 독재란 "무제한적인 인민 대중의 참여와 무제한적인 민주주의가 전제 조건"[65]이었다. 왜냐하면 "사회주의는 수세기에 걸친 부르주아적 계급 지배로 비참해진 노동자 대중의 완전한 정신적 변혁을 필요로 한다. 개인 중심이 아닌 사회적 본성을 그리고 이상주의나 타율이 아니라 노동자 계급의 자발성과 주도권을 요구하기 때문이다."[66]

더구나 로자는 볼세비끼의 전략과 전술을 '완전 무결한 이론 체계'로 정식화하여 사회주의 혁명의 전략적인 모범으로 국제 노동자 계급에게 권장하는 것을 강력하게 경계했다. 러시아에 적용된 전략은 제1차 세계 대전 속에서 인터내셔널이 붕괴하면서 나타난 부산물이라고 생각했기 때문이다. 물론 그녀는 볼세비끼가 혁명 과정에서 '어쩔 수 없이 그렇게 행동했던 전략'의 실질적 이유는 볼세비끼가 아니라 바로 국제 노동자 계급 특히 독일 노동자 계급이 제공한 것이라고 생각했다. 그녀는 세계 혁명론자이다. "우리 모두가 역사의 법칙을 따른다고 하더라도 사회주의가 실현될 수 있는 것은 단지 국제적으로만 가능하다."[67]

따라서 로자는 볼셰비끼 혁명이 일어나자 국제 노동자 계급의 구체적인 혁명적 행동을 독려했다. 끊임없이 변화하는 혁명의 법칙에서 주저하거나 침체하면 반혁명에게 기회를 줄 수 있다고 생각했던 것이다. "세계 프롤레타리아 혁명의 뒷받침이 없으면 러시아의 프롤레타리아트 독재는 실패할 운명에 놓일 것이다. 빠리꼬뮌의 경험이 이것을 말해 준다."[68] 인터내셔널의 부활을 위해서 투쟁하고 있던 로자에게 러시아 혁명의 일그러진 모습은 국제 노동자 계급의 연대성과 임무를 단련시킬 수 있는 살아 있는 교육장이었던 것이다.

우리는 러시아 혁명의 운명을 통해서 국제 프롤레타리아트의 책임이 막중한 것을 알 수 있게 된다. 이러한 관점에 입각해야 프롤레타리아트 혁명을 위한 결연한 국제적 행동의 결정적인 중요성을 깨닫게 된다. 국제적인 행동이 뒷받침되지 못하면 한 나라에서 아무리 거대한 혁명적 에너지가 분출하고 헌신적인 희생이 있더라도 혁명은 필연적으로 자가당착과 엄청난 실수만 불러일으킬 뿐이다.[69]

그녀는 인터내셔널을 통해 사회주의의 미래를 전망했던 것이다. 이러한 로자에게 사회주의 혁명은 '선행적으로 마련된 도식'이 아니라 구체적인 실현이 불투명한 미래에 감추어져 있는 것이었다. 사회주의 사회는 사회주의의 실현 과정에서 만들어지는 역사의 산물이다.[70]

제1장

1) '1000년 동안 최고의 사상가는?', 한겨레신문, 1999년 11월 25일자. 영국의 BBC방송에 의한 조사에서도 맑스가 선정되었다.

2) '4.3 붉은 광장의 고해 성사'를 참조하라.

3) 소련공산당 중앙위원회 맑스-레닌주의 연구소, 김라합 옮김, 『칼 마르크스 전기』 첫째권, 62쪽.

4) 알렉스 캘리니코스, 정성진·정진상 옮김, 『마르크스의 혁명적 사상』, 135쪽.

5) 『칼 마르크스 전기』 첫째권, 193~194쪽.

6) 이때까지 맑스는 노동자들이 자본가에게 파는 것을 노동으로 혼돈하고 있으나 이후에 노동력이라고 확인하였다. '2.2 산 노동의 세상살이'를 참조하라.

7) 최갑수, 「『공산당 선언』의 현재적 의미」, 『진보 평론』 창간호, 49쪽.

8) 『칼 마르크스 전기』 첫째권, 329~330쪽.

9) 杉原四郎, 권명식 옮김, 『자본론 이야기』, 151~152쪽.

10) *MECW* 40, 270쪽. 『선집』 제2권, 518쪽. *MECW* 40, 376~377쪽.

11) '4.1 자본주의는 진보한다'를 참조하라.

12) 『칼 마르크스 전기』 첫째권, 571쪽.

13) '4.3 붉은 광장의 고해 성사'를 참조하라.

제2장

1) 정운영, 『노동 가치 이론 연구』, 169~170쪽.
2) '4.1 자본주의는 진보한다'를 참조하라.
3) '2.2 산 노동의 세상살이'를 참조하라.
4) 2.1의 '가치를 만들지 못하는 자본들'을 참조하라.
5) '2.1 죽은 노동의 윤회'를 참조하라.
6) '1.3 아! 『자본』'을 참조하라.
7) 김수행, 『21세기 정치 경제학』, 32쪽.
8) '4.1 자본주의는 진보한다'를 참조하라.
9) *MECW* 40, 270쪽. 『선집』 제2권, 518쪽. *MECW* 40, 376~377쪽.
10) '4.1 자본주의는 진보한다'를 참조하라.
11) '1.3 아! 『자본』'을 참조하라.
12) 마이클 리보위츠, 홍기빈 옮김, 『자본론을 넘어서』, 3장을 참조하라.


제3장

1) '4.1 자본주의는 진보한다'를 참조하라.
2) '3.2 주변부의 멍에'를 참조하라.
3) 찰스 P. 킨들버거, 박명섭 옮김, 『대공황의 세계』, 150쪽.
4) 에르네스트 만델, 이범구 옮김, 『후기 자본주의』, 299쪽.
5) R. Brenner, "Uneven Development and The Long Downturn: The Advanced Capitalist Economics from Boom to Stagnation, 1950-1998," *New Left Review*를 참조하라.
6) 필립 암스트롱 외, 김수행 옮김, 『1945년 이후의 자본주의』, 11장을 참조하라.
7) '4.2 세계 노동은 하나되는가?'를 참조하라.
8) N. G. Mankiw, *Economics*, 569쪽.
9) 제레미 리프킨, 이영호 옮김, 『노동의 종말』, 49~50쪽.
10) 이환식, 「직업으로서의 실업」, 『현장에서 미래를』 제30호, 107쪽.

11) 레닌, 박세영 옮김, 『제국주의』, 116~117쪽.

12) 『제국주의』, 84쪽.

13) 『제국주의』, 98~99쪽.

14) 『제국주의』, 127쪽.

15) 디터 클라인, 권영경 옮김, 『자본주의 정치경제학 II』, 328쪽.

16) Rosa Luxemburg, "Die Akkumulation des Kapitals," *GW* 5, 318~319쪽.

17) M. Tanzer, "Globalizing the Economy : The Influence of the International Monetary Fund and the World Bank," *Monthly Review*, 10쪽.

18) "Globalizing the Economy : The Influence of the International Monetary Fund and the World Bank," 10쪽.

19) 미셸 초스도프스키, 이대훈 옮김, 『빈곤의 세계화』, 49~50쪽.

20) 정성진, 「한국 경제에서의 마르크스 비율의 분석」, 219~220쪽.

21) 정성진, 「세계 자본주의와 불평등 교환」, 이대근·정운영 편, 『세계 자본주의론』, 176~180쪽.

22) 김수행 편저, 『청년을 위한 경제학 강의』, 85~86쪽.

23) 디지털 경제는 인터넷 경제, 지식 기반 경제, 정보 경제와 유사하게 쓰이지만 관점이나 강조하는 부문이 차이를 보인다. 미국 상무성의 1998년 보고서에 의하면, 이러한 디지털 경제는 '전자 상거래와 그것을 가능하게 만든 정보 기술 산업으로 구축된 경제'를 의미한다.

24) 김의동, 「디지털 혁명과 세계 경제 구조 변화」, 경상대학교 사회과학연구소 엮음, 『디지털 혁명과 자본주의의 전망』, 55쪽.

25) 미상무성 전자상거래국, 신동기 옮김, 『디지털 이코노미』, 253쪽.

26) 『디지털 이코노미』, 277쪽.

27) 『청년을 위한 경제학 강의』, 93쪽.

28) 김종한, 「21세기 '디지털 경제' 하에서 정치 경제학의 주요 쟁점」, 제21회 『학술 대회 발표 논문집』, 175~186쪽을 참조하라.

29) 우리 사회의 계급 구성은 1986년 현재 자본가 0.5%, 신중간 계급 16.8%, 구중간 계급 45.6%, 노동자 37.1%로 조사되었다. 여기서 신중간 계급은 중간 관리자층 0.4%, 인텔리층 5.6%, 사무직 종사자 10.7%이며 구중간 계급은 자영 상인 11.5%, 서비스 자영자 0.6%, 자영 생산자 4.8%, 농어민층 25.2%이다. 그리고 노동자는 판매 노동자 3.1%, 서비스 노동자 4.6%, 산업 노동자 24.1%, 농업 노동자 1.8%, 실업자 3.4%이다. 서관모의 「한

국 사회 계급 구성의 새로운 계측」(『사회 과학 연구』 제4권 제1호)를 참조
하라.

30) G. 마린코, 홍종도 옮김, 『과학 기술 혁명이란 무엇인가』, 88~89쪽.

31) 『과학 기술 혁명이란 무엇인가』, 92~118쪽을 참조하라.


제4장


1) B. 파인 & L. 해리스, 김수행 역, 『현대 정치 경제학 입문』, 128쪽.

2) 『현대 정치 경제학 입문』, 130쪽.

3) 『제국주의』, 32쪽.

4) 『제국주의』, 41쪽.

5) 정운영, 「제1인터내셔널에서 마르크스의 투쟁」, 『이론』 제3호, 40~41쪽.

6) '1.3 아! 『자본』'과 '2.3 미완성을 넘어서'를 참조하라.

7) '2.3 미완성을 넘어서'를 참조하라.

8) 『제국주의』, 53쪽.

9) 『제국주의』, 81쪽.

10) 레닌, 김영철 옮김, 『국가와 혁명』 서문, 13쪽.

11) 레닌, 이창휘 편, 『임박한 파국, 그것에 어떻게 대처할 것인가』, 89~90쪽.

12) 大崎平八郎·久保田順, 이내영 옮김, 『세계 경제론』, 19쪽.

13) J. Kuczynski, 加藤長雄·二見昭 譯, 『世界經濟史』, 13쪽.

14) 『현대 정치 경제학 입문』, 123쪽.

15) H. Magdoff, "Globalization—to what end?," Part II, *Monthly Review*, 11쪽.

16) '4.1 자본주의는 진보한다'를 참조하라.

17) UNCTAD, *World Investment Report 1995*, 45쪽.

18) L. Panitch, "The State in a Changing World: Social-Democratizing Global Capitalism?," *Monthly Review*, 10~11쪽.

19) UNCTAD, *World Investment Report 1994*, 3쪽.

20) E. M. Wood, "Labor, The State and Class Struggle," *Monthly Review*, 5쪽.

21) 요아힘 비숍, 김성구 옮김, 「카지노 자본주의」, 『이론』 제12호, 155쪽.

22) B. B. Hargrove, "The Future of Capitalism: Does Capitalism Represent the

Best Humanity Can ever Hope to Achieve?," *Monthly Review*, 7쪽.

23) Neil Smith, *Uneven Development : Nature, Capital, and the Production of Space,* *London*, 88~89쪽. 킴 무디, 사회진보를 위한 민주연대 옮김, 『신자유주의와 세계의 노동자』, 115쪽에서 재인용.

24) A. Tujan, 최형익 옮김, 「아팩과 제국주의적 지구화」, 『현장에서 미래를』 제18호, 132~135쪽.

25) 『신자유주의와 세계의 노동자』, 123~125쪽.

26) "Globalizing the Economy : The Influence of the International Monetary Fund and the World Bank," 12쪽.

27) 김수행·김기원(1996), 147~148쪽.

28) "Labor, The State and Class Struggle," 16쪽.

29) 『신자유주의와 세계의 노동자』, 226쪽.

30) "Labor, The State and Class Struggle," 12쪽.

31) 크리스 하먼, 이원영 편역, 『오늘의 세계 경제』, 75쪽.

32) 정영태, 「노동자 계급의 국제 연대: 필요성과 전망」, 『정치 비평』, 43쪽.

33) B. Sutcliffe, "Freedom to Move in the Age of Globalization," *Globalization and Progressive Economic Policy*, 326쪽.

34) '4.3 붉은 광장의 고해 성사'를 참조하라.

35) 에릭 리, 국제연대정책정보센터 옮김, 『노동 운동과 인터넷』, 27쪽.

36) A. MacEwan, "Globalization and Stagnation," *Monthly Review*, 11쪽.

37) 피터 워터먼, 윤병삼 옮김, 「1848년의 국제주의로부터 1998년을 위한 국제주의로」, 『읽을꺼리』 제3호, 20쪽.

38) "Labor, The State and Class Struggle," 16~17쪽.

39) 『마르크스의 혁명적 사상』, 234쪽.

40) 『노동 운동과 인터넷』, 24쪽.

41) 「제1인터내셔널에서 마르크스의 투쟁」, 30쪽.

42) 『노동 운동과 인터넷』, 28쪽.

43) 『노동 운동과 인터넷』, 28쪽.

44) 『노동 운동과 인터넷』, 29쪽.

45) 김세균, 「제3인터내셔널과 마르크스주의」, 『이론』 제3호, 76쪽.

46) 송병헌, 『왜 다시 사회주의인가』, 300쪽.

47) 정운영, 「사회주의 혁명과 공산권 붕괴」, 『20세기 경제 100년을 읽는

22가지 키워드』, 187～189쪽.

48) M. Lewin, *Stalinism and the Seeds of Soviet Reform : The Debates of 1960s*, 113～114쪽.

49) 「『공산당 선언』의 현재적 의미」, 49쪽.

50) "The State in a Changing World : Social-Democratizing Global Capitalism?," 10쪽.

51) 에릭 홉스봄, 이용우 옮김, 『극단의 시대 : 20세기의 역사』(하), 680～681쪽.

52) '3.3 디지털 혁명은 비상구인가?'를 참조하라.

53) 전창환·조영철의 『미국식 자본주의와 사회 민주적 대안』. 그리고 카피레프트 편집부, 「오즈의 마법사로 가는 노란 벽돌 길」, 『읽을꺼리』 제4호, 105～115쪽을 참조하라.

54) 나자흠, 「사회 민주주의는 우리의 대안일 수 없다」, 『사회 평론』 창간호, 96쪽.

55) A. 기든스의 『제3의 길』을 참조하라.

56) 「오즈의 마법사로 가는 노란 벽돌 길」, 111쪽.

57) 「오즈의 마법사로 가는 노란 벽돌 길」, 109쪽.

58) 채만수, 「패배를 넘어 자유의 왕국으로」, 『현장에서 미래를』 제51호, 15쪽.

59) 로자 룩셈부르크, 박영옥 옮김, 「레닌주의냐 마르크스주의냐」, 『러시아 혁명/레닌주의냐 마르크스주의냐』, 109쪽.

60) 레닌, 김탁 옮김, 「한 걸음 앞으로 두 걸음 뒤로」, 『레닌 저작집 2-II 2차 당대회 ; 혁명주의와 기회주의 사이의 분열』, 375쪽.

61) 「레닌주의냐 마르크스주의냐」, 114쪽.

62) 「레닌주의냐 마르크스주의냐」, 133～134쪽.

63) 레닌, 김탁 옮김, 「한 걸음 앞으로 두 걸음 뒤로 : 로자 룩셈부르크에 대한 N. 레닌의 답변」, 『레닌 저작집 2-II 2차 당대회 ; 혁명주의와 기회주의 사이의 분열』, 441쪽.

64) 로자 룩셈부르크, 박영옥 옮김, 「러시아 혁명」, 『러시아 혁명/레닌주의냐 마르크스주의냐』, 100쪽.

65) 「러시아 혁명」, 98쪽.

66) 「러시아 혁명」, 90～91쪽.

67) 「러시아 혁명」, 101쪽.

68) R. Luxemburg, "Brennende Zeitfragen," *GW* 4, 279쪽.

69) 「러시아 혁명」, 44~45쪽.

70) 「러시아 혁명」, 89쪽.

# 문헌 목록

## 1. 칼 맑스·프리드리히 엥겔스 저작


맑스, 칼, 김수행 옮김, 『자본론』 제I권~제III권, 비봉출판사, 1989년.

______, 김호균 옮김, 「마르크스가 페테르부르그에 있는 니콜라이 프란체비치 다니엘손에게」, 『자본론에 관한 서한집』, 중원문화, 1990년, 203~207쪽.

______, 김호균 옮김, 「마르크스가 헤이그에 있는 페르디난트 도멜라 니우벤히스에게」, 『자본론에 관한 서한집』, 중원문화, 1990년, 209쪽.

______, 김호균 옮김, 『정치경제학 비판 요강』 제I권~제III권, 백의, 2000년.

______, 백의 편역, 『잉여 가치 학설사』, 백의, 1989년.

______, 프리드리히 엥겔스, 김태호 옮김, 『공산주의 선언』, 박종철출판사, 1998년.

______, 프리드리히 엥겔스, 최인호 외 옮김, 『칼 맑스 프리드리히 엥겔스 저작 선집』 제1권~제6권, 박종철출판사, 1991~1997년.

Engels, F., "Engels an Eduard Bernstein(2/3 November 1882)," *MEW* 35,

Dietz Verlag, 1985, 386~390쪽.

________, "On the History of Communist League," *MECW* 26, Progress, 1990.

________, trans. by John Peet, "Engels to Marx(6 August 1868)," *MECW* 43, Progress, 1988, 80~81쪽.

Marx, K, trans. by Peter and Betty Ross, "Marx to Ferdinand Lassalle(22 February 1858)," *MECW* 40, Progress, 1983, 268~271쪽.

________ and F. Engels, "Inaugural Address of the Working Men's International Association," *MECW* 20, Progress, 1985.

________, trans. by Christopher Upward, "Marx to Engels(31 July 1865)," *MECW* 42, Progress, 1987, 172~174쪽.

________, trans. by Peter and Betty Ross, "Marx to Engels(18 June 1862)," *MECW* 41, Progress, 1985, 380~381쪽.

________, trans. by Christopher Upward, "Marx to Engels(12 September 1867)," *MECW* 42, Progress, 1987, 427~428쪽.

________, trans. by Christopher Upward, "Marx to Engels(13 February 1866)," *MECW* 42, Progress, 1987, 227~228쪽.

________, trans. by Christopher Upward, "Marx to Engels(16 August 1867)," *MECW* 42, Progress, 1987, 402~405쪽.

________, trans. by Christopher Upward, "Marx to Engels(7 May 1867)," *MECW* 42, Progress, 1987, 370~374쪽.

________, trans. by Christopher Upward, "Marx to Johann Philipp Becker (17 April 1867)," *MECW* 42, Progress, 1987, 358~359쪽.

________, trans. by Christopher Upward, "Marx to Paul Lafargue(13 August 1866)," *MECW* 42, Progress, 1987, 307~309쪽.

________, trans. by Clemens Dutt, "On the Jewish Question," *MECW*

3, Progress, 1975.

______, trans. by Peter and Betty Ross, "Letter to Wilhelm Bracke(5 May 1875)," *MECW* 24, Progress, 1989, 77~79쪽.

______, trans. by Peter and Betty Ross, "Marx to Engels(8 December 1857)," *MECW* 40, Progress, 1983, 214~217쪽.

______, trans. by Peter and Betty Ross, "Marx to Joseph Weydemeyer(1 February 1859)," *MECW* 40, Progress, 1983, 374~378쪽.

______, trans. by Peter and Betty Ross, "Marx to Ludiwig Kugelmann(28 December 1862)," *MECW* 41, Progress, 1985, 435~437쪽.

______, trans. by Rodney Livingstone, "Marx to César de Paepe(24 November 1871)," *MECW* 44, Progress, 1989, 262~264쪽.


## 2. 그 밖의 문헌

강신준, 「제2인터내셔널 시기의 마르크스주의」, 『이론』 제3호, 까치, 1993년.

기든스, A., 한상진·박찬억 옮김, 『제3의 길』, 생각의 나무, 1998년(*The Third Way: The Renewal of Social Democracy*, 1998).

김세균, 「제3인터내셔널과 마르크스주의」, 『이론』 제3호, 까치, 1993년.

김수행 편저, 『청년을 위한 경제학 강의』, 한겨레신문사, 1998년.

______, 『21세기 정치 경제학』, 새날, 1998년.

______, 『경제 변동론』, 비봉출판사, 1986년.

김수행·김기원, 『경제 변동론』, 방송통신대학 출판부, 1996년.

김의동, 「디지털 혁명과 세계 경제 구조 변화」, 경상대학교 사회과학연구소 엮음, 『디지털 혁명과 자본주의의 전망』, 한울, 2000년.

김종한, 「21세기 '디지털 경제' 하에서 정치 경제학의 주요 쟁점」, 한국사회
　　　경제학회, 제21회 『학술 대회 발표 논문집』, 2000년.

김호균, 『신정치 경제학 개론』, 이론과 실천, 1993년.

나자흠, 「사회 민주주의는 우리의 대안일 수 없다」, 『사회 평론』 창간호,
　　　1991년.

大崎平八郞·久保田順, 이내영 옮김, 『세계 경제론』, 백산서당, 1985년(『世
　　　界經濟論』, 1970).

돕, 모리스 H., 이선근 옮김, 『자본주의 발전 연구』, 동녘, 1986년(*Studies in
　　　the Development of Capitalism*, 1963).

레닌, V. I., 김영철 옮김, 『국가와 혁명』, 논장, 1988년.

________, 김탁 옮김, 「한 걸음 앞으로 두 걸음 뒤로」, 『레닌 저작집 2-II
　　　2차 당 대회; 혁명주의와 기회주의 사이의 분열』, 전진, 1989년.

________, 김탁 옮김, 「한 걸음 앞으로 두 걸음 뒤로: 로자 룩셈부르크에
　　　대한 N. 레닌의 답변」, 『레닌 저작집 2-II 2차 당 대회; 혁명주의와
　　　기회주의 사이의 분열』, 전진, 1989년.

________, 박세영 옮김, 『제국주의』, 과학과 사상, 1988년.

________, 이창휘 편, 『임박한 파국, 그것에 어떻게 대처할 것인가』, 새길,
　　　1990년

룩셈부르크, 로자, 박영옥 옮김, 「러시아 혁명」, 『러시아 혁명/ 레닌주의냐
　　　마르크스주의냐』, 두레, 1989년("Zur russischen Revolution," *GW* 4,
　　　1975).

____________, 박영옥 옮김, 「레닌주의냐 마르크스주의냐」, 『러시아 혁
　　　명/ 레닌주의냐 마르크스주의냐』, 두레, 1989년( "Organisationsfragen
　　　der russischen Sozialdemokratie," *GW* 1/2, 1970).

리, 에릭, 국제연대정책정보센터 옮김, 『노동 운동과 인터넷』, 한울, 1998년
　　　(*The Labour Movement and the Internet — The New Internationalism*,

1997).

리보위츠, 마이클, 홍기빈 옮김, 『자본론을 넘어서』, 백의, 1999년(*Beyond Capital*, 1992).

리프킨, 제레미, 이영호 옮김, 『노동의 종말』, 민음사, 1996년(*The End of Work*, 1996).

마린코, G., 홍종도 옮김, 『과학 기술 혁명이란 무엇인가』, 백산서당, 1990년 (*What Is the Scientific and Technological Revolution*, 1989).

만델, 에르네스트, 이범구 옮김, 『후기 자본주의』, 한마당, 1985년(*Late Capitalism*, 1978).

무디, 킴, 사회진보를 위한 민주연대 옮김, 『신자유주의와 세계의 노동자』, 문화과학사, 1999년(*Workers in a Lean World*, 1997).

미상무성 전자상거래국, 신동기 옮김, 『디지털 이코노미』, 씨앗을 뿌리는 사람들, 2000년(*The Emerging Digital Economy*, 1999).

비숍, 요아힘, 김성구 옮김, 「카지노 자본주의」, 『이론』 제12호, 1995년 (“Entxicklungstenden zen des Finanz Kapitals,” *Sozialismus*, 1993).

杉原四郎, 권명식 옮김, 『자본론 이야기』, 지평, 1988년.

서관모, 「한국 사회 계급 구성의 새로운 계측」, 『사회 과학 연구』 제4권 제1호, 충북대학교 사회과학연구소, 1987년.

소련공산당 중앙위원회 맑스-레닌주의 연구소, 김라합 옮김, 『칼 마르크스 전기』 첫째권, 둘째권, 소나무, 1989년.

송병헌, 『왜 다시 사회주의인가』, 당대, 1999년.

스위지, 폴 M., 이훈·이재현 옮김, 『자본주의 발전 이론』, 화다, 1986년(*The Theory of Capitalist Development*, 1956).

암스트롱, 필립, 앤드류 글린, 존 해리슨, 김수행 역, 『1945년 이후의 자본주의』, 동아출판사, 1993년(*Capitalism since 1945*, 1991).

워터먼, 피터, 윤병삼 옮김, 「1848년의 국제주의로부터 1998년을 위한 국제주의로」, 『읽을꺼리』 제3호, 1998.

이갑영, 「로자 룩셈부르크의 볼셰비키 비판」, 『비교 경제 연구』 제8권 2호, 한국비교경제학회, 2001년.

______, 「로자 룩셈부르크의 유산」, 『동향과 전망』 제32호, 한국사회과학연구소, 1996년.

______, 「몰락 이후의 자본주의」, 『비교 경제 연구』 제5집, 한국비교경제학회, 1997년.

______, 「산업 예비군을 위하여」, 『산업 논총』 제10집, 인천대학교 산업연구소, 1998년.

______, 『로자 룩셈부르크의 재인식을 위하여』, 한울, 1993년.

이대근, 『세계 경제론』, 까치, 1993년.

이성과현실 편, 『알기 쉬운 정치 경제학』, 이성과현실, 1989년.

이환식, 「직업으로서의 실업」, 『현장에서 미래를』 제30호, 한국노동이론정책연구소, 1998년.

전창환·조영철, 『미국식 자본주의와 사회 민주적 대안』, 당대, 2001년.

정보통신종합정보센터, 『주간 기술 동향』 제933호, 2000년.

정성진, 「세계 자본주의와 불평등 교환」, 이대근·정운영 편, 『세계 자본주의론』, 까치, 1984년.

정성진, 「한국 경제에서의 마르크스 비율의 분석」, 서울대학교 경제학과 박사 학위 논문, 1990년.

정영태, 「노동자 계급의 국제 연대: 필요성과 전망」, 『정치 비평』, 1999년.

정운영, 「국가 독점 자본주의론」, 이대근·정운영 편, 『세계 자본주의론』, 까치, 1984년.

______, 「사회주의 혁명과 공산권 붕괴」, 구본호·정운영 외 지음, 『20세기 경제 100년을 읽는 22가지 키워드』, 중앙일보이코노미스트, 2000년.

______, 「제1인터내셔널에서 마르크스의 투쟁」, 『이론』 제3호, 까치, 1993년.

______, 『노동 가치 이론 연구』, 까치, 1993년.

조정환, 「자본주의의 지식 집약적 재구조화와 계급 재구성」, http://galmuri.co.kr/
　　jhjoe/article/infosoandwclass.htm, 2000년.

채만수, 「임금과 잉여 가치 (2)」, 『현장에서 미래를』 제56호, 한국노동이론
　　정책연구소, 2000년.

______, 「인플레이션과 이른바 '생산성 임금제' 등 (1)」, 『현장에서 미래를』
　　제57호, 한국노동이론정책연구소, 2000년.

______, 「'제3의 길'은 진보 노선인가?」, 『현장에서 미래를』, 제38호, 한국노
　　동이론정책연구소, 1998년.

______, 「패배를 넘어 자유의 왕국으로」, 『현장에서 미래를』 제51호, 한국노
　　동이론정책연구소, 2000년.

초스도프스키, 미셸, 이대훈 옮김, 『빈곤의 세계화』, 당대, 1998년(*The
　　Globalization of Poverty*, 1997).

최갑수, 「『공산당 선언』의 현재적 의미」, 『진보 평론』 창간호, 1999년.

카피레프트 편집부, 「오즈의 마법사로 가는 노란 벽돌 길」, 『읽을꺼리』 제4
　　호, 카피레프트 모임, 1999년.

캘리니코스, 알렉스, 정성진·정진상 옮김, 『마르크스의 혁명적 사상』, 책갈
　　피, 1993년(*The Revolutionary Ideas of Karl Marx*, 1983).

클라인, 디터, 권영경 옮김, 『자본주의 정치경제학 II』, 세계, 1990년
　　(*Politische Ökonomie des Kapitalismus*, 1988).

킨들버거, 찰스 P., 박명섭 옮김, 『대공황의 세계』, 부키, 1998년(*The World
　　in Depression 1929-1939*, 1973).

파인, B., L. 해리스, 김수행 역, 『현대 정치 경제학 입문』, 한울, 1985년
　　(*Rereading Capital*, 1979).

포스터, W. Z., 정동철 옮김, 『세계 노동 운동사』, I, II, 동녘, 1986년(*Outline
　　History of the World Trade Union Movement*, 1956).

포스터, W. Z., 편집부 옮김, 『세계 사회주의 운동사』, I, II, 동녘, 1987년 (*History of the Three Internationals : The World Socialist and Communist Movement from 1848 to the Present*, 1955).

하먼, 크리스, 이원영 편역, 『오늘의 세계 경제』, 갈무리, 1994년("The State and Capitalism Today," *International Socialism* 2:51, 1991).

한국인터넷정보센터, http://stat.nic.or.kr/iuser.html, 2000년.

홉스봄, 에릭, 이용우 옮김, 『극단의 시대: 20세기의 역사』(상), (하), 1998년 (*Age of Extremes : The Short Twentieth Century 1914-1991*, 1994).

Tujan, A., 최형익 옮김, 「아팩과 제국주의적 지구화」, 『현장에서 미래를』 제18호, 한국노동이론정책연구소("APEC and Imperialist Globali zation," 1997).

Kuczynski, J., 加藤長雄・二見昭 譯, 『世界經濟史』, 有斐閣, 日本, 1966 (*Studien zur Geschichite der Weltwirtschaft*, 1952).

Beaud, M., *A History of Capitalism 1500-1980*, Macmillan Press, 1984.

Brenner, R., "Uneven Development and The Long Downturn : The Advanced Capitalist Economics from Boom to Stagnation, 1950-1998," *New Left Review*, May/June 1998.

Hargrove, B. B., "The Future of Capitalism : Does Capitalism Represent the best Humanity Can ever Hope to Achieve?," *Monthly Review*, January 1995.

Lewin, M., *Stalinism and the Seeds of Soviet Reform : The Debates of 1960s*, Pluto Press, 1991.

Luxemburg, Rosa, "Die Akkumulation des Kapitals," *GW* 5, Dietz Verlag, 1974.

__________, "Brennende Zeitfragen," *GW* 4, Dietz Verlag, 1975.

MacEwan, A., "Globalization and Stagnation," *Monthly Review*, April 1994.

Maddison, A., *Monitoring the World Economy 1820-1992*, OECD, 1995.

Magdoff, H., "Globalization—to what end?," Part I, *Monthly Review*, February 1992.

Magdoff, H., "Globalization—to what end?," Part II, *Monthly Review*, March 1992.

Mankiw N. G., *Economics*, The Dryden Press, 1998.

Marx, Jenny, trans. by Christopher Upward, "Jenny to Ludiwig Kugelmann (24 December 1867)," *MECW* 42, 1987, 577~579쪽.

__________, trans. by Peter and Betty Ross, "Jenny Marx to Conrad Schramm(8 December 1857)," *MECW* 40, 1983, 566~568쪽.

Matthews, R. C. O., C. H. Freistein and J. C. Odling-Smee, *British Economic Growth 1856-1973*, Clarendon Press, 1982.

OECD, *Main Economic Indicators*, OECD, October 2000.

OECD, *OECD Economic Outlook 66*, OECD, 1999.

Panitch, L., "The State in a Changing World: Social-Democratizing Global Capitalism?," *Monthly Review*, October 1998

Smith, Neil, *Uneven Development: Nature, Capital, and the Production of Space,* London, Basil Blackwell, 1990.

Sutcliffe, B., "Freedom to Move in the Age of Globalization," *Globalization and Progressive Economic Policy*, Cambridge Univ. Press, 1998.

Tanzer, M., "Globalizing the Economy: The Influence of the International Monetary Fund and the World Bank," *Monthly Review*, September 1995.

UNCTAD, *World Investment Report 1994*, UN, 1994.

UNCTAD, *World Investment Report 1995*, UN, 1995.

Wood, E. M., "Labor, The State and Class Struggle," *Monthly Review* July/August, 1997.

■ 인명 색인

# ㄱ

가계 준비금 152

가변 자본 105, 110~112, 117, 119, 123, 124, 127, 130, 138, 185, 186, 188

가치 감소 188, 189

가치 법칙 95, 122, 216~218, 220, 221

가치 증식 (과정) 34, 57, 93, 116, 125, 129, 159, 166, 167, 172, 195, 207, 210, 234, 238, 258~260, 274, 276, 277, 285, 287~290, 295, 297, 318, 322

감자 혁명 49

경쟁, 노동자 계급의 193, 194

경쟁, 자본의 16, 44, 57, 96, 108~111, 113, 116, 118, 120~123, 129, 131, 135, 146, 147, 149, 150, 153, 176, 177, 179, 180, 183, 195, 201~205, 210, 211, 216~218, 220, 223, 226, 228, 237, 240, 247, 251, 254~256, 258, 261, 262, 264~268, 275~278, 284, 286, 287, 301

경제 결정론 38

경제 외적 강제 206

계급 대립 50, 73

계급 정치 59, 295, 310

계급 투쟁 20, 26, 28, 50, 51, 65, 69, 73, 165, 180, 233, 239, 245, 251, 271, 272, 286~288, 295, 319, 320, 324, 325

계획적 상품 경제 194

고전파 정치 경제학 17, 20, 21, 23, 28, 29, 33, 35, 44, 45, 47, 69, 70, 72, 73, 80, 81, 83~85, 87, 89, 122, 164, 183, 265

고정 자본 139, 174, 178

공산주의 16, 20, 21, 24, 27, 34~36, 4

# ㅎ

**이갑영**

인천대학교 경제학과 교수로, 정치 경제학과 경제학사를 강의하고 있다. 『로자 룩셈부르크의 재인식을 위하여』를 펴냈으며, 「몰락 이후의 자본주의」, 「신자유주의와 노동자 계급」, 「독일 맑스주의의 교훈」 등의 논문을 발표했다. 이후에 자본주의의 발전을 결합시킨 경제이론의 역사를 작업할 계획이다. e-mail: leeky@incheon.ac.kr

# 맑스주의 정치 경제학

**지은이** 이갑영

**초판 1쇄 발행일** 2002년 3월 14일

**초판 5쇄 발행일** 2010년 4월 19일

**발행처** 박종철출판사

서울시 마포구 서교동 457-6 성동빌딩 2층(우 121-841)

332-7635(영업)/ 332-7629(편집)

**등록번호** 제12-406 (1990. 7. 12.)

값 20,000원

ISBN 978-89-85022-29-3    03300